CARTILHA

PREVIDÊNCIA SOCIAL PARA PRINCIPIANTES

1ª edição — 2005
2ª edição — 2007
3ª edição — 2012
4ª edição — 2013

WLADIMIR NOVAES MARTINEZ

Advogado especialista em Direito Previdenciário.

CARTILHA

PREVIDÊNCIA SOCIAL PARA PRINCIPIANTES

4ª edição

EDITORA LTDA.

© Todos os direitos reservados

Rua Jaguaribe, 571
CEP 01224-001
São Paulo, SP — Brasil
Fone (11) 2167-1101
www.ltr.com.br

Produção Gráfica e Editoração Eletrônica: RLUX
Projeto de capa: FÁBIO GIGLIO
Impressão: COMETA GRÁFICA E EDITORA

LTr 4784.0
Junho, 2013

Dados Internacionais de Catalogação na Publicação (CIP)
(Câmara Brasileira do Livro, SP, Brasil)

Martinez, Wladimir Novaes
    Cartilha : previdência social para principiantes / Wladimir Novaes Martinez. — 4. ed. — São Paulo : LTr, 2013.

Bibliografia
ISBN 978-85-361-2584-8

1. Previdência social I. Título.

13-03017   CDU-34:368.4

Índice para catálogo sistemático:

1. Previdência social   34: 368.4

SUMÁRIO

1. Introdução 11
2. Conceitos iniciais 12
3. Principais segurados 16
4. Dependentes 21
    4.1. Designação de dependentes 22
5. Inscrição de beneficiários 24
6. Requisitos básicos 26
7. Características das prestações 30
8. Renda inicial 34
9. Auxílio-doença 41
10. Aposentadoria por invalidez 44
    10.1. Acréscimo de 25% 46
    10.2. Cessação das mensalidades 47
11. Perícia médica 48
12. Aposentadoria por idade 50
    12.1. Lei n. 10.666/2003 52
    12.2. Aposentadoria compulsória 53
    12.3. Regime dos informais 54
13. Aposentadoria especial 55
    13.1. Tempo especial 57
    13.2. Conversão de tempo especial 59
    13.3. Contribuição da aposentadoria especial 60
14. Aposentadoria por tempo de contribuição 62
    14.1. Pedágio 64
    14.2. Idade mínima 65
    14.3. Conversão de tempo especial 66
    14.4. Tempo fictício 67

14.5. Fator previdenciário 68
14.6. Fórmula 95 70
15. Aposentadoria dos transexuais 77
16. Pensão por morte 78
    16.1. Pensão alimentícia 80
    16.2. União estável 81
17. União homoafetiva 86
18. Pensão dos homossexuais 88
19. Auxílio-reclusão 89
20. Salário-maternidade 91
    20.1. Mãe genética 93
21. Salário-família 94
22. Abono anual 96
23. Pecúlio 97
24. Prestações acidentárias 98
    24.1. Comunicação de acidente 99
    24.2. Auxílio-acidente 102
25. Nexo Técnico Epidemiológico Previdenciário 105
26. Ação regressiva 109
27. Prestações do presidiário 111
28. Aposentadoria do professor 113
29. Contagem recíproca de tempo de serviço 115
30. Direito Previdenciário Procedimental 117
    30.1. Processo administrativo 120
    30.2. Meios de prova 124
    30.3. Justificação administrativa 126
    30.4. Contestação do FAP 127
31. Justiça competente 129
32. Direito adquirido 133
33. Concessão e manutenção 135
    33.1. Reabilitação profissional 136
    33.2. Suspensão de benefício 137
34. Renda mensal inicial 140
35. Múltipla atividade 147
36. Relação jurídica de benefícios 149

37. Natureza alimentar das prestações 150
38. Possibilidade de desaposentação 154
39. Transformação de benefícios 161
40. Acumulação de prestações 163
41. Salário de contribuição 165
    41.1. Parcelas integrantes 167
    41.2. Parcelas não integrantes 169
    41.3. Direitos autorais 171
    41.4. Participação nos lucros ou resultados 172
    41.5. Décimo terceiro salário 176
    41.6. Salário-habitação 178
    41.7. Contribuição do SAT 182
    41.8. Flexibilização do SAT 189
42. Aferição indireta 193
43. Decadência e prescrição 196
44. Serviço público 198
    44.1. Órgãos públicos 201
    44.2. Servidor público 202
    44.3. Aposentadoria especial do servidor 204
    44.4. Previdência complementar do servidor 207
45. Benefício de pagamento continuado da LOAS 209
46. Seguro-desemprego 211
47. Empregado, temporário e avulso 214
48. Autônomo e eventual 216
    48.1. Responsável fiscal pelas contribuições do autônomo 217
49. Empresário urbano ou rural 220
50. Eclesiástico 222
51. Empregado doméstico 224
52. Segurado especial 226
53. Contribuinte facultativo 228
54. Servidor sem regime próprio 231
55. Retenção do contribuinte individual 232
56. Estágio profissional 234
57. Volta ao trabalho 236

58. Menor aprendiz	238
59. Ex-combatente	241
60. Cessão de mão de obra	243
61. Salário-base	246
62. Indenização de tempo de serviço	249
63. Sociedade cooperativa	251
64. Associação desportiva	253
65. Entidade beneficente de assistência social	255
66. Terceiros e fundos	257
67. Simples Nacional	259
67.1. Retenção do Simples	261
67.2. Microempresário individual	263
68. Regime Especial de Inclusão dos Informais	267
69. Contribuição Provisória de Movimentação Financeira	270
70. Exação rural	271
70.1. Atividade rural	275
71. Rurícola de curta permanência	278
72. Agroindústria	280
73. Consórcio simplificado rural	282
74. Solidariedade fiscal	283
75. Ônus da Igreja	284
76. Construção civil	291
77. Acréscimos legais	295
78. Acordo de parcelamento	297
79. Devolução de contribuições	298
80. Certidão Negativa de Débito	301
81. Contribuições na Justiça do Trabalho	302
81.1. Acordo trabalhista	303
82. Equilíbrio atuarial	304
83. Outras fontes de custeio	307
84. Matrícula dos contribuintes	309
85. Exame da contabilidade	310
86. Empresas em regime especial	313
87. Dinâmica das empresas	315

88. Previdência complementar 318
    88.1. Retirada de patrocinadora 319
    88.2. Previdência associativa 320
    88.3. Aplicação do CDC 325
    88.4. Processo complementar 330
89. Regime parlamentar 333
90. Regime dos militares 335
91. Crimes previdenciários 337
92. Fundo de Garantia 341
93. Dano moral 344
94. Estatuto do Idoso 348
95. Direito dos deficientes 350
96. Trabalho no exterior 355
97. Serviços sociais 357
98. Acordos internacionais 360
99. Limites mínimo e máximo 363
100. Anacronismos previdenciários 366
101. Renúncia aos benefícios 370
102. Disposições constitucionais 371
    102.1. Previdência básica 372
    102.2. Previdência complementar 373
    102.3. Assistência social 374
    102.4. ADCT 374
    102.5. EC n. 20, de 15.12.1998 374
    102.6. EC n. 41, de 19.12.2003 375
    102.7. EC n. 47, de 5.7.2005 377
103. Relações de códigos de pagamento 378
104. Códigos dos benefícios por espécie 380
Obras do Autor 383

1. INTRODUÇÃO

Objetivo	Com estas informações sumárias, objetivas e sucintas, os beneficiários e os contribuintes poderão melhor compreender suas obrigações e direitos no âmbito do Regime Geral de Previdência Social (RGPS).
Menções a outros regimes	São feitas rápidas menções sobre a Previdência Social dos servidores civis, militares e parlamentares, apenas quando necessária a sistematização da matéria.
Nível do aprofundamento	O leitor não deve esperar aqui profundidade técnica nem jurídica; encontrará tão somente concepções gerais sintetizadas. A pretensão do autor foi de elaborar um roteiro minimamente básico para os principiantes, uma visão singela que, evidentemente, recomenda estudo, busca e aprofundamento em outras obras.
Recomendações	Será útil ler a cartilha por inteiro. Importará conhecer os seus termos. Compreender um pouco mais sobre essa legislação complexa para quem não lida no dia a dia com o assunto. Se preferir, consulte o sumário e procure o capítulo em que está interessado. Para facilitar, algumas informações são repetidas no desenvolvimento.
Ordem de apresentação	Tratando dos principais direitos, a cartilha cuida de questões específicas que dizem respeito aos benefícios e, depois, da contribuição. E, no final, considerações bastante gerais sobre assuntos próximos.
Fontes formais	Sempre que possível, é apontada a norma básica que trata do tema, para uma pesquisa mais detida. Em alguns casos, com os da IN SRP n. 3/2005, preferimos citar a norma revogada.

2. CONCEITOS INICIAIS

Segurados	Pessoas físicas que prestam serviços para empresas ou pessoas físicas e que, com sua contribuição, a dos seus contratantes e a da sociedade, algum dia têm direito às prestações. Excepcionalmente, quem não trabalha também se filia e contribui como facultativo. Quando vêm a falecer ou são presos, esses segurados outorgam benefícios para os membros da família que, mesmo sem recolherem as cotizações para esse fim, fazem jus como dependentes.
Segurados enfocados	Centram-se no empregado, algumas vezes no autônomo, que são os segurados obrigatórios mais comuns e, por vezes, no facultativo (geralmente, um desempregado ou um estudante).
Benefícios	Valores em dinheiro, provisórios ou definitivos, acidentários ou comuns, de pagamento continuado ou único, quitados mensalmente aos segurados ou aos seus dependentes, mantidos até a cessação do direito.
Dependentes	Pessoas físicas que dependem do segurado. Um exemplo: esposa e filhos ou marido e filhos. Podem ser também os companheiros entre si considerados (pessoas não casadas que vivem juntas na união estável), heterossexuais ou homossexuais. Não havendo a esposa, o marido ou os filhos, provada a dependência econômica, os pais ou os irmãos do segurado falecido podem ter direito.
Beneficiários	Gênero didático que designa duas espécies de indivíduos: segurados (contribuintes) e dependentes (não contribuintes).
Contribuição	Importância mensal descontada do salário do trabalhador (ou paga do próprio bolso, no caso do contribuinte individual), retida do valor de sua produção rural que, reunida com a parte do patrão, é recolhida ao INSS.
Presunção	O empregado não deve se preocupar se a empresa descontou ou se recolheu a sua contribuição descontada.

Afetação do direito	Seu direito não é afetado, mas o contribuinte individual precisa fazer a prova dos pagamentos mensais.
Período de carência	Em cada caso, quando exigido, um número mínimo de contribuições mensais que os segurados têm de aportar para ter direito aos benefícios (PBPS, arts. 24/27).
Dispensa de carência	Certos benefícios dispensam a carência, ou seja, não é necessário ter esse número mínimo de contribuições, bastando apenas uma. São eles: a) benefícios acidentários: auxílio-doença, aposentadoria por invalidez, auxílio-acidente ou pensão por morte; b) acidente de qualquer natureza ou causa, um infortúnio não decorrente de um acidente do trabalho; e c) doenças elencadas no art. 151 do PBPS.
Doenças que dispensam a carência	São: tuberculose ativa; hanseníase (lepra); alienação mental (loucura); neoplasia maligna (câncer); cegueira; paralisia irreversível e incapacitante; cardiopatia grave (doença do coração); doença de Parkinson; espondiloartrose anquilosante; nefropatia grave; estado avançado da doença de Paget (osteíte deformante); síndrome da deficiência imunológica adquirida (AIDS); e contaminação por radiação.
Acidente de qualquer natureza ou causa	Evento infortunístico, capaz de impedir o trabalho e que, usualmente, ocorre nos fins de semana, nas ruas ou na residência do trabalhador (sem se confundir com o acidente *in itinere*).
Evento determinante	Um fato da vida, geralmente de ordem biológica (incapacidade para o trabalho por motivo de doença, invalidez, condições insalubres, idade avançada e até a morte) ou de ordem psicológica, que, com a carência (quando exigida), propicia o direito ao benefício (por exemplo, o auxílio-doença).
Qualidade de segurado	Atributo jurídico previdenciário cometido pela lei ao segurado, que pode inexistir, ser adquirido, preservado, mantido, perecido e resgatado.
Perda da qualidade de segurado	a) Perdendo o emprego, ou deixando de exercer a atividade, durante 13 meses + 15 dias, ele tem o mesmo direito, como se estivesse em atividade; b) Se vinha pagando havia 10 anos, esse prazo é de 25 meses + 15 dias;

	c) Se estava desempregado e recorreu ao seguro-desemprego da CEF, são 37 meses + 15 dias; e d) Para o facultativo, o prazo é de 7 meses + 15 dias.
Qualidade de dependente	Enquanto o trabalhador desfruta da qualidade de segurado, o seu dependente mantém a qualidade de dependente.
Concessão	O segurado com direito reúne as provas necessárias e requer o benefício. O INSS examina a documentação e, se for o caso, concede a prestação. Em seguida, comunica o fato por escrito, enviando uma Carta de Concessão/Memória de Cálculo e um demonstrativo em que explica como chegou ao valor da renda mensal inicial.
Manutenção	Após a concessão, o INSS encaminha as mensalidades para uma agência bancária, que operará os pagamentos todos os meses. Se, por algum motivo, o segurado não quiser aquele benefício, bastará a ele não recebê-lo.
Pedido de revisão	Não se conformando com o valor, o beneficiário tem 10 anos para solicitar uma revisão do cálculo da renda mensal inicial contado da ciência da concessão do benefício.
Procurador	Desejando, o beneficiário poderá passar procuração para uma pessoa idônea receber o benefício.
Transferência	O segurado ou o dependente pode transferir a manutenção do benefício, de uma cidade ou Estado para outro local do país.
Mudança para o exterior	Se o beneficiário mudar-se para o exterior, ele receberá o benefício no país em que vai residir.
Transformação	Alguns benefícios transformam-se em outros (auxílio-doença em aposentadoria por invalidez).
Conversão	Título que se atribui à transformação de benefício comum em acidentário (e vice-versa) e que não se confunde com conversão de tempo especial.
Data da cessação	Em cada caso, a lei estabelece em que condições os benefícios são extintos, principalmente pela alta médica, recuperação da higidez, maioridade, transformação, morte, volta do ausente etc.
Ações judiciais	Muitos tipos de ações judiciais envolvem milhões de aposentados e pensionistas, as quais estão pendentes de solução na Justiça Federal.

Tipo de ações	As principais ações dizem respeito à/ao:
	— Direito adquirido ao período do maior valor-teto. — Inobservância do limite do salário de benefício. — Vínculo da renda mensal inicial com o limite da previdência social. — Fator previdenciário. — Acréscimo de 40% ou 10% para a pensão por morte, decidido pelo STF. — Prazo para a revisão de cálculo. — Cumulação do auxílio-acidente com a aposentadoria. — Igualar o auxílio-suplementar ao auxílio-acidente. — Aumentar para 100% os benefícios concedidos com percentuais menores. — Revisão da renda inicial com o IRSM. — Perdas dos planos econômicos. — "Buraco negro".

3. PRINCIPAIS SEGURADOS

Empregado	Os principais são: I. Propriamente dito (art. 3º da CLT); II. Menor aprendiz, com idade entre os 14 e os 18 anos (Lei n. 10.097/2000); III. Empregado de conselho, ordem ou autarquia; IV. Temporário (Lei n. 6.019/1974); V. Contratado no exterior para trabalhar no Brasil, sem regime próprio no exterior; VI. Contratado no Brasil para prestar serviços em empresa brasileira; VII. Contratado no Brasil para empresa de capital votante pertencente à empresa brasileira no exterior; VIII. Empregado de missão diplomática ou repartição consular ou órgão a elas subordinado; IX. Empregado de organismo oficial internacional ou estrangeiro no Brasil; X. Brasileiro civil que trabalha no exterior para organismo oficial internacional; XI. Brasileiro civil que trabalha no exterior para órgãos oficiais brasileiros; XII. Auxiliar local de nacionalidade brasileira (Lei n. 11.440/2006); XIII. Servidor sem Regime Próprio de Previdência Social (RPPS); XIV. Servidor estadual ocupante de cargo em comissão; XV. Servidor celetista (Lei n. 8.745/1993); XVI. Servidor municipal ocupante de cargo em comissão; XVII. Ocupante de cargo eletivo; XVIII. Ministro de Estado, secretário estadual, distrital ou municipal sem RPPS;

	XIX. Escrevente e auxiliar de cartório antes de 20.11.1994 (Lei n. 8.935/1994);
	XX. Escrevente e auxiliar após 20.11.1994 (Lei n. 8.935/1994);
	XXI. Contratado por serventia da justiça;
	XXII. Estagiário em desacordo com a Lei n.11.788/2008;
	XXIII. Médico-residente em desacordo com a Lei n. 6.932/1981;
	XXIV. Médico plantonista;
	XXV. Diretor empregado;
	XXVI. Treinador profissional de futebol (Lei n. 8.650/1993);
	XXVII. Servidor requisitado;
	XXVIII. Agente comunitário de saúde (Lei n. 11.350/2006); e
	XXIX. Trabalhador rural de curta permanência (art. 14-A da Lei n. 5.889/1973).
Avulso	As principais categorias são:
	I. Serviços de capatazia;
	II. Operadores da estiva;
	III. Conferentes de carga;
	IV. Consertadores de carga, vigilância de embarcação;
	V. Serviços de bloco;
	VI. Carga e descarga de mercadorias;
	VII. Alvarengueiros;
	VIII. Amarradores de embarcação;
	IX. Ensacadores de café, cacau, sal e similares;
	X. Ocupados em extração de sal;
	XI. Carregadores de bagagem em porto;
	XII. Práticos de barra em porto;
	XIII. Guindasteiros; e
	XIV. Classificadores, movimentadores e empacotadores de mercadorias.
Contribuintes individuais	São os seguintes:
	I. Empresário urbano ou rural;
	II. Empresário (minerador);

III. Empresário (garimpeiro);

IV. Pescador em regime de parceria, meação ou de arrendamento;

V. Marisqueiro;

VI. Eclesiástico;

VII. Brasileiro civil que trabalha no exterior para um organismo oficial internacional;

VIII. Brasileiro civil que trabalha em organismo oficial internacional ou estrangeiro em funcionamento no Brasil;

IX. Brasileiro civil que trabalha para órgão da administração sob intermediação e organismo oficial internacional ou estrangeiro;

X. Titular de firma individual urbana ou rural;

XI. Conselheiro de sociedade anônima ou diretor não empregado;

XII. Sócio em sociedade coletiva, de capital e indústria;

XIII. Sócio-gerente e sociocotista com remuneração;

XIV. Associado eleito diretor de cooperativa, associação ou qualquer entidade e o síndico ou administrador;

XV. Administrador de fundação pública de direito privado;

XVI. Síndico da massa falida e o comissário de concordata (Decreto-lei n. 7.661/1945);

XVII. Cooperado de cooperativa de trabalho (Lei n. 5.764/1971);

XVIII. Cooperado de cooperativa de produção (Lei n. 5.764/1971);

XIX. Eventual;

XX. Autônomo;

XXI. Médico-residente (Lei n. 6.932/1981);

XXII. Árbitro de jogos desportivos e seus auxiliares (Lei n. 9.615/1998);

XXIII. Aposentado nomeado magistrado da Justiça Eleitoral (CF, art. 120);

XXIV. Pessoa contratada por partido político nas campanhas eleitorais;

XXV. Presidiário em regime fechado ou semiaberto;

	XXVI. Notário, tabelião e oficial de registro ou registrador nomeado até 20.11.1994, não remunerado pelos cofres públicos (Lei n. 8.935/1994);
	XXVII. Notário, tabelião e oficial ou registrador, mesmo amparado por regime próprio (Lei n. 8.935/1994);
	XXVIII. Notário, tabelião e oficial de registro ou registrador nomeado após 21.11.1994 (Lei n. 8.935/1994);
	XXIX. Condutor autônomo de veículo rodoviário (Lei n. 6.094/1974);
	XXX. Auxiliar de condutor autônomo de veículo rodoviário (Lei n. 6.094/1974);
	XXXI. Comerciante ambulante (Lei n. 6.586/1978);
	XXXII. Membro de conselho fiscal;
	XXXIII. Diarista doméstica (Lei n. 5.859/1972);
	XXXIV. Pequeno feirante;
	XXXV. Proprietário de obra de construção civil;
	XXXVI. Incorporador (Lei n. 4.591/1964);
	XXXVII. Bolsista da Fundação Habitacional do Exército (Lei n. 6.855/1980);
	XXXVIII. Membro do conselho tutelar (Lei n. 8.069/1990);
	XXXIX. Interventor, liquidante, administrador especial e diretor fiscal de instituição financeira (LC n. 109/2001);
	XL. Atleta não profissional (Lei n. 9.615/1998);
	XLI. Representante comercial (Lei n. 6.586/1978); e
	XLII. Gerente Delegado (art. 1.061 do Código Civil).
Segurado especial	Produtor, parceiro, meeiro, comodatário e arrendatários rurais, pescador artesanal ou a ele assemelhado.
Facultativo	a) Maior de 16 anos; b) Dona de casa; c) Desempregado; d) Estudante; e) Exercente de cargo eletivo até janeiro de 1998; f) Síndico de condomínio ou administrador até fevereiro de 1997; e g) Ex-contribuinte em dobro.

Não segurados	a) Inocorrência de características — percipiente de rendas, de valores simbólicos, empregador doméstico, filantropo, sociocotista sem retirada *pro labore*, jornalista colaborador, menor aprendiz, diretor de APM, farmacêutico que dá o nome sem ser sócio, diretor de cooperativas, fundações ou associações, membro de órgão colegiado não remunerado, Juiz de Paz, não religioso e não exercente de atividades;
	b) Destinação dos serviços — estagiário, presidiário não ocupado e guarda-mirim;
	c) Exclusão legal — técnico estrangeiro, diretor de cooperativa habitacional ou de entidades filantrópicas, monitor do MOBRAL, empregado de representações estrangeiras sujeito a regime próprio;
	d) Impossibilidade jurídica — parentes consanguíneos (que não comprovem o vínculo empregatício), titular de representações estrangeiras, estrangeiros com visto de turista, exercente de atividade ilícita;
	e) Ausência de capacidade — indígena, menor de idade ou incapaz;
	f) Representante de pessoas — mandatário, síndico não remunerado;
	g) Vinculação à justiça — perito judicial, inventariante, síndico de falência, interventor e liquidante não remunerados, tutor e curador;
	h) Vontade própria; e
	i) Proprietário de edifícios ou casas de aluguel que lhe produzam rendas.

4. DEPENDENTES

O que são	Pessoas que dependem economicamente dos segurados.
Espécies	a) Cônjuges e companheiros; filhos de qualquer condição, não emancipados, menores de 21 anos ou inválidos; b) Pais; c) Irmãos não emancipados, de qualquer condição, menores de 21 anos ou inválidos.
Dependentes preferenciais	A existência de pessoas do primeiro grupo com direito (a) arreda o direito dos demais familiares (b e c), subsequencialmente abaixo situados. A esposa arreda a mãe, a mãe arreda o irmão.
Dependência econômica	As pessoas do primeiro grupo (a) não precisam demonstrar a dependência econômica, mas as demais têm esse dever.
Tipos de dependência	Pode ser parcial ou total e também recíproca, mas sempre permanente.
Excluídos do conceito de união estável	Ascendentes com descendentes; afins em linha reta; adotante com quem foi cônjuge do adotado e o adotado com quem o foi do adotante; os irmãos, unilaterais ou bilaterais, e demais colaterais até o terceiro grau; o adotado com o filho do adotante; as pessoas casadas; o cônjuge sobrevivente com condenado por homicídio ou tentativa contra o seu consorte.
Filhos	Filhos são aqueles havidos ou não da relação de casamento ou adotados.
Filhos *post mortem*	Nascidos dentro de 300 dias subsequentes à dissolução da sociedade conjugal por morte.
Equiparados	O enteado e o menor que estejam sob a tutela do segurado.
Filhos ou irmãos inválidos	Somente depois de verificada a incapacidade pela perícia médica efetuada pelo INSS.

Dependente deficiente	Filho ou irmão com deficiência intelectual ou mental (Lei n. 12.470/2011).
Perda da qualidade de dependente	a) Separação judicial ou divórcio sem pensão alimentícia; b) Cessação da união estável; c) Ao completarem idade, por casamento, exercício de emprego público, efetivo; d) Contratação de emprego; e) Restabelecimento civil ou comercial; f) Concessão de emancipação; g) Adoção; h) Cessação da invalidez; i) Perda da qualidade de segurado do segurado; e j) Falecimento.

4.1. Designação de dependentes

Conceito	Até 28.4.1995, a designação era um ato administrativo segundo o qual um segurado podia indicar formalmente certa pessoa que faria jus à pensão por morte ou concorreria com outra, quando do seu falecimento.
Pensamento sumular	Diz a Súmula do Conselho de Justiça Federal n. 4: "Dependente designado — Não há direito adquirido, na condição de dependente, pessoa designada, quando o falecimento segurado deu-se após o advento da Lei n. 9.032/1995".
Vigência da designação	Até 28.4.1995, a legislação do RGPS permitia ao trabalhador que inscrevesse uma pessoa que, em certas circunstâncias, seria pensionista classificada como dependente. Com a Lei n. 9.032/1995, essa designação desapareceu do RGPS, mas até então muitíssimas pessoas tinham sido inscritas, propondo-se o problema de atribuir-lhe o estado jurídico de dependente se o segurado falecer após aquela data-base.
Pessoas designáveis	Podia ser designada a pessoa menor de 21 anos de idade ou maior de 60 anos de idade (art. 16, § 2º, do PBPS, vigente até 28.4.1995).

Direito adquirido	A hipótese configurada na Súmula reproduzida está intimamente ligada à concepção de direito adquirido; não se trata de direito simples. Vale dizer, havia um cenário em que presente uma pretensão, ele desapareceu e sopesam-se os atributos de que não preencheu os requisitos legais até então.
Pressupostos legais	Os pressupostos legais para fazer jus à pensão por morte, no que diz respeito aos dependentes, consistem na detenção do estado jurídico de dependente até a data do óbito do segurado. Então, se o filho completou 21 anos antes de o segurado falecer, ele foi dependente, mas não será pensionista. Para que o designado fizesse jus ao benefício, era preciso que o designante tivesse falecido antes de 29.4.1995. Valeram as designações feitas até 28.4.1995.
Unicidade da designação	"A designação, limitada a uma única pessoa, é ato formal de manifestação da vontade, cuja falta não pode ser suprida por simples prova testemunhal ou circunstancial, mesmo que produzida em juízo" (Enunciado CRPS n. 11).
Designado inválido	O filho inválido é dependente, propondo-se, então, a questão do designado inválido. Dizia o Enunciado CRPS n. 14: "Não sendo inválido, o filho e o dependente designado, mesmo solteiros, perdem aos 21 anos de idade o direito à cota da pensão previdenciária".
Efeitos da designação	Para que a designação produza os efeitos que antes produzira, teria de se manter com efetividade. Para quem estava nesse estado jurídico até 28.4.1995 quedou-se na expectativa de direito e sem direito adquirido ao bem.
Validade da designação	As pessoas designadas cujos designantes faleceram até 28.4.1995 tiveram direito de serem pensionistas e de receberem o benefício dentro dos prazos legais.

5. INSCRIÇÃO DE BENEFICIÁRIOS

Conceito	Ato administrativo formal mediante o qual a pessoa é identificada perante o INSS.
Promotor	Conforme o tipo de segurado: diretamente pela empresa, na Previdência Social, sindicato ou OGMO.
Inscrição no INSS	Pelo Número de Identificação do Trabalhador (NIT), ou do PIS-PASEP (doméstico).
Empregado	Anotação na CTPS.
Temporário	Anotação na CTPS.
Doméstico	Feita no INSS ou pela internet.
Avulso	Elaborada pelo OGMO.
Segurado especial	Promovida junto ao INSS.
Contribuinte individual	Pode inscrever-se no INSS ou pela internet, imprimindo cópia do registro.
Terceiros	Para o segurado impossibilitado, a inscrição pode ser feita por terceiros.
Facultativo	Pode inscrever-se no INSS ou pela internet.
Dependentes	Promovida junto ao INSS, mas normalmente demonstrada quando da pensão por morte.
Post mortem	Legalmente vedada, é aceita apenas para o segurado especial.
Pressuposto	A existência da filiação, que é o trabalho remunerado contemplado na lei.
Inscrição indevida	Não gera direitos, mas a efetuada após 24.7.1991 é válida, tida como do segurado facultativo.
Designação	Desde 29.4.1995 não existe mais.
Designação presumida	Em relação ao(à) segurado(a), ao(à) companheira(o) e aos(às) filhos(as) até 21 anos de idade ou inválidos(as).
Data da cessação	É extinta sobrevindo a morte do segurado.

Documentos necessários	Documentos que identifiquem e qualifiquem o segurado perante a Previdência Social.
Designações ultrapassadas	Até hoje se discute a validade de designações promovidas antes da lei que as extinguiu, se elas têm validade em relação a segurados que faleceram depois dessa vedação, entendendo alguns juízes e tribunais que é preciso o fato gerador suceder antes da modificação para haver o direito ao benefício.
Questões judiciais	Tanto quanto a ideia da filiação é substituída pela prova da atividade remunerada, a inscrição padece de anacronismo.
Validade da inscrição promovida *a posteriori*	Apontados textualmente os únicos dependentes possíveis (PBPS, art. 16), na prática essas pessoas fazem a prova da filiação, que fica no lugar da inscrição. Com a eficácia do CNIS e de outros registros, perde importância haver a inscrição quando do nascimento da relação jurídica previdenciária.
Fonte formal	IN INSS n. 45/2010.

6. REQUISITOS BÁSICOS

Pressuposto do direito ao benefício	Para o indivíduo protegido, trabalhador ou não, fazer jus a um benefício do RGPS é preciso que, em determinado momento, ele reúna (e prove ao INSS) a existência de certos requisitos previstos na lei.
Exigências formais	De regra, as imposições são materiais e elas não se confundem com as formais, também reclamadas, entre as quais, a manifestação da vontade.
Capacidade previdenciária	De modo geral, o segurado deve ter aptidão jurídica para usufruir as prestações, sendo representado (dependentes menores de idade, incapazes ou ausentes) ou agindo pessoalmente.
Poder de contribuir	Um desses atributos é o poder de contribuir, considerado a partir dos 16 anos de idade.
Relação dos requisitos	Os requisitos legais são três: a) qualidade de segurado; b) período de carência; e c) evento determinante.
Dispensa de requisito	A qualidade de segurado pode ser dispensada no caso do direito adquirido (para quem reuniu anteriormente todos os pressupostos).
Qualidade de segurado	É um estado jurídico atribuído pela lei à pessoa filiada ao RGPS, não importando se obrigatória ou facultativa.
Qualidade de dependente	Outro estado jurídico, agora conferido aos dependentes do segurado.
Espectro da qualidade de segurado	Esse *status* jurídico varia no tempo: a) ausente; b) adquirido; c) mantido; d) estendido;

	e) perdido; e
	f) resgatado.
	A qualidade está ausente para quem não é segurado.
	Adquirida, exatamente na data do início da filiação.
	Mantida, enquanto essa filiação é preservada.
	Pode ser estendida após a cessação do trabalho ou da contribuição, por algum tempo fixada na lei conforme cada circunstância.
	Perde-se a partir de certa data-base.
	Pode ser resgatada, se a pessoa novamente se filiar.
Períodos de manutenção da qualidade	a) Sem limite para quem está em gozo de benefício;
	b) 12 (doze) meses após a cessação do benefício por incapacidade; deixar de exercitar atividade remunerada, suspensão ou licenciamento sem remuneração;
	c) 12 (doze) meses após a segregação;
	d) 12 (doze) meses após o livramento, para o detido ou o recluso;
	e) 3 (três) meses após o licenciamento para o incorporador às Forças Armadas para serviço militar; e
	f) 6 (seis) meses após a cessação das contribuições do segurado facultativo.
Acréscimos	Tais prazos são acrescidos de 30 dias + 15 dias.
Prorrogações	Os prazos acima são prorrogados até 24 meses para quem contribuiu por mais de 120 meses.
Situação do desempregado	Tais prazos são acrescidos de 12 meses, caso o segurado comprove que esteve desempregado.
Facultativo	Após a cessação de benefício por incapacidade, o facultativo mantém a qualidade por 12 meses.
Direitos mantidos	Durante esses prazos o segurado conserva todos os seus direitos até então assegurados.
Período de carência	Quando exigido, o período de carência é um tempo mínimo de contribuições (vertidas ou não).
Classificação	Em relação a essa exigência de natureza matemática e financeira, diz-se que a carência é:
	a) reclamada;
	b) dispensada; e
	c) sem sentido.

Evento determinante	Em correspondência, cada prestação tem um evento determinante: a) nascimento (auxílio-natalidade); b) gestação, parto e licença médica (salário-maternidade); c) educação dos filhos (salário-família); d) incapacidade laboral por mais de 15 dias (auxílio-doença); e) insuscetibilidade de recuperação (aposentadoria por invalidez); f) diminuição parcial e permanente da capacidade laboral (auxílio-acidente); g) exposição aos agentes nocivos (aposentadoria especial); h) tempo de serviço (aposentadoria por tempo de contribuição); i) idade avançada (aposentadoria por idade); j) magistério (aposentadoria do professor); k) prisão (auxílio-reclusão); l) morte, ausência ou desaparecimento (pensão por morte e auxílio-funeral); e m) Natal (abono anual).
Concomitância dos requisitos	Fora do direito adquirido, no comum dos casos os requisitos têm de ocorrer ao mesmo tempo. Não basta ter carência sem o evento determinante; de nada serve a presença dessa contingência protegida sem o período de carência.
Aposentadoria por idade	A Lei n. 10.666/2003 previu uma hipótese de concessão da aposentadoria por idade para quem perdeu a qualidade de segurado, se detivesse o período de carência. Ausentes contribuições mensais dentro do PBC, a contar de julho de 1994, será deferido um salário mínimo como renda mensal inicial.
Direito adquirido	Em dado momento, quem preencheu os requisitos legais poderá perder a qualidade de segurado (ou não a perderá conforme se queira entender) e requerer o benefício *a posteriori*, em alguns casos sujeito à prescrição de mensalidades em cinco anos.

Necessidade da pessoa	No âmbito da Previdência Social, diferentemente da assistência social, juridicamente o direito à prestação programada não depende da necessidade da pessoa. Quem a considera é o legislador ao elaborar a lei e, por isso, idealizou a pensão por morte para os dependentes e a aposentadoria por idade para os idosos.
Vontade do beneficiário	De regra, a solicitação do benefício, sob o aspecto formal e não material, depende da vontade do indivíduo protegido. Excepcionalmente, quando ele não puder exercitá-la, terceiro o fará por ele.
Afastamento do trabalho	Desde 1994, na legislação previdenciária brasileira não existe a necessidade de o empregado se afastar do trabalho para requerer uma aposentadoria por tempo de contribuição ou por idade.

7. CARACTERÍSTICAS DAS PRESTAÇÕES

Principais características	As prestações, isto é, os desembolsos continuados em dinheiro pelo INSS são institutos jurídicos complexos, podendo ser esmiuçados e compreendidos a partir de suas nuanças. Algumas são nucleares, isto é, essenciais à existência. Outras, meramente exteriores, formais por excelência, mas quase todas se revestindo de aspectos jurídicos e práticos; portanto, produzindo significativos efeitos. O exame dessas particularidades conduz a uma aproximação mais íntima do fenômeno.
Direito subjetivo	Quando o Estado interveio na órbita privada e expropriou o indivíduo, administrando a sua poupança, obrigando-o à filiação e à contribuição, fez nascer o direito subjetivo às prestações. Preenchidos os requisitos legais, ele faz jus a elas. Sem embargo, subsiste submissão à norma pública e, em certos casos, impositividade da vontade do legislador. Ela se manifesta em várias oportunidades, como na indisponibilidade dos benefícios, na eleição de dependentes e na aposentadoria compulsória.
Individualidade natural	Os benefícios são individualizados, apresentando unicidade, não podendo ser confundidos uns com os outros nem duplicados. Posicionados no lugar do salário ou da retribuição do titular (e até de ficção fiscal), ingressos ímpares são definíveis, substituindo os meios de subsistência do trabalhador. Sujeitam-se às regras de acumulação, descabendo a percepção de dois de mesma natureza ou função social. Embora semelhantes, o auxílio-doença não se confunde com a aposentadoria por invalidez. Têm data de início e de cessação separados. O mesmo se passa com a sequência aposentadoria e pensão por morte. Dessa individualidade faz parte a iniciativa da deflagração. De regra, pertence ao interessado (só ele pode decidir se e quando deve requerê-lo) e, excepcionalmente, à empresa (aposentadoria compulsória) ou ao INSS (*v. g.*, auxílio-

	-doença, aposentadoria por invalidez, abono anual etc.). Por via de consequência, não cabe o deferimento de prestação comum e acidentária ao mesmo tempo, a despeito de haver fontes de financiamento aparentemente independentes.
Natureza alimentar	As prestações securitárias em dinheiro possuem caráter alimentar; na maioria dos casos, destinam-se à subsistência do percipiente. As previdenciárias submetem-se a esse crivo e, de modo geral, por sua expressão monetária, suscitam tal qualidade.
Substitutividade dos ingressos	As mensalidades auferidas substituem os ingressos do beneficiário. Essa substitutividade, conforme filosofia dominante, é expressa por valor inferior, igual ou superior ao antes recebido como remuneração.
Cálculo do valor	Deve pautar-se pela média dos salários em certo PBC e não sobre a última retribuição; uma média espelha melhor o padrão de vida do trabalhador.
Nível social do segurado	Os benefícios calculados devem refletir — conforme convenção didática — o nível social do segurado dos últimos tempos de atividade. A lei estabelece a relação entre as importâncias: a substituída e a substituidora.
Continuidade das mensalidades	Da substitutividade deflui a continuidade das mensalidades. Os benefícios são ingressos permanentes, não podendo ser interrompidos. Se ocorrer inadimplência (do órgão gestor) diante da alimentaridade, os atrasados são repostos. Quando de dúvida sobre a manutenção do pagamento, é bem-vindo não sustá-lo.
Titularidade do direito	O direito ao benefício pertence a apenas um indivíduo; a ele corresponde um titular. Às vezes, o exercente não é o único percipiente, representando pessoas, como na pensão por morte, quando o pai ou a mãe recebe em nome próprio e dos filhos.
Pensão por morte	Embora outorgável procuração para terceiros quitarem em nome do recebedor, a titularidade não é transferível. Não pode a viúva procuradora do segurado aposentado, falecendo este, simplesmente pretender a continuidade da aposentadoria. Deve habilitar-se como pensionista com um pedido de pensão. A transformação da aposentadoria em pensão não é apenas uma transferência de titulares (eles são distintos).

Definitividade da concessão	O benefício é definitivo e nada pode afetá-lo em seu valor intrínseco. É irreversível, descabendo ao órgão gestor — salvo se legitimado por descoberta de vício insanável — rever a concessão ou o cálculo da mensalidade. O titular, porém, diante da imprescritibilidade do direito (o mais), a qualquer tempo, tem a sua disposição requerer a revisão da concessão (o menos), propondo opção por outra espécie ou modificando o *quantum*. Para isso, a lei estabeleceu um prazo decadencial de 10 anos.
Anulação por vontade do segurado	Na área da definitividade ou irreversibilidade discute-se a possibilidade de anulação da solicitação por parte do interessado. No caso da aposentadoria, a desaposentação. A norma jurídica vigente não a veda nem lhe cria embaraços; se existem óbices, são de ordem administrativa. Presente a norma mais favorável, é defensável o desfazimento da concessão por motivos subjetivos (até mesmo para o requerente poder beneficiar-se de situação mais vantajosa).
Portabilidade	O interessado pode mudar-se de município ou Estado e até mesmo deixar o país sem perder o direito.
Irredutibilidade do valor	Como decorrência da definitividade, o benefício é protegido contra redução do montante. Trata-se de princípio constitucional específico e, sob esse aspecto, é também objeto do direito adquirido. Descontos legítimos obviamente não afetam essa característica.
Irrenunciabilidade da faculdade	Submetido à cogência da norma pública, o benefício é irrenunciável, principalmente com vistas à outorga de poderes para outra pessoa. Na prática, a afirmação não é absoluta, pois deixar de requerê-lo por sua iniciativa livre ou não recebê-lo após a concessão implica certa abstenção. Indisponível, por conseguinte, nenhum documento firmado por beneficiário desistindo do benefício, exceto para obter melhor, tem validade jurídica. Assim como irrenunciável, é impenhorável e inalienável. Não pode ser arrestado nem sequestrado.
Independência de condição	De modo geral, os benefícios são independentes ou subordinados. Os da Previdência Social básica não estão submetidos a qualquer condição, mas até 29.5.2001, os da complementar fechada dependiam exatamente do deferido pelo órgão gestor estatal (LBPC, art. 68, § 2º). Sob essa regra (que desapareceu), se não concedido o primeiro, não subsistia o direito ao segundo.

Prescrição do direito	O direito às prestações é imprescritível. Algumas delas, entretanto, caso dos benefícios de pagamento único, decaem em cinco anos. Embora imprescritível o direito, perdem-se certas mensalidades se o requerimento não é oportuno. *Dormientibus non sucurrit jus*.
Prazo para revisão de benefício	"É de dez anos o prazo de decadência de todo e qualquer direito ou ação do segurado ou beneficiário para a revisão do ato de concessão de benefício, a contar do dia primeiro do mês seguinte ao do recebimento da primeira prestação ou, quando for o caso, do dia em que tomar conhecimento da decisão indeferitória definitiva no âmbito administrativo. *Parágrafo único*. Prescreve em cinco anos, a contar da data em que deveriam ter sido pagas, toda e qualquer ação para haver prestações vencidas ou quaisquer restituições ou diferenças devidas pela Previdência Social, salvo o direito dos menores, incapazes e ausentes, na forma do Código Civil" (PBPS, art. 103).

8. RENDA INICIAL

Conceito	Renda mensal é expressão (imprópria, mas consagrada) designativa do montante do benefício de pagamento continuado e, excetuadas as revisões de cálculo e os reajustamentos provenientes da perda do poder aquisitivo da moeda, é a quantia a ser mensalmente paga ao titular do direito.
Momentos da concessão	Envolve várias datas relativas ao beneficiário: a) DAT; b) DER; c) DIB; d) DC; e) DIP; f) DCB; e g) DR.
DAT	Data do Afastamento do Trabalho. Quando era exigida, fazia parte da DIB do benefício.
DER	Data de Entrada do Requerimento, dia do protocolo do pedido, provisório ou definitivo. Quando reclamado o desligamento, a DAT era o último dia de prestação de serviços (cessação do vínculo empregatício, para o empregado; definida particularmente para o empresário e autônomo; inexistente para o facultativo), podendo ser o derradeiro dia da última competência recolhida.
DIB	Data do Início do Benefício, a partir da qual são devidos os pagamentos, não importando quando ocorreu a concessão ou quando se efetivará a sua quitação.
DC	Data da Concessão, constante da notificação do órgão gestor (recebida, usualmente, dias após).
DIP	Data do Início do Pagamento correspondente ao momento a partir do qual o valor mensal da renda fica à disposição do titular.

DCB	Data da Cessação do Benefício, o último dia de vigência da prestação.
DR	Data do Recebimento, quando o titular embolsa o *quantum* monetário.
Renda mensal	Renda mensal é o numerário quantificado em moeda corrente nacional, em termos reais, em princípio inalterável, protegido pela lei, divisível apenas quando mais de uma pessoa participar (pensão por morte e auxílio-reclusão).
Fixação da RMI	A Renda Mensal Inicial é estabelecida a partir de certos elementos matemáticos do cálculo, institutos jurídicos próprios do Direito Previdenciário, a saber: a) período básico de cálculo; b) salários de contribuição; c) correção monetária; d) exclusão dos 20% menores valores; e) salário de benefício; f) valor mínimo; g) valor máximo; h) coeficientes aplicáveis ao salário de benefício; e i) renda mensal inicial. Além do fator previdenciário, para a aposentadoria por tempo de contribuição (Lei n. 9.876/1999).
Benefícios sem cálculo ou tarifados	Exigem benefícios sem cálculo e benefícios tarifados. O salário-maternidade é a remuneração da gestante sem o limite dos R$ 3.691,74. De certa forma, o abono anual não tem cálculo, embora se refira aos montantes de pagamento mantidos durante o exercício. O salário-família é anualmente tabelado.
Aposentadoria por idade	A aposentadoria por idade prevista na Lei n. 10.666/2003 de quem perdeu a qualidade de segurado e não mais contribuiu depois de junho de 1994 é fixada num salário mínimo. Isso ocorre também quando o empregado, o avulso e o doméstico estiverem com dificuldades para provarem o valor dos seus salários de contribuição (PBPS, arts. 35/36).
Direito adquirido	Quando o beneficiário requer o benefício tempos após o preenchimento dos requisitos legais (entendido como

	o momento desejado em tese pelo legislador) — sofrendo perdas de mensalidade por força dos princípios *dormientibus non sucurrit jus* e do *tempus regit actum* —, o cálculo da renda inicial é feito com base na legislação vigente ao tempo do cumprimento dos requisitos legais. Observados os parâmetros, os critérios e os limites em vigor na ocasião da DER (que não se confundirá com a DIB). Uma vez apurado esse montante hipotético, presente processo inflacionário, o *quantum* será reajustado como se fosse um benefício em manutenção, até chegar à DIB.
Salário de contribuição	Instituto previdenciário de custeio e de prestações. Por convenção científica, tido como base de cálculo da contribuição e dos benefícios. As bases utilizadas na apuração do benefício, no geral, são exatamente as mesmas da determinação da contribuição. Nesse sentido, o direito ao benefício atrai o aporte. Ele determina as parcelas componentes do benefício e, destarte, da contribuição, e não o contrário. Os salários de contribuição são limitados por natureza, mensalmente, pelo salário mínimo e pelo teto. Importâncias inferiores ou superiores a esse espectro não são consideradas.
Segurados sujeitos ao mínimo	Quem não está sujeito ao mínimo, como o menor aprendiz, a base a ser tomada será a da contribuição, conforme o caso. Se em todo o período assim procedeu, fatalmente a média resultará abaixo do mínimo e, *in casu*, ascenderá para esse patamar, por exigência legal. Não atingindo a remuneração mínima, em determinado mês, o segurado contribuirá sob essa importância, considerada para efeito de benefício.
Segurado sujeito a desconto	O segurado sujeito a desconto oferecerá os valores devidos e, para os demais, os recolhidos (em dia, com mora, por meio de parcelamento e até com dedução no próprio benefício).
Gozo de benefício	Caso no período tenha estado em gozo de benefícios por incapacidade, o salário de contribuição é substituído pelo salário de benefício da prestação provisória então mantida.
Papel do salário de contribuição	Eles são as 80% maiores cotizações devidas ou vertidas pelo trabalhador desde julho de 1994 até o mês anterior à DER.

CNIS	De regra, o INSS trabalha com os registros da DATAPREV constantes do CNIS (PBPS, art. 29-A). Se eles não coincidirem com os das empresas ou dos segurados, eles podem ser contestados, devendo ser informados aos segurados em 180 dias os números utilizados. Embora o art. 29-A, § 2º, fale em "a qualquer momento", possivelmente dentro de 120 meses, o segurado poderá agregar novas informações ao CNIS.
Justiça do Trabalho	É preciso tomar cuidado com a aplicação do art. 43 do PCSS para saber se a Justiça do Trabalho informou ao INSS os salários de contribuição objetos das reclamações trabalhistas executadas pelo magistrado. Sabidamente, tendo em vista que a prestação correspondente tem fonte de custeio própria, uma décima terceira contribuição desse cálculo, não faz parte o salário de contribuição do décimo terceiro salário.
Atualização monetária	A Constituição Federal assegura o direito de manutenção do poder aquisitivo da moeda para os valores da Previdência Social e, entre eles, o dos salários de contribuição. Em virtude da inflação, o nível original dos salários de contribuição (e, no caso do direito adquirido, até mesmo a renda mensal inicial) é monetariamente corrigido. Hodiernizados, eles restabelecem a essência real detida quando da geração da obrigação de recolher as contribuições e, assim, melhor induzem o padrão de vida do segurado. Correção monetária é operação econômico-financeira, simples atualização do valor, então tido como nominal para ascender à condição de real.
Percentuais aplicáveis	Cada segurado ou benefício possui coeficiente aplicável ao salário de benefício para se atingir a renda mensal inicial. São percentuais, variando de um número básico, conhecendo mínimo e máximo. São os seguintes: Auxílio-doença – 91% Aposentadoria por invalidez – 100% Acréscimo do art. 45 do PBPS – 25% Auxílio-acidente – 50% Aposentadoria especial – 100%

	Aposentadoria por idade – 70% mais 1% por ano de contribuição
	Aposentadoria do professor – 100%
	Aposentadoria por tempo de contribuição – 70% mais 5% a cada ano que ultrapassar os 25 anos (mulheres) ou 30 anos (homens)
	Pensão por morte – 100% da aposentadoria mantida ou presumida
	Auxílio-reclusão – 100% da aposentadoria mantida ou presumida
	Abono anual – 1/12 do benefício recebido no exercício
Período básico de cálculo	Média dos salários de contribuição contidos em certo interregno precedente à DIB. Lapso de tempo uniforme, conforme se tratar de prestações imprevisíveis ou previsíveis, variando de julho de 1994 até o mês véspera do pedido. Prestigia-se a média dos últimos salários de contribuição, fixado o termo final conforme fato eleito (*v. g.*, afastamento do trabalho, mês inteiro anterior ao afastamento do trabalho etc.), e sem termo final. No caso do auxílio-doença e da aposentadoria por invalidez, o último mês fracionado não é sopesado para o PBC, mas contado para completar carência.
Direito adquirido	Geralmente o PBC antecede o pedido do benefício. Mas, às vezes, o segurado continua trabalhando e o requer tempos após o preenchimento dos requisitos legais, configurando o direito adquirido. Tem o direito ao benefício calculado com base no PBC da reunião das exigências, se de maior valor.
Universalidade do PBC	O PBC, igual para todos os benefícios sujeitos aos cálculos, compreende as competências iniciadas em julho de 1994 (data da implantação do Plano Real) e que vão até o mês anterior da solicitação do benefício.
Termo inicial	Contando o período em meses e não em dias, o termo inicial é julho de 1994 ou outro, em cada caso. Se o segurado trabalhou o último mês inteiro, como tal será considerado; caso tenha prestado serviços apenas no último dia do mês, a importância correspondente será aproveitada.

Termo final	O termo final do período, se inexistente interrupção de atividade, será o mês anterior ao da solicitação do benefício. No caso de cessação, é preciso verificar qual o dia do mês em que isso aconteceu. Se o segurado trabalhou o mês inteiro, ele será o último; caso tenha prestado serviços por menos de 30 dias, esses dias não serão considerados e o mês anterior encerrará o período básico de cálculo.
Mínimos e máximos	Os salários de contribuição originais ou atualizados, o valor do salário de benefício e até mesmo a renda mensal inicial não podem ficar aquém do salário mínimo nem além do limite do salário de contribuição. O salário de benefício conhece o piso mínimo: o salário mínimo. Assim, se o cálculo chegou à importância inferior ao salário mínimo, este será tomado como salário de benefício.
Teto constitucional	Nada obstante os salários de contribuição serem importâncias finitas por natureza e elas, em cada mês, *per se*, observarem limite determinante do alcance da previdência básica, o legislador ordinário costuma estabelecer piso superior para o salário de benefício. Em 1998, tomava como teto o próprio limite do salário de contribuição do mês do início do benefício (e, com isso, antes da EC n. 20/1998, em razão de a CF possuir conceito próprio de salário de benefício); subsistia nítida inconstitucionalidade (raramente reconhecida pelo Poder Judiciário federal).
Salário de benefício	Dado matemático-financeiro situado espacialmente entre o salário de contribuição e a renda mensal inicial. Por meio dele, da base de cálculo da contribuição chega-se à base de cálculo do benefício. Desde 25.7.1991 até 28.11.1999, a média dos salários de contribuição monetariamente corrigidos contidos no PBC, observados valores mínimo e máximo. O salário de benefício é a média dos 80% maiores salários de contribuição contidos no PBC, isto é, a soma de todos os salários de contribuição atualizados monetariamente, divididos pelo número de meses.
Auxílio-acidente	O valor mensal do auxílio-acidente incorpora-se aos salários de contribuição, sempre respeitados os limites mensais.
Primeira mensalidade	À exceção da aposentadoria por tempo de contribuição, a renda mensal inicial é o resultado do produto do salário de benefício pelo coeficiente do segurado, aplicado à prestação sob cálculo. Patamar submetido a dois extre-

	mos: mínimo e máximo. Não pode resultar inferior ao piso mínimo, normalmente o salário mínimo, nem superior a determinado valor fixado pela legislação, usualmente o mesmo teto da contribuição. a) Valor mínimo O Direito Previdenciário não tem conceito próprio de importância mínima. Aliás, a legislação é precária quando conceitua ou define o objetivo da substitutividade da prestação: para a sobrevivência, real ou ideal. Sobreviver é viver com o mínimo e equivale à subsistência menor possível; abaixo disso a pessoa perece. Real, é a possível diante do sistema, realização da receita, decorrente da técnica considerada. Ideal, a capaz de propiciar existência digna para a pessoa humana, atendendo à discriminação de itens a serem satisfeitos, como habitação, alimentação, vestuário, algum transporte e lazer. b) Valor máximo De longa data, criando uma expectativa psicológica desnecessária e sem qualquer sentido científico, a legislação ordinária estabeleceu relação entre a base de cálculo da contribuição e o valor dos benefícios de pagamento continuado.
Fator previdenciário	Em 2009, cogitou-se da substituição do fator previdenciário pela Fórmula 95 como diferencial do direito à aposentadoria por tempo de contribuição. Ou seja, trocar uma técnica de cálculo por um critério de concessão. Se não conflitar com a extinção constitucional da aposentadoria proporcional (EC n. 20/1998), agirá bem o legislador se contemplar percentuais correspondentes ao tempo de serviço. Por exemplo: 100% com 95 anos; 98% com 94 anos; 96% com 93 anos, e assim por diante até chegar a 90%.
Renda inicial	A renda mensal inicial resulta da multiplicação do salário de benefício pelo percentual do benefício do segurado.
Limites da quantia inicial	A renda inicial, a exemplo do salário de benefício, é igualmente restrita em seus valores mínimos e máximos: salário mínimo e teto do salário de contribuição. Se o salário de benefício ultrapassa o teto da contribuição, há de ser considerado aquele, pois a CF de 1988 não propiciava limites para esse montante. Os R$ 1.200,00 só apareceram na EC n. 20/1998.

9. AUXÍLIO-DOENÇA

Definição	Benefício por incapacidade, decorrente de doença comum, de pagamento continuado, de curta ou média duração. Pode ser acidentário, quando a inaptidão provir de acidente do trabalho.
Principais requisitos	a) Qualidade de segurado; b) Período de carência; c) Evento determinante; e d) Afastamento do trabalho por mais de 15 dias.
Qualidade de segurado	Só tem direito o segurado da Previdência Social. A pessoa pode requerê-lo, se provar que antes de perder essa qualidade preenchia os requisitos legais.
Período de carência	Na DER, no mínimo 12 contribuições mensais (mesmo não consecutivas).
Evento determinante	Estar incapaz para o trabalho; o empregado fica os primeiros 15 dias por conta da empresa.
Ingresso do incapaz	Quem ingressa incapaz para o trabalho na Previdência Social não faz jus a benefício por incapacidade (exceto se sobrevier agravamento da doença).
Data do início para o empregado	No 16º dia, contado da DAT. Se isso aconteceu há mais de 30 dias, na DER.
Data do início para os demais segurados	Desde a DII, fato verificado mediante exame pericial, promovido pelo INSS.
Data da cessação	Com a morte do segurado, alta médica, transformação em aposentadoria por invalidez ou em outro benefício.
Devedor dos primeiros 15 dias	Em se tratando de empregado, o seu empregador. O trabalhador é tido como licenciado com remuneração.
Manutenção	O benefício perdura indefinidamente, dependendo da perícia médica do INSS.

Volta ao trabalho	O percipiente do auxílio-doença não pode voltar ao trabalho; sentindo-se melhor e capaz, deve pedir alta médica e, após, retornar ao serviço.
Salário-família	O pagamento do salário-família é suspenso, exceto se a empresa resolver fazê-lo por conta própria.
Salário--maternidade	Durante o prazo da licença da gestação, suspende-se o auxílio-doença e é pago o salário-maternidade; depois, retorna o auxílio-doença.
Direito antes da carência	Antes de completar o período de carência, se o segurado ficar incapaz para o trabalho (DII), ele não terá direito ao benefício. No passado, eram devolvidas as contribuições vertidas.
Manutenção da qualidade de segurado	Enquanto estiver recebendo esse benefício, a qualidade de segurado é mantida; o período de fruição do benefício é computado para as aposentadorias.
Situação trabalhista	Quem recebe auxílio-doença comum está em licença remunerada pelo INSS, sem direito aos depósitos do FGTS.
Complementação	Sob previsão contratual, a empresa pagará a complementação pelo tempo convencionado.
Transformação em aposentadoria por invalidez	Dependendo da perícia médica, o auxílio-doença pode ser transformado em aposentadoria por invalidez. O cálculo do novo valor leva em conta o PBC e o salário de benefício.
Exercente de duas atividades	Terá de se afastar das duas atividades. Excepcionalmente, haverá incapacidade em apenas uma delas.
Atestado do médico do trabalho	Ainda que forte indício de prova material, não é suficiente para garantir a licença médica do INSS. Igual vale para atestados médicos particulares.
Reabilitação profissional	O segurado está obrigado à reabilitação profissional.
Renda mensal inicial	Depende de vários fatores: a) PBC; b) salários de contribuição; c) correção dos salários de contribuição; d) abandono dos 20% menores valores; e) salário de benefício; e f) coeficiente de 91%.

Período básico de cálculo	São tomados os salários de contribuição desde julho de 1994 até o mês véspera do pedido (DER).
Salários de contribuição	Os salários do segurado, a base de cálculo de sua contribuição mensal constante da CTPS ou dos registros do CNIS do INSS.
Atualização monetária	Todos os salários de contribuição são corrigidos mensalmente pela variação integral do INPC.
Abandono dos 20%	Os 20% menores salários de contribuição são desprezados, operando-se os cálculos da renda mensal com os 80% maiores.
Salário de benefício	É uma média aritmética simples dos 80% maiores salários de contribuição.
Coeficiente	Sobre a média do salário de benefício é calculado 91%, resultando na renda mensal inicial.
Limites inferior e superior	O benefício não pode ser inferior ao salário mínimo (R$ 545,00) nem superior ao limite do salário de contribuição (R$ 3.691,74), limites de 2011.
Direito adquirido	Em algum momento, com os requisitos legais (segurado com a carência e incapaz para o trabalho), quem não requereu o benefício e puder provar esses fatos poderá fazê-lo a qualquer tempo.
Documentos exigidos	a) NIT, CPF e Cédula de Identidade; b) Carnês de pagamento (contribuinte individual); c) CTPS; d) Prova de endereço; e e) Relação de salários de contribuição (CNIS).
Mudanças do período básico de cálculo	Em relação a segurados que tiveram a sua remuneração diminuída durante o PBC, que começa em julho de 1994 e em junho de 2007 compreendia 13 anos, em 51,2% dos casos a renda mensal inicial era 30% superior ao último salário. Isso levou o INSS a fazer estudos para estabelecer um PBC de 12 meses (como era antes de ser de 36 meses) e, assim, além de "economizar" 3 bilhões de reais anuais, atender à natureza substitutiva da prestação.
Presunção da perícia médica	Combinado o CNAE da empresa com o CID alegado pelo segurado, o INSS presume que a doença ocupacional foi adquirida na empresa em que o trabalhador presta serviços (NTEP).
Dupla atividade	Somam-se os salários de contribuição quando de dupla incapacidade.
Fontes formais	Arts. 63/64 do PBPS e 71/80 do RPS; IN INSS n. 45/2010.

10. APOSENTADORIA POR INVALIDEZ

Conceito geral	Benefício em razão de incapacidade, mensalmente pago ao segurado que não pode trabalhar ou se recuperar. O médico do INSS o examina, quando da concessão e durante a manutenção do benefício.
Titulares do direito	O incapaz para o trabalho por motivo de doença depois de 12 contribuições mensais (período de carência). Quem fica incapaz por motivo de acidente do trabalho faz jus ao benefício já no primeiro mês de trabalho (não há carência).
Tipos de aposentadorias por invalidez	São dois: a) aposentadoria comum e b) aposentadoria acidentária. Comum, devida ao inapto em razão de doença comum. Acidentária, devida em virtude de acidente do trabalho (e também a doença ocupacional: doença profissional ou doença do trabalho).
Período de carência	Igual ao do auxílio-doença: depois de 12 contribuições mensais. Repete-se: o incapaz por motivo de acidente de trabalho tem direito no primeiro mês, não precisando cumprir o período de carência.
Exame pericial	De modo geral, o segurado precisa ter sido acometido por incapacidade que dificulte o seu trabalho e que ele seja insuscetível de recuperação. A avaliação é feita pelo médico perito do INSS.
Data do início	Começa no 16º dia do afastamento do trabalho ou após a cessação do auxílio-doença.
Data da cessação	Termina com a morte do segurado, alta médica ou transformação em outro benefício.
Cessação após cinco anos de manutenção	Se a recuperação é total: a) de imediato para o empregado; b) tantos meses quantos forem os anos de duração do auxílio-doença e da aposentadoria por invalidez.

Com recuperação parcial	Se a recuperação for parcial: a) integralmente por seis meses; b) com redução de 50% por seis meses; c) com redução de 75% por seis meses.
Ingresso do incapaz	Não faz jus quem ingressou na Previdência Social portador de incapacidade para o trabalho e não teve essa inaptidão agravada.
Volta ao trabalho	Quem está recebendo esse benefício não pode voltar ao trabalho, sob pena de suspensão e futuro cancelamento do benefício, e ter de devolver o que recebeu indevidamente do INSS.
Atividade exercida por quem voltou ao trabalho	Área pouco tratada na doutrina diz respeito àqueles percipientes de aposentadoria por invalidez que voltam ao trabalho em outra atividade, compatível com sua inaptidão, principalmente os cargos eletivos. A solução reclama sensibilidade e até revisão do conceito do benefício, devendo ser examinada caso a caso.
Elementos do cálculo	O valor inicial depende de: a) período básico de cálculo; b) salários de contribuição; c) atualização monetária mês a mês; d) seleção dos 80% maiores salários; e) apuração do salário de benefício; e f) aplicação do coeficiente (100%).
Período básico de cálculo	Se a pessoa pagava desde antes de julho de 1994, serão os meses dessa data (julho de 1994) até o mês véspera do pedido. Se não estava trabalhando, a partir do primeiro mês de contribuição até o mês anterior ao pedido.
Salários de contribuição	São tomados os salários mensais do trabalhador dentro do PBC que serviu de base para a contribuição.
Atualização monetária	Os salários de contribuição serão corrigidos monetariamente (em virtude da inflação) e os valores ficam atualizados.
Seleção dos salários	Depois da atualização monetária, dentro do PBC, são selecionados os 80% maiores salários de contribuição. Em janeiro de 2011, são 80% de 192 = 153 meses.

Salário de benefício	Esses 80% maiores salários de contribuição são somados e o total é dividido pelo número de meses (que varia em cada caso), obtendo uma média designada de salário de benefício.
Percentual do benefício	Finalmente, o salário de benefício é multiplicado pelo coeficiente do benefício, que é de 100%. Coincidem o salário de benefício e a renda inicial.
Fator previdenciário	Não há fator previdenciário.
Renda mensal inicial	O mesmo valor do salário de benefício: média dos 80% maiores salários corrigidos do PBC. Depende tão somente dos salários de contribuição do PBC. Não há pedágio nem se considera a idade do segurado.
Múltipla atividade	Quem exercer duas ou mais atividades e ficar incapaz em apenas uma delas será autorizado a exercer as demais, calculando o benefício com base nos salários de contribuição da atividade que não logra exercer.
Documentos necessários	a) Requerimento do benefício; b) NIT, CPF e Cédula de Identidade; c) CTPS; d) Relação de salários de contribuição; e) Prova de endereço; e f) Atestados médicos.

10.1. Acréscimo de 25%

Significado	Aumento do valor da renda mensal em 25%.
Desobediência do teto	O montante será recebido, mesmo que ultrapasse o teto. Exemplo: quando ele era de R$ 3.691,74 para o valor de uma aposentadoria de R$ 3.000,00, o acréscimo será de R$ 750,00, totalizando: R$ 3.750,00.
Incorporação à pensão por morte	Por se tratar de benefício do segurado, quando este falecer, o acréscimo de 25% não se incorpora à pensão por morte dos dependentes. Vale para a rara hipótese de preso doente, percipiente de aposentadoria por invalidez, que morrer na prisão, sem se incorporar à pensão por morte.

Condições	É preciso que o aposentado tenha a necessidade de ajuda de uma pessoa (a principal circunstância é estar acamado).
Cessação	O acréscimo cessa se o aposentado recuperar as condições anteriores ao cenário que motivou a vantagem.
Visita da assistente social	Verificar o cenário deflagrador do acréscimo é papel do Serviço Social do INSS, a ser realizado por assistente social que visitará o aposentado onde ele estiver acamado.
Constituciona-lidade	Típico exemplo de que a constitucionalidade, com as dificuldades inerentes a essa cirúrgica tarefa, há de ser aferida com precauções, submetida ao princípio da proteção social. A rigor, em razão da EC n. 20/1998, ninguém poderia receber acima de R$ 3.691,74.

10.2. Cessação das mensalidades

Significado	Com a cessação da manutenção da aposentadoria por invalidez, depois de fixada a DCB, alguns meses são pagos até o final dos pagamentos (arts. 46 do PBPS e 49 do RPS).
Volta ao trabalho	Mesmo sem cessar as mensalidades do percipiente do benefício, o segurado pode voltar ao trabalho.
Dentro de cinco anos para os empregados	Se houve recuperação total cessará imediatamente para o empregado, o qual tem direito a retornar à função na empresa.
Dentro de cinco anos para os demais segurados	Após tantos meses quantos foram os anos de manutenção do auxílio-doença ou da aposentadoria por invalidez, para os demais segurados.
Recuperação parcial	Valor integral durante seis meses; com redução de 50% no período seguinte de seis meses; ou com redução de 75% durante os seis meses subsequentes.
Cessação final	Ultrapassados esses prazos, cessa finalmente o pagamento das mensalidades.
Adição do tempo de serviço	Não há norma que determine a somatória desse tempo de serviço se não suceder volta ao trabalho.

11. PERÍCIA MÉDICA

Conceito genérico	Exame médico pericial de avaliação das condições de saúde da pessoa, geralmente relacionada com o trabalho, com vistas à percepção de prestações securitárias (previdenciárias e assistenciárias).
Natureza	Ato médico técnico específico praticado por profissional para isso jurídico, técnico e oficialmente habilitado.
Titular autorizado	Em cada caso, apenas o médico perito oficial, médico do trabalho ou perito judicial detém a prerrogativa para sua elaboração.
Espécies	São particulares, profissionais, oficiais e judiciais.
Perícia particular	Exame promovido por médico particular, cujo laudo é fornecido para comprovar determinada incapacidade.
Perícia profissional	Exame admissional, sequencial ou demissional, realizado pelas empresas ou repartições públicas em relação aos trabalhadores que lhes prestam serviços.
Perícia oficial	Efetuada pelo RGPS, RPPS e PSSC para apuração da capacidade ou não para o trabalho do seu segurado.
Perícia judicial	Determinada pelo Poder Judiciário para desfazer dúvidas havidas em processos.
Presença do profissional no exame	É admitida a presença de médicos assistentes e assistentes sociais, mas ainda não está definida a presença dos médicos particulares nem dos advogados.
Comunicação do resultado	Conjunturalmente, feita pelo órgão promotor do exame e não necessariamente pelo examinador.
Exame a destempo	Perícia feita com base em documentos escritos, laudos, declarações de profissionais em relação ao falecido.
Fixação da DII	Tarefa especial tecnicamente onerosa cometida à perícia para a determinação da DII do trabalhador.
Exames complementares	Exames externos ao examinador que complementem e viabilizem a conclusão da perícia médica.

Evidência da contingência	O resultado do exame pericial é prova jurídica da capacidade ou incapacidade para o trabalho.
Análise pericial da aposentadoria especial	Avaliação técnica dos ambientes laborais, por intermédio de PPP, LTCAT e outros documentos trabalhistas, para apuração do direito à aposentadoria especial, no RGPS ou num RPPS.
Avaliação ambiental	Verificação das condições laborais no ambiente de trabalho operada *in loco*.
Exames trabalhistas	Realizados pelas empresas em relação aos seus trabalhadores (admissional, sequencial e demissional).
Medicina Legal	Área da Medicina especializada que cuida dos exames em termos gerais (civis, penais e previdenciários).
Perito desempatador	Presença do perito judicial quando de controvérsias entre dois peritos (do autor e do reclamado).
Alta programada	Previsão de alta médica em matéria de auxílio-doença e aposentadoria por invalidez.
Presunção de exame	Admissão da incapacidade quando da impossibilidade do exame pericial.

12. APOSENTADORIA POR IDADE

Significado	Benefício pago à segurada que completou 60 anos de idade, e ao segurado com 65 anos. Se forem trabalhadores rurais, serão cinco anos antes: 55 anos para as mulheres e 60 anos para os homens.
Exame médico	Não há exame médico para fazer jus a esse benefício, pouco importando se a pessoa está doente ou não.
Tipos de aposentadorias	São duas: espontânea, requerida pelo próprio interessado, e compulsória, promovida pela empresa (para o segurado com 70 anos e a segurada com 65 anos).
Períodos de carência	a) Quem vinha contribuindo antes de 24 de julho de 1991; b) Quem começou a contribuir depois de 24 de julho de 1991; e c) Quem contribuiu no passado e voltou a contribuir depois de 24 de julho de 1991.
Carência de quem vem pagando antes de 24.7.1991	Em 2005, o segurado deverá ter 144 contribuições. Em 2006, um mínimo de 150 contribuições. Em 2007, serão 156 contribuições. Em 2008, serão 162 contribuições. Em 2009, serão 168 contribuições. Em 2010, serão 174 contribuições. Em 2011, serão 180 contribuições.
Carência de quem começou a contribuir após 24.7.1991	Serão 180 contribuições mensais (15 anos). Se nunca contribuiu, para ter direito com 60 anos de idade, uma mulher precisa começar a contribuir com 45 anos de idade. O homem necessita iniciar a filiação no mínimo com 50 anos de idade.
Carência de quem pagou no passado e voltou a contribuir	Somando as mensalidades do passado com as hodiernas terá de seguir a mesma tabela do art. 142 do PBPS. Serão 180 meses em 2011.

Volta ao trabalho	Aposentado, o segurado tem permissão para voltar ao trabalho (e ali contribuirá, sem qualquer novo direito).
Cálculo do benefício	Depende de: a) período básico de cálculo; b) salários de contribuição; c) atualização monetária; d) seleção dos 80% maiores salários; e) média aritmética; f) salário de benefício; g) percentual do segurado; e h) fator previdenciário (é facultativo).
Período básico de cálculo	Caso tenha pago ao INSS desde antes de julho de 1994, serão os meses dessa data até o mês véspera do pedido. Se não trabalhava, desde o primeiro mês até o mês anterior ao pedido.
Salário de contribuição	A autarquia federal toma os salários que serviram de base para o cálculo da contribuição do trabalhador.
Atualização monetária	O INSS corrigirá monetariamente (em virtude da inflação), e os valores ficarão atualizados (como se não existisse inflação).
Seleção dos salários	Depois da atualização monetária, o INSS selecionará os 80% maiores salários de contribuição.
Fator previdenciário	Se for conveniente ao segurado (é preciso fazer as contas), o INSS aplicará o fator previdenciário.
Data do início	Se requerido até 90 dias contados da DAT, começará no dia seguinte a essa última data; caso seja posterior, na DER.
Data da cessação	O benefício cessará com a morte do segurado (ou a eventual transformação em outro benefício).
Comunicação automática	Num grande avanço, no segundo semestre de 2010 o INSS passou a comunicar por escrito aos segurados que já fazem jus ao benefício.
Trabalhador rural	Não há mais clara definição legal de quem seja o trabalhador rural, mas se a pessoa prestou serviços pelo menos durante a carência no universo na hinterlândia rural, será tida como rurícola.

12.1. Lei n. 10.666/2003

Significado	Aposentadoria por idade de quem contribuiu no passado, afastou-se da Previdência Social, perdeu a qualidade de segurado, voltou ou não a contribuir e, atualmente, tem 60 anos de idade (mulher) ou 65 anos de idade (homem).
Período de carência	São as seguintes contribuições: 2000 — 114 meses 2001 — 120 meses 2002 — 126 meses 2003 — 132 meses 2004 — 138 meses 2005 — 144 meses 2006 — 150 meses 2007 — 156 meses 2008 — 162 meses 2009 — 168 meses 2010 — 174 meses 2011 — 180 meses
Cálculo da renda inicial	São duas hipóteses: a) pessoa que contribuiu até antes de julho de 1994 e b) quem tenha contribuído depois de 30 de junho de 1994.
Contribuinte antes de julho de 1994	Não há cálculo do benefício. O valor será de R$ 545,00 (salário mínimo). Decisão que pode ser discutida.
Contribuinte após 30.6.1994	O *quantum* será calculado com os seus salários de contribuição desde julho de 1994. O INSS somará os 80% maiores salários de contribuição e os dividirá por um coeficiente que variará conforme o mês do pedido, e depois aplicará o coeficiente do segurado (70% + 1% por ano de contribuição, até um máximo de 100%).
Data do início	Começará na DER, se requerida após 90 dias do afastamento do trabalho. Ou no dia seguinte ao afastamento do trabalho, se requerida até 90 dias.
Exemplo	Com a carência assegurada, se o segurado recomeçou a pagar desde julho de 1996, em junho de 2004 terá 8 x 12 meses = 96 mensalidades. A soma corrigida dos salários de contribuição será dividida por 72 (que são 60% de 120 meses).

Observações	A concessão e a manutenção seguem as regras da aposentadoria por idade comum.
Volta ao trabalho	O segurado voltará ao trabalho (e então contribuirá, sem qualquer novo direito).
Cálculo do benefício	Depende de: a) período básico de cálculo; b) salários de contribuição; c) atualização monetária; d) seleção dos 80% maiores salários; e) média aritmética; f) fator previdenciário; g) salário de benefício; e h) percentual do segurado.
Período básico de cálculo	Se a pessoa pagava ao INSS desde antes de julho de 1994, serão os meses dessa data até o mês véspera do pedido. Se não trabalhava, desde o primeiro mês até o mês anterior ao pedido.
Salário de contribuição	O INSS toma os salários que serviram de base para o cálculo da contribuição do trabalhador.
Atualização monetária	Separados esses salários de contribuição, o INSS corrigirá monetariamente (em virtude da inflação) e os valores ficarão atualizados (como se não existisse inflação).
Seleção dos salários	Depois da atualização monetária, o INSS selecionará os 80% maiores salários de contribuição.
Fator previdenciário	Se for conveniente ao segurado (é preciso fazer as contas), o INSS aplicará o fator previdenciário.
Data do início	Requerido até 90 dias contados da DAT, começará no dia seguinte a essa última data; caso seja posterior, na DER.
Data da cessação	O benefício cessará com a morte do segurado (ou a eventual transformação em outro benefício).

12.2. Aposentadoria compulsória

Significado	Benefício requerido pela empresa, pensando suscitar o rompimento do contrato de trabalho.
Condições de concessão	As mesmas condições da aposentadoria por idade comum. Se o segurado não preenche os requisitos, a empresa não pode promover esse benefício.

Requerente	Quem requer o benefício é o empregador. Portanto, não existe para o contribuinte individual.
Idade mínima	Mulher com 65 anos e homem com 70 anos.
Volta ao trabalho	Nada impede o retorno ao trabalho, rompido o contrato de trabalho, na empresa em que trabalhou ou em outra, e até mesmo como autônomo.
Fator previdenciário	Com essa idade avançada, o segurado deverá apurar o fator previdenciário; certamente ele será elevado e pode aumentar a renda mensal inicial.

12.3. Regime dos informais

Destinatários	Principalmente autônomos que prestam serviços para pessoas físicas, pequenos empresários e facultativos.
Base de cálculo	Salário mínimo, gerando a contribuição mínima mensal.
Taxa de contribuição	11% do salário mínimo, resultando em R$ 678,00 x 11% = R$ 74,58.
Complementação do valor	9% do salário mínimo, resultando em R$ 678,00 x 9% = R$ 61,02.
Benefícios previstos	Todas as prestações, menos a aposentadoria por tempo de contribuição.
Aposentadoria por tempo de contribuição	Se desejar a aposentadoria por tempo de contribuição, o segurado recolherá a diferença (9%) de todo o período com juros de 0,5% e multa de 10%.
Decadência	Não há prazo de decadência para essa contribuição complementar os 9% (*sic*).
Tempo de contribuição	Se o segurado optar pelos 11%, ele não terá o tempo computado para os benefícios do RGPS.
Contagem recíproca de tempo de serviço	Querendo computar período de contribuições conforme a contagem recíproca de tempo de serviço e portá-lo para o serviço público (um RPPS), antes terá de recolher a diferença dos 9%.
Valor dos benefícios	Será igual à base de cálculo: sempre o salário mínimo (R$ 678,00).
Autônomo que trabalha para pessoa jurídica	O segurado obrigatório do RGPS continuará sofrendo a retenção de 11%, devendo a pessoa jurídica recolher 20% e, nessas condições, ele fará jus a todas as prestações.
Fontes formais	Lei Complementar n. 123/2006 e Decreto n. 6.042/2007.

13. APOSENTADORIA ESPECIAL

Descrição	Benefício pago ao segurado que trabalhou 15, 20 ou 25 anos em atividade especial, isto é, insalubre.
Atividades penosas e perigosas	Oficialmente, as atividades tidas como especiais, desde 6.3.1997, deixaram de cobrir os serviços penosos ou perigosos, na opinião da Administração Pública.
Servidor público	Com decisão do STF em Mandado de Injunção, atendidos os requisitos legais, o servidor público faz jus ao benefício (IN SPPS n. 1/2010).
Natureza jurídica	Aposentadoria por tempo de serviço, com redução do tempo mínimo, do exercente de atividade especial.
Exame médico	Não há exame médico.
Benefícios por incapacidade	Durante a vigência do contrato de trabalho, se sobrevier incapacidade em virtude da insalubridade, será o caso de auxílio-doença ou de aposentadoria por invalidez.
Período de carência	São duas as carências: quem vinha contribuindo antes de 24 de julho de 1991 e quem começou a contribuir depois de 24 de julho de 1991.
Segurado que contribuiu antes de 24.7.1991	Terá de ter: 138 contribuições em 2004, 144 contribuições em 2005, 150 contribuições em 2006 e assim por diante, chegando a 180 contribuições em 2011.
Após 24.7.1991	Em todos os casos, serão 180 contribuições mensais. Isto é, 15 anos.
Volta ao trabalho	O aposentado não pode voltar ao trabalho em atividade insalubre, mas pode fazê-lo em serviço que não o exponha aos agentes nocivos.
Suspensão do benefício	Se o segurado retornar ao serviço em atividade insalubre, o INSS suspenderá o pagamento das mensalidades.
Cálculo do benefício	O valor depende de: a) período básico de cálculo; b) salários de contribuição;

	c) atualização monetária; d) seleção dos 80% maiores salários; e) média dos salários; f) salário de benefício; e g) percentual do segurado.
Fator previdenciário	Não é aplicado o fator previdenciário.
Limite de idade	Não há limite de idade.
Período básico de cálculo	Se a pessoa pagava desde antes de julho de 1994 e manteve-se contribuindo, serão os meses compreendidos dessa data até o mês véspera do pedido. Se não trabalhava nessa mesma data, será desde o primeiro mês de contribuição até o mês anterior ao pedido.
Exemplo dos 80%	A quem pediu o benefício em julho de 2004, o período básico de cálculo será de julho de 1994 a junho de 2004, ou seja, 120 meses (10 anos). Como 80% x 120 = 96, o cálculo basear-se-á em apenas 96 meses.
Salários de contribuição	O INSS tomará mensalmente os salários do trabalhador que serviram de base para o cálculo da contribuição.
Atualização monetária	Uma vez separados todos esses salários de contribuição, o INSS os corrigirá monetariamente (em virtude da inflação), e os valores mensais ficarão atualizados (como se não existisse inflação).
Seleção dos salários de contribuição	Depois da atualização monetária, o INSS selecionará os 80% maiores salários de contribuição do PBC. No caso do exemplo, fará a conta: 20% x 120 = 24 meses. E 120 - 24 = 96 meses. Operará com os 96 maiores salários de contribuição. Os 24 menores salários de contribuição serão abandonados.
Média dos salários de contribuição	Esses 80% maiores salários de contribuição serão somados e o total será dividido pelo número de meses (que varia em cada caso), obtendo-se uma média aritmética. Na aposentadoria por idade, essa média é o salário de benefício.
Data do início	Se requerido até 90 dias do afastamento do trabalho, começará no dia seguinte ao da data do afastamento do trabalho. Se requerida após esse lapso de tempo, será na DER.

Percentual	O INSS multiplicará o valor do salário de benefício (que não pode ser inferior ao salário mínimo nem superior ao teto vigente no mês) pelo coeficiente do benefício que, no caso, é de 100%.
Data da cessação	O benefício acaba com a morte do segurado ou transformação em outro benefício.
Documentos necessários	a) NIT, CPF e Cédula de Identidade; b) Requerimento do benefício; c) CTPS e outras provas do trabalho; d) Prova do endereço; e) Relação dos salários de contribuição; f) Laudo técnico + perfil profissiográfico (até 31.12.2003); e g) PPP (depois de 31.12.2003), expedido com base no LTCAT.
Fontes formais	Arts. 57/58 do PBPS e 64/70 do RPS; ON MPOG n. 6/2010 e IN SPPS n. 1/2010.

13.1. Tempo especial

Conceito	Período de trabalho de exposição habitual e permanente aos agentes nocivos físicos, químicos ou biológicos, ergométricos ou psicológicos, acima dos limites de tolerância, quando, mesmo com a utilização de EPI/EPC/EPR, a saúde e a integridade física do trabalhador foram ameaçadas.
Adicional trabalhista	Quem recebe o adicional trabalhista necessariamente não tem direito à aposentadoria especial, mas é forte indício: a empresa é obrigada a esse pagamento mais ou menos nas mesmas condições do direito à aposentadoria especial.
Custeio da aposentadoria especial	Caso a empresa não consiga eliminar a ação prejudicial dos agentes nocivos, terá de recolher a contribuição adicional do SAT ao INSS, desde abril/1999 (Lei n. 9.732/1998). As taxas são: a) para quem se aposenta aos 15 anos — 12%; b) para quem se aposenta aos 20 anos — 9%; e c) para quem se aposenta aos 25 anos — 6%.

Retenção dos 4%, 3% ou 2%	Quando a empresa admite pessoal terceirizado, mediante contrato de cessão de mão de obra, fica sujeita à retenção de 4%, 3% ou 2% do valor da nota fiscal, fatura ou recibo de prestação de serviços.
Direito em virtude da contribuição	O fato de a empresa estar contribuindo com o adicional de 12%, 9% ou 6% não garante a concessão do benefício, mas é forte indício de que esse direito existe.
Prova do tempo de serviço especial	Além de provar o tempo de serviço comum (pela CTPS ou CNIS), o segurado também tem de provar o tempo especial com documentos emitidos pela empresa e que retratem as condições de trabalho.
Habitual e permanente	Habitual e permanente quer dizer que o trabalhador fica todo o tempo de trabalho exposto aos agentes nocivos.
Equipamentos de Proteção Individual	Produtos (cremes, protetores solares etc.) ou instrumentos pessoais usados pelo colaborador para se proteger da ação dos agentes nocivos (protetor auricular, capacetes, botas, uniformes, luvas, bandanas, máscaras etc.).
Equipamentos de Proteção Coletiva	Construções feitas pela empresa para eliminar ou diminuir a ação dos agentes nocivos, como paredes de cortiça, divisórias, alambrados etc.
Níveis de tolerância	Em cada caso, a legislação trabalhista fixa limites dos agentes nocivos que podem ser suportados pelo trabalhador. Atualmente, para o ruído o limite é de 85 decibéis.
DIRBEN 8030	Era declaração emitida pelo RH que informava dados cadastrais do trabalhador, embora sem avaliação de médico ou engenheiro de segurança, e que valeu até 31.12.2003.
Laudo técnico	Documento emitido pela empresa, assinado por médico ou engenheiro de segurança, que descreve minuciosamente as condições de trabalho e a presença dos agentes nocivos no ambiente laboral.
Perfil profissiográfico	Documento que reunia os dados do DIRBEN 8030 e do laudo técnico, fornecido quando da demissão do trabalhador até 31.12.2003, para posteriormente poder requerer a aposentadoria especial.
Fontes formais	Arts. 57/58 do PBPS e IN INSS n. 45/2010.

13.2. Conversão de tempo especial

Significado	Procedimento do INSS que, reconhecendo como sendo especial certo período de serviço, aplica um fator constante da tabela abaixo, transformando o tempo especial em comum.
Objetivo	Somar o tempo especial, depois de convertido em comum, e somá-lo ao tempo comum do segurado, para efeito da aposentadoria por tempo de contribuição.
Tabela de conversão	<table><tr><th>Tempo de atividade</th><th>Para 15</th><th>Para 20</th><th>Para 25</th><th>Para 30</th><th>Para 35</th></tr><tr><td>De 15 anos</td><td>1,00</td><td>1,33</td><td>1,67</td><td>2,00</td><td>2,33</td></tr><tr><td>De 20 anos</td><td>0,75</td><td>1,00</td><td>1,25</td><td>1,50</td><td>1,75</td></tr><tr><td>De 25 anos</td><td>0,60</td><td>0,80</td><td>1,00</td><td>1,20</td><td>1,40</td></tr></table>
Tempo especial para especial	Desde 1980 existe a possibilidade de conversão de tempo especial para o especial, conforme a tabela acima (Lei n. 6.887/1980).
Tempo comum para especial	Conversão de tempo comum em especial desapareceu em 28.4.1995, e não mais pode ser feita para períodos posteriores a essa data.
Tempo especial para comum	Toma-se o tempo de serviço especial e acresce-se 20% (mulher) ou 40% (homem) e, com isso, ele poderá ser somado ao seu tempo comum para os efeitos da aposentadoria por tempo de contribuição.
Prazo fatal para conversão	Para o INSS qualquer período especial pode ser convertido (Decreto n. 4.827/2003). Para o Poder Judiciário (STJ), era apenas até 28.5.1998 (Medida Provisória n. 1.663-15/1998, depois, Lei n. 9.711/1998), mas desapareceu essa data--base e acompanhou o Poder Executivo.
Percentual da mulher	Pensando-se na aposentadoria especial aos 25 anos, o percentual de conversão da mulher, tendo em vista que ela se aposenta cinco anos antes que o homem, é de 20%.
Percentual do homem	Pensando-se na aposentadoria especial aos 30 anos, o percentual de conversão do homem é de 40%.
Exemplo prático	Mulher: 10 anos especial — 10 x 1,20 = 12 anos. Homem: 10 anos especial — 10 x 1,40 = 14 anos.

13.3. Contribuição da aposentadoria especial

Conceito genérico de SAT	Contribuição particular e tradicional destinada ao custeio das prestações acidentárias, que varia conforme o grau de risco (1%, 2% ou 3%).
Prestações acidentárias	São quatro: auxílio-acidente, auxílio-doença, aposentadoria por invalidez e pensão por morte.
Aposentadoria especial	Contribuição destinada ao custeio da aposentadoria especial, criada em 1º.4.1999 pela Lei n. 9.732/1998 (art. 22, II, do PCSS).
Tipos de aposentadoria especial	São três: aos 15 anos, aos 20 anos e aos 25 anos de serviços insalubres (PBPS, arts. 57/58). Foram excluídas as atividades penosas e perigosas.
Alíquotas do SAT	Por ora, abstraindo o FAP, são três: 1% (risco leve), 2% (risco médio) e 3% (risco grave).
Alíquotas da aposentadoria especial	Também são três: 6% (aposentadoria aos 25 anos), 9% (aposentadoria aos 20 anos) e 12% (aposentadoria aos 15 anos).
Base de cálculo	Nos dois casos, o salário de contribuição do trabalhador (principalmente o empregado, temporário e avulso).
Contribuinte	Nos dois casos, apenas o empregador, empresa de trabalho temporário e o OGMO.
Fato gerador	Para o SAT, a remuneração do empregado, temporário e avulso. Para a aposentadoria especial, exposição aos agentes nocivos insalubres determinantes do benefício.
Data do início	A do SAT provém da legislação acidentária, que é de 15.1.1919; a da aposentadoria especial, de 1º.4.1999.
Garantia do benefício	A contribuição do SAT não garante uma prestação acidentária e a da aposentadoria especial também não é suficiente para o benefício.
Enquadramento da taxa de recolhimento	Se no estabelecimento considerado existirem segurados sujeitos aos diferentes riscos, o de maior número é que determinará a alíquota para todos os trabalhadores. Alterando a IN SRP n. 3/2005 (revogada), o INSS entendeu que o parâmetro é a empresa e não as suas unidades.
Matriz e filiais	Cada estabelecimento com CNPJ fará a verificação acima para saber qual o risco prevalecente.

Revisão do SAT	A Lei n. 10.666/2003 previu, a partir do mapeamento do CID, redução de 50% e majoração de 100% das alíquotas conforme o nível da acidentalidade da empresa, a partir de 1º.1.2010 (Decreto n. 6.042/2007).
Vigência da revisão	Até 31.12.2006, a Resolução CNPS n. 1.236/2004, que regulamentou a Lei n. 10.666/2003, não havia entrado em vigor. Com o Decreto n. 6.042/2007, o período básico de cálculo era para ser de 1º.4 a 12.6, a apuração em 2007 e as novas contribuições em 1º.8, mas o FAP somente entrou em vigor em 1º.1.2010.
Princípio da revisão e da taxação	A empresa que tem menos acidentes do trabalho ou doenças ocupacionais em razão de sua prevenção contribui com menos do que aquela que gera mais benefícios por incapacidade.
Classificação do risco do SAT	Promovida a partir da Classificação Nacional de Atividades Econômicas (Anexo V do Decreto n. 3.048/1999).
Fonte formal do SAT	Art. 22, II, da Lei n. 8.212/1991, na redação da Lei n. 9.876/1999.
Fonte formal da contribuição	Art. 22, II, da Lei n. 8.212/1991, na redação da Lei n. 9.732/1998.

14. APOSENTADORIA POR TEMPO DE CONTRIBUIÇÃO

Significado	Benefício devido à segurada que contribuiu de 25 a 30 anos (ou mais), e ao segurado que contribuiu de 30 a 35 anos (ou mais).
Facultativo	Igual vale para o facultativo que se inscreveu e contribuiu sem trabalhar.
Exame médico	Não há exame médico para esse benefício. Interessa apenas a carência, o tempo de serviço e, se for o caso, a idade mínima.
Período de carência	São dois tipos: a) quem contribuía antes de 24.7.1991 e b) quem começou a contribuir depois de 24.7.1991.
Quem contribuiu antes de 24.7.1991	Terá de ter 138 contribuições em 2004, um mínimo de 144 contribuições em 2005 e assim por diante, chegando a 180 contribuições em 2011 (PBPS, art. 142).
Contribuição após 24.7.1991	Serão 180 contribuições mensais. Isto é, os mesmos 15 anos da aposentadoria por idade.
Data do início	Requerido até 90 dias do afastamento do trabalho, começará no dia seguinte a esse afastamento; se posterior, na DER.
Data da cessação	O benefício cessa com o falecimento do segurado ou com a transformação em outra prestação.
Volta ao trabalho	Aposentado, o segurado tem permissão para retornar ao trabalho em qualquer atividade, inclusive a insalubre.
Cálculo do benefício	Depende de: a) período básico de cálculo; b) salários de contribuição; c) atualização monetária; d) seleção dos 80% maiores salários; e) média aritmética; f) fator previdenciário; g) salário de benefício; e h) percentual do segurado.

Período básico de cálculo	Pagando o INSS desde antes de julho de 1994, serão os meses contados dessa data até o mês véspera do pedido. Se não trabalhava, desde o primeiro mês de pagamento até o mês anterior ao pedido.
Salário de contribuição	O INSS toma os salários do trabalhador que serviram de base para o cálculo da contribuição.
Atualização monetária	Uma vez separados os salários de contribuição, eles são corrigidos monetariamente (em virtude da inflação), restando atualizados os valores (como se não existisse a inflação).
Seleção dos salários	Depois da atualização monetária, são selecionados os 80% maiores salários de contribuição.
Média dos salários de contribuição	Esses 80% maiores salários de contribuição do período serão somados e o total dividido pelo número de meses (que varia em cada caso), obtendo uma média aritmética.
Fator previdenciário	A média dos salários de contribuição será multiplicada pelo fator previdenciário. Se esse número for menor do que um, o valor do benefício ficará menor que essa média; se for superior, restará maior.
Percentual do segurado	Depois, o INSS multiplicará o salário de benefício pelo coeficiente do segurado.
Coeficientes do segurado	Mulher com 25 anos ou homem com 30 anos — 70% Mulher com 26 anos ou homem com 31 anos — 75% Mulher com 27 anos ou homem com 32 anos — 80% Mulher com 28 anos ou homem com 33 anos — 85% Mulher com 29 anos ou homem com 34 anos — 90% Mulher com 30 anos ou homem com 35 anos — 100%
Idade mínima da aposentadoria integral	Para a aposentadoria integral (mulher com 30 anos de serviço, ou mais, e homem com 35 anos de serviço, ou mais) não há limite de idade.
Idade mínima da aposentadoria proporcional	Na aposentadoria proporcional (que vai de 25 a 29 anos, para a mulher, e de 30 a 34 anos, para o homem), a segurada terá de ter 48 anos de idade e o segurado, 53 anos de idade.
Documentos necessários	a) Requerimento do benefício; b) NIT, CPF e Cédula de Identidade; c) Relação de salários de contribuição; d) Carnês de pagamento; e) CTPS ou CNIS; e f) Prova de endereço.
Fontes formais	Arts. 52/56 do PBPS e 56/63 do RPS.

14.1. Pedágio

Conceito	Adicional de tempo de serviço (acrescido à legislação pela EC n. 20/1998).
Obrigados ao pedágio	Mulher que não tinha 25 anos em 16.12.1998 (aposentadoria proporcional mínima) e homem que não tinha 30 anos em 16.12.1998 (aposentadoria proporcional mínima).
Razão dessa data 16.12.1998	Data da publicação da Emenda Constitucional n. 20, de 15.12.1998, no DOU.
Objetivo do acréscimo	O Governo Federal quer que os segurados do RGPS se aposentem mais tarde, com um maior tempo de contribuição e que prefiram a aposentadoria integral à aposentadoria proporcional.
Base de cálculo do adicional	O INSS mede o tempo faltante em 16.12.1998 em anos, meses e dias para a aposentadoria proporcional da mulher e do homem.
Percentual do pedágio	Será de 40% desse tempo faltante. Logo, além desse tempo faltante, terá de acrescer 40% dele.
Tempo de serviço após cumprir o pedágio	Quando completar o tempo faltante e o pedágio, a segurada terá 25 anos de serviço (embora tenha trabalhado e pago mais do que isso) e o segurado terá 30 anos de serviço, ambos com direito a 70% do salário de benefício.
Um ano depois disso	A segurada terá 26 anos e o segurado 31 anos, ambos com direito a 75% do salário de benefício.
Exemplo para a mulher	Segurada que trabalhou desde 16.12.1978, em 16.12.1998 somava 20 anos de contribuição. O tempo faltante era de cinco anos. O pedágio resultará da conta: 40% x 5 anos = 2 anos. Assim, além dos cinco anos que faltavam, ela terá de contribuir por mais dois anos, totalizando 27 anos de serviço, correspondentes aos antigos 25 anos (*sic*). Seu percentual será de 70% do salário de benefício, se ela tiver 48 anos de idade.
Direito à aposentadoria integral	A segurada do exemplo terá de contribuir por mais três anos e, então, com qualquer idade, fará jus a uma aposentadoria integral. Mas não significa que será 100% do salário de benefício, se o fator previdenciário não for igual a um.

Exemplo para o homem	Segurado que trabalhou desde 16.12.1978, em 16.12.1998 tinha 20 anos de serviço. O tempo faltante era de 10 anos. O pedágio dele resultará da conta: 40% x 10 anos = 4 anos. Assim, além dos 10 anos que faltavam ele terá de contribuir por mais quatro anos, totalizando 34 anos de serviço, que corresponderão aos antigos 30 anos. Seu percentual será de 70%.
Direito à aposentadoria integral	O segurado terá de contribuir por mais um ano e, então, com qualquer idade, fará jus à aposentadoria integral. Mas não significa que será de 100% do salário de benefício, se o fator previdenciário não for igual a um.
Fonte formal	Emenda Constitucional n. 20/1998.

14.2. Idade mínima

Conceito	Além do tempo de contribuição, para fazer jus à aposentadoria por tempo de contribuição os segurados devem ter idade mínima (que não existia antes de 16.12.1998).
Dispensa de idade mínima	Em 16.12.1998, quem possuía 25 anos de serviço (mulher) e 30 anos de serviço (homem), fazendo jus à aposentadoria proporcional, ou 30 anos de serviço (mulher) e 35 anos de serviço (homem), com direito à aposentadoria integral, fazia jus à legislação anterior, que dispensava a idade mínima (direito adquirido).
Idade mínima na aposentadoria proporcional	Na aposentadoria proporcional (de 25 a 29 anos, para a mulher, e de 30 a 34 anos, para o homem), a idade mínima para a mulher é de 48 anos e de 53 anos para o homem.
Idade mínima na aposentadoria integral	Na aposentadoria integral — 30 anos, para a mulher, não há idade mínima. Na aposentadoria integral — 35 anos, para o homem, não há idade mínima.
Mulher com 28 anos de serviço e 45 anos de idade	Ela não se aposenta porque não tem 48 anos de idade nem 30 de serviço. Dois anos adiante, quando somar esses 30 anos de serviço e 47 anos de idade, fazendo jus à aposentadoria integral, poderá obter o benefício.
Homem com 32 anos de serviço e 46 anos de idade	Ele não se aposenta porque não tem 53 anos de idade. Dali a três anos, com 49 anos de idade, quando somar 35 anos de serviço, fazendo jus à aposentadoria integral, poderá obter o benefício.

Idade mínima na aposentadoria por invalidez ou especial	Não há exigência de idade mínima para esses benefícios. Somente na aposentadoria por tempo de contribuição proporcional (e para os servidores nos RPPS). E, é claro, na aposentadoria por idade.
Idade mínima na aposentadoria por tempo de contribuição com conversão	Por se tratar de aposentadoria por tempo de contribuição (e não ser aposentadoria especial), o segurado deverá ter as idades mínimas de 48 anos (mulher) ou 53 anos (homem), caso peça o benefício proporcional. Se solicitar a integral, não há limite de idade.

14.3. Conversão de tempo especial

Conceito	Direito conquistado pelos trabalhadores em 1980, que teria desaparecido em 28.5.1998, mas foi restabelecido.
Significado	Se um homem operou 10 anos em atividade insalubre e por qualquer motivo não continuou trabalhando nessa atividade, ele terá um acréscimo de quatro anos no seu tempo de serviço. A conta será assim: 10 anos x 40% = 4 anos. De 10 anos passará a ter 14 anos.
Direito da mulher	O acréscimo da mulher exercente de atividade insalubre é de 20%, em vez dos 40% do homem. A conta será: 10 anos x 20% = 2 anos. De 10 anos passará a ter 12 anos.
Diferença dos sexos	Porque 30 anos (mulher) x 1,20% = 36 anos, que é próximo aos 35 anos dos homens.
Conversão de tempo especial para o comum	Os tempos especiais que podiam ser convertidos teriam terminado em 28.5.1998, mas um decreto presidencial permitiu a conversão de qualquer período de tempo de serviço.
Providências do segurado	Apresentar os mesmos documentos da aposentadoria especial. Depois de 31.12.2003, o PPP. Antes de 1º.1.2004, laudo técnico, DIRBEN 8030 e PP. O INSS aceita PPP para períodos anteriores a 1º.1.2004.
Objetivo da conversão	Faz-se a conversão do tempo especial para o comum para somar com o tempo comum e obter a aposentadoria por tempo de contribuição.
Exemplo de conversão de tempo especial para o comum	Se um homem trabalhou 20 anos de atividade especial e sete anos de atividade comum, as contas serão: 20 x 1,40 = 28 anos. Os 28 anos + 7 anos = 35 anos (aposentadoria integral, com qualquer idade).

Conversão de tempo especial no serviço público	Quem quiser levar tempo especial para o serviço público terá dificuldades; só conseguirá com Mandado da Injunção e ação na Justiça Federal. Trabalhando em atividade especial no serviço público e pretendendo computar para o INSS, terá a mesma dificuldade e precisará recorrer à Justiça Federal (IN SPPS n. 1/2010).
Conversão de tempo comum para o especial	A conversão do tempo comum para o especial acabou em 28.4.1995. Não é mais possível. E o assunto não é polêmico.
Conversão de tempo especial para o especial	Criada em 1980, continua existindo. Assim, o tempo que dá aposentadoria aos 20 anos pode ser convertido para 25 anos; da mesma forma, de 15 anos para 20 anos ou 25 anos.
Prazo para conversão posterior	Quem se aposentou por tempo de contribuição (proporcional, com 48 anos ou 53 anos) tem 10 anos para pedir a inclusão da conversão, aumentar o tempo de serviço e melhorar o valor do benefício.

14.4. Tempo fictício

Conceito	Adicional atribuído a certo período de tempo de serviço para fins de benefícios.
Tempo comum	Aquele do calendário juliano.
Tempo de serviço	Período considerado para os diferentes fins da Previdência Social (a partir da EC n. 20/1998 correspondendo à ideia do tempo de contribuição).
Tempo de filiação	Período em que o segurado esteve vinculado à Previdência Social, identificado com o tempo comum ou de serviço e não necessariamente de contribuição.
Tempo de serviço especial	Tempo em que o segurado esteve sujeito aos agentes nocivos físicos, químicos ou biológicos e que até 5.3.1997 definiam a penosidade e periculosidade. A partir dessa data diz respeito apenas à insalubridade, um pressuposto lógico e jurídico da aposentadoria especial.
Conversão de tempo de serviço	Resultado da aplicação de um coeficiente ao tempo convertível, acréscimo que torna todo o tempo de serviço em comum.
Tempo convertido	Resultado do tempo comum após a conversão do tempo especial e soma com o comum.

Licença-prêmio gozada	Tempo tido como comum e assim ele é computado.
Licença-prêmio não gozada	Se o direito nasceu antes de 16.12.1998 é considerado; se depois, não mais.
Licença-prêmio após a EC n. 20/1998	Tempo fictício não mais considerado.
Tempo comum e fictício	Período composto de tempo fictício fracionado pela linha de corte de 16.12.1998. A primeira parte é considerada, mas a segunda não.
Licença-prêmio em dinheiro	Se o segurado recebeu em dinheiro o período correspondente é considerado como comum.
Tempo de embarcado	Tempo fictício, um acréscimo de período de marítimo, em que 255 dias valem 365 dias.
Tempo de guerra	Tempo de filiação, de serviço ou comum, durante a guerra, contado em dobro.
Tempo em dobro	Período em que, em alguns casos, a lei mandava contar o período de trabalho em dobro.
Tempo de benefício	Período do auxílio-doença ou da aposentadoria por invalidez, considerado para fins de prestações.

14.5. Fator previdenciário

Definição	Número que resulta de uma fórmula matemática, em que entram o tempo de contribuição do segurado, sua idade e o tempo que se espera que ele viva depois de aposentado, estimados na DER da aposentadoria por tempo de contribuição.
Variação do fator	Variará conforme a idade do segurado: menor, para um jovem; maior, para os mais velhos.
Elementos do fator previdenciário	O fator previdenciário depende de três variáveis: a) tempo de contribuição (Tc); b) idade do segurado (Id); e c) expectativa média de vida (Ex).
Tempo de contribuição	Composto de vários períodos de trabalho: a) antigo tempo de serviço; b) tempo de contribuição;

	c) tempo de gozo de benefício; d) período de facultativo; e) serviço militar; f) trabalho rural etc. Comprovados com CTPS, CNIS, contratos sociais, guias de recolhimento ou mediante justificação administrativa ou judicial.
Idade do segurado	A idade do segurado em anos, meses e dias, na DER. Comprovada com certidão de nascimento ou de casamento.
Expectativa de vida	Período de sobrevida fixado pelo IBGE e constante de uma Tábua de Expectativa de Vida, apurada anualmente em dezembro.
Adicional da mulher	O tempo de contribuição da mulher é aumentado em cinco anos.
Adicional do professor	O tempo de contribuição do professor é acrescido em cinco anos.
Adicional da professora	O tempo de contribuição da professora é majorado em 10 anos.
Benefícios que dependem do fator	A rigor, só a aposentadoria por tempo de contribuição (com conversão de tempo especial ou não). Na aposentadoria por idade, depende da vontade do segurado.
Aposentadoria por invalidez	Não se aplica na aposentadoria por invalidez nem vale para o auxílio-doença.
Aposentadoria especial	Não se aplica na aposentadoria especial (que também não exige idade mínima).
Pensão por morte ou auxílio--reclusão	A pensão por morte é 100% da aposentadoria que o segurado estava recebendo. Se ele falece sem estar trabalhando ou aposentado, será calculada com base numa aposentadoria por invalidez virtual (a que estaria recebendo). O fator só afetará a pensão por morte indiretamente se o segurado estiver recebendo aposentadoria por tempo de contribuição.
Motivo do fator previdenciário	O Governo Federal quer adiar o momento da aposentação do segurado da iniciativa privada. Se ele requerer o benefício muito jovem, o valor será menor (vai recebê-lo durante muitos anos). Se pedi-lo bem mais tarde, o valor será maior, mas ele o receberá durante menos tempo.
Fator para o servidor público	Não existe, mas o seu limite mínimo de idade é maior (55 anos para a mulher e 60 anos para o homem).
Fontes formais	Lei n. 9.876/1999 e Decreto n. 3.265/1999.

Expressão matemática	$F = \dfrac{(Tc \times 0{,}31)}{Ex} \cdot 1 + \dfrac{Id + (Tc \times 0{,}31)}{100}$
Tempo de contribuição	Tc = Tempo de contribuição medido em anos, meses e dias.
Tempo da mulher	Acrescido em cinco anos.
Tempo do professor	Acrescido em cinco anos.
Tempo da professora	Acrescido em 10 anos.
Idade	Id = Idade do segurado, computada em anos, meses e dias.
Expectativa de vida	Ex = Expectativa de vida. Tempo que o IBGE estima que o segurado viva depois de aposentado.
Vigência parcial do fator	O fator entrou em vigor, com uma regra de transição, em dezembro de 1999.
Vigência integral	A partir de dezembro de 2004 entrou totalmente em vigor.
Veto presidencial	Em 2009 houve uma tentativa de revogar o fator previdenciário, mas o Projeto de Lei foi vetado pelo presidente da República.

14.6. Fórmula 95

Origem histórica	Com o nosso *Subsídios para um Modelo de Previdência Social* (São Paulo: LTr, 1992. p. 53/54), os especialistas em Direito Previdenciário tomaram conhecimento de uma proposta para o evento determinante da aposentadoria por tempo de serviço, nacionalmente conhecida como Fórmula 95.
Expressão matemática	Trata-se de expressão aritmética com seis variáveis, conduzindo a resultado numérico em anos, indicativos da possível aposentadoria por tempo de contribuição.
Variáveis	As três primeiras variáveis representam elementos do trabalhador e as três seguintes parâmetros pessoais, ou seja, idade, tempo de filiação, salário médio, sexo, atividade exercida e nível da expectativa de direito em relação à introdução do mecanismo, com dados objetivos a serem contemplados na legislação ordinária disciplinadora da inovação.

Limite pessoal	Elas fixam um limite mínimo de idade pessoal e não nacional, tentando desfazer as distorções decorrentes das diferenças regionais, profissionais e sociais e, assim, deselitizar um pouco o benefício.
Pressupostos técnicos	A proposta leva em conta pressupostos científicos, diante dos elementos pré-jurídicos definidores da aposentadoria por tempo de serviço, quando da instituição do atual RGPS. Sopesam os aspectos demográficos, sociológicos e jurídicos — reflexos da condição social do segurado no contexto da seguridade social — adequados à realidade nacional.
Reajustes periódicos	Propicia ajustes periódicos se os indicadores sociais assim o solicitarem, ajustando-se à conjuntura de dificuldades atuais e acolhendo, quando o cenário econômico-social o forçar, a transformação das diretrizes da prestação.
Alcance técnico	Encampa dois benefícios: aposentadoria por tempo de serviço e especial. Aplica-se aos trabalhadores da iniciativa privada, servidor público civil ou militar e parlamentar. Alcança a contagem recíproca de tempo de serviço, acolhe a eventual conversão de tempo de serviço e admite o exercício de atividades simultâneas no tocante ao cálculo do valor.
Explicitação da apresentação	Em sua modalidade mais simples, a soma da idade e do tempo de filiação dividido pelo número correspondente ao salário médio do trabalhador nos últimos 12 anos. Na modalidade mais complexa, o resultado da soma e da divisão, multiplicado pelas três variáveis secundárias. Matematicamente: **TS = (X+Y/Z).K_1.K_2.K_3 = 95 anos**.
Significado das variáveis básicas	a) X — Idade do segurado na data da entrada do requerimento do benefício, dado objetivo fácil de ser demonstrado. b) Y — O tempo de contribuição comprovado. c) Z — Número inferior, igual ou superior a um, conforme a situação socioeconômica do contribuinte nos últimos 12 anos, evidenciada mediante sua remuneração média (em se tratando de trabalhador subordinado ou sua base de cálculo, se contribuinte individual).
Trabalhador médio	A fórmula elege o trabalhador médio, do qual se exige 35 + 60 = 95 anos para fazer jus ao benefício, um critério

	matemático-sociológico das diferentes condições, dependente de pesquisa de campo. Levantamento estatístico verificará, em relação a cada trabalhador com 10 anos de serviço, quantos anos ele consegue provar, conforme as diferentes classes sociais e faixas salariais.
Operação	A idade é somada à divisão entre o tempo de contribuição pelo fator representativo da condição social do indivíduo, com um valor expresso em anos. Se resultar em 95, não há multiplicação por qualquer K_n.
Salário médio	O salário médio do trabalhador, para fins de fixação do valor Z, disciplinado após levantamento demográfico e sociológico dos diferentes cenários, a fim de impedir que pessoas fora do período básico de cálculo ofereçam remuneração média inferior à realidade (para diminuir o tempo de serviço).
Elementos pessoais do trabalhador	As três primeiras variáveis representam elementos pessoais do trabalhador e as três seguintes parâmetros pessoais, ou seja, idade, tempo de filiação, salário médio, sexo, atividade exercida e nível da expectativa de direito em relação à introdução do mecanismo, com dados objetivos a serem contemplados na legislação ordinária disciplinadora da inovação.
Variáveis secundárias	Significado do K_1 — Diz respeito à mulher. Se em determinado momento o legislador desejar dar tratamento igual ao homem, $K_1 = 1$; caso contrário, e conforme avaliação sociológica, K_1 seria maior. O acréscimo não devia ser superior à relação entre os 30 e 35 anos da lei vigente, isto é, superior a 1,16. O K_1 da rurícola podia superar o da mulher urbana. Significado do K_2 — refere-se a situações especiais, isto é, a profissões diferenciadas ou ocupações justificando menos tempo de serviço. Correspondia à ideia da aposentadoria especial, incluindo-se aí, se for a hipótese, as diferentes categorias. Significado do K_3 — O último K representava expectativa de direito. Conforme a vontade política do elaborador da norma, seria aplicado coeficiente referente aos anos de serviços completados anteriores até o último dia do ano anterior à adoção da fórmula, de sorte a favorecer, durante a transição e implantação das medidas, as pessoas "próximas" da aposentação.

Coincidência	40 + 55 = 95 anos. Os 95 anos, ao mesmo tempo, estão entre 90% (valor líquido médio auferido pelo trabalhador descontado) e 100% (valor bruto).
Razão de ser dos 95 anos	Se alguém começou a trabalhar com 14 anos, quando exigidas as contribuições desde então, com 54,5 anos de idade, teria 40,5 anos de filiação, totalizando 95 anos. Trata-se de longo período de filiação ininterrupta, grande contribuição ofertada ao RGPS, e o trabalhador faz jus à aposentação precoce.
Números mínimo e máximo	Normalmente, quem começa a trabalhar tão cedo é hipossuficiente e não consegue, salvo exceções, provar tantos anos de contribuição. Sua esperança de vida é menor, se for segurado de baixa renda.
Hipossuficiente	Requerido o benefício com 64 anos, faltando 12 meses para a aposentadoria por idade, se somar os 95 anos, é sinal de ter trabalhado por 31 anos; portanto, filiou-se com 33 anos. Ou, antes disso, se ele teve períodos entremeados de não filiação.
Exemplo prático	A idade mais nova comparada com a mais avançada não desfigura a fórmula. Em primeiro lugar, é preciso considerar o lapso de tempo de fruição do benefício, por parte dessa última pessoa, aposentando-se aos 64 anos. Em segundo lugar, de acordo com a lei atual, atendida a carência (na melhor das hipóteses, de 15 anos), dali a um ano faria jus à aposentadoria por idade.
Idade mais nova	Com 65 anos, os homens fazem jus ao benefício por idade. Logo, a preocupação com a aposentadoria por tempo de contribuição deve ser com esse limite de idade. Carece considerar também se a pessoa pertencente à classe média terá contribuído indiretamente à Previdência Social. E, se verdade, mesmo diretamente, com alíquotas progressivas e salários elevados, terá gerado recursos maiores em comparação com as pessoas da situação anterior. Uma mensalidade de seis salários mínimos do último segurado equivale a seis meses de uma pessoa com direito a um salário mínimo.
Indicadores	São quatro: a) sociais; b) sexuais; c) profissionais; e d) jurídicos.

Indicadores socioeconômicos	Os sociais diziam respeito ao contribuinte pessoalmente considerado, aferíveis em razão da remuneração média recebida nos últimos 12 anos. Exemplificativamente, quem tem por salário remuneração mensal de um salário mínimo terá Z = 0,89. Para um salário médio de seis salários mínimos, Z = 1. E assim por diante. Variaria consoante a oitiva dos atuários, demógrafos e sociólogos, de 0,89 a 1,11.
Mulheres	A mulher, particularmente a trabalhadora rural, deve ser beneficiada, fixando-se um K_1 = 1,16, diminuindo historicamente até Z = 1, pelo menos, para a segurada urbana.
Profissionais	Os profissionais, como militar, magistrado, professor e outros, a critério do elaborador da norma, ficam sujeitos a contribuição variando de 32 a 36 anos. Outras categorias de obreiros (exercentes de atividades perigosas, penosas ou insalubres), beneficiados por tempo menor a ser fixado pelos técnicos do MPS, após ouvirem os especialistas em Medicina, Higiene e Segurança do Trabalho.
Regime financeiro	Um plano de benefício em que abrigasse a Fórmula 95 teria de ser híbrido, de repartição simples para as prestações de risco, e de capitalização para as aposentadorias por tempo de contribuição e por idade. Híbrido, no tocante à definição do *quantum*: CD, para as programadas, e BD, para as de risco imprevisível. Em relação à clientela desses benefícios, de repartição simples (se ele não chega a auferir o benefício, se ele se esgota antes ou se sobram recursos).
Comparação com o regime vigente	Modalidade exigindo idade (60 anos) e tempo de contribuição (40 anos) elevados, totalizando *in casu* 100 (se aplicada a Fórmula 95), no fator previdenciário da Lei n. 9.876/1999, não faz justiça para quem começa a trabalhar e contribuir mais cedo (hipossuficiente) sem poder prová-lo e privilegia quem o faz mais cedo.
Pressupostos científicos	A proposta incorpora a ideia de uma previdência social consentânea com os recursos possíveis. As demandas desse cenário são apreensíveis por intermédio dos pressupostos científicos.
Universalização dos protegidos	Como tradução do primado fundamental da isonomia dos iguais, no bojo da ideia da seguridade social, propiciar

	previdência social igual para todos os brasileiros, distinguindo apenas as ocupações cuja natureza justifica atenção especial do legislador. Nesse sentido, uma aposentadoria por tempo de filiação idêntica para os segurados da iniciativa privada, servidores públicos militares e civis dos Três Poderes da República e entes políticos, inclusive parlamentares. Mesmo filiados a regimes distintos e pagos por entidades diferenciadas. Todas as pessoas submetidas a iguais critérios de concessão do benefício, definição de segurados e dependentes, apenas observadas as necessárias distinções, próprias dos diferentes segmentos da sociedade e, até onde possível, atendido o princípio da unicidade da prestação previdenciária.
Preceitos atuariais	Atendidos os reclamos do cálculo atuarial, sistematizados os planos de custeio e benefícios segundo a ciência matemática. Os indicadores econômicos e sociais submetidos, antes da aprovação pelo Congresso Nacional, a exame dos atuários. Definição do regime de capitalização em relação à pessoa e de repartição simples no tocante à coletividade, combinados com plano de contribuição definida e benefício definido.
Deselitização do benefício	Permitia, por meio da variável Z, aos segurados de baixa renda usufruírem o benefício. Os recursos necessários obtidos por contribuição maior exigida dos hipersuficientes, os quais se filiam em idade maior em comparação com os hipossuficientes.
Distributividade da renda	Em virtude de o salário do hipossuficiente ser fator determinante da definição do direito do benefício e do respeito às diferenças regionais e sociais, promove melhor partilha da renda nacional.
Desigualdades sociais e regionais	Os indicadores econômicos definidores do Z refletiam a avaliação de sociólogos e demógrafos quanto à situação do hipossuficiente, mensurada conforme o salário médio nos últimos 12 anos. Ao segurado padrão ideal corresponde $Z = 1$, aumentando para os situados acima desse patamar e diminuindo para os situados abaixo dele, com índices definidos em lei, apurados por entidades privadas.
Precocidade laboral	Sopesando a idade das pessoas, a medida não despreza a possibilidade de muitas (têm sido exatamente os

	segurados de baixa renda) começarem a trabalhar mais cedo, em alguns casos contribuírem e poderem aposentar-se precocemente. Atendida a exigência atuarial e observados os recursos capitalizados, nada impedia de elas receberem o benefício antecipadamente, observado o limite mínimo.
Distinções profissionais	Os exercentes de determinadas atividades, como, por exemplo, magistrados, policiais, professores, militares e ocupados em atividades perigosas, penosas ou insalubres, beneficiados pelo K_2, de modo a atingir o limite com facilidade. A escolha de tais segmentos da sociedade, dos exercentes de atividades especiais, operada por lei delegada, revista a cada cinco anos, e com base na experiência sociológica.
Distinção da mulher	A mulher é distinguida com K_1 diferencial, permitindo-lhe alcançar antes os 95 anos, em condições de usufruir o ócio com dignidade.
Reservas matemáticas	Os 95 anos representam acréscimo médio de cinco anos em relação ao previsto na legislação tradicional. Pressupondo-se trabalhador iniciando no mercado aos 15 anos e vertendo contribuições durante 35, terá 50 anos quando da aposentação, uma idade tida como baixa. Aduzam-se cinco anos e ele terá 55 anos, quando do preenchimento dos requisitos para o benefício. Aí, 40 + 55 = 95 anos. Isto é, esse segurado terá contribuído por mais cinco anos e deixado de receber o benefício por igual tempo. O INSS acumulará recursos necessários à manutenção dos demais benefícios e, em particular, para o hipossuficiente. O interessado não terá de provar os 40 anos, favorecido, em razão de seu salário médio dos últimos 12 anos, pelo Z.
Ajustes laborais	A Fórmula 95 exige ajustes laborais. Um deles, a criação de embaraços à volta ao trabalho dos aposentados. Principalmente, um seguro-desemprego redimensionado em seu valor, duração e critérios de concessão, tornando-se uma prestação previdenciária custeada pela empresa e pelo empregador.
Expectativa de direito	Atende à expectativa de direito, isto é, situação correspondente ao tempo de serviço completado até o último dia do ano anterior à instituição de novo benefício, maior para os com mais tempo e menor para os com menos tempo.

15. APOSENTADORIA DOS TRANSEXUAIS

Transexualidade	Condição fisiológica e psicológica da pessoa que, mediante cirurgia física e acompanhamento médico especializado, mudou de sexo.
Exame fisiológico	Para a definição do direito, o interessado terá de provar que se submeteu à cirurgia médica e alterou o seu sexo de nascimento.
Exame psicológico	A consumação da condição de transexual pressupõe acompanhamento psicológico antes e depois da cirurgia de transexualização.
Previsão legal	Não há previsão legal sobre a matéria, apenas o pensamento doutrinário.
Eficácia da transformação	O tema da data da transformação está em aberto, se reclama período de carência ou não, e a partir de quando se operam os efeitos jurídicos, sendo aceitável que seja com a alta médica após a cirurgia.
Fator previdenciário	Na aferição do fator previdenciário, o segurado que se tornou segurada terá acréscimo de cinco anos no seu tempo de contribuição.
Aposentadoria por tempo de contribuição	As mulheres que adquirirem a condição de pertencentes ao sexo masculino terão de contribuir por mais cinco anos em relação ao que era exigido anteriormente à transexualização.
Aumento para os homens	O tempo de contribuição das seguradas que se tornarem segurados é aumentado em cinco anos.
Aposentadoria por idade	A aposentadoria por idade é também diminuída ou aumentada em cinco anos conforme a hipótese.
Limite de idade	Toda vez que a legislação previdenciária distinguir o direito do homem em relação à mulher emergirá o direito dos transexuais.
Revisão da transexualização	Embora ainda muito rara a hipótese, a ciência médica admite o arrependimento da pessoa e o retorno ao sexo anterior à transexualização.

16. PENSÃO POR MORTE

Definição	Benefício em dinheiro de pagamento continuado devido aos dependentes do segurado falecido.
Dependentes	Pessoas componentes do núcleo familiar e não preferenciais (parentes próximos).
Dependentes preferenciais	Em relação ao segurado, a esposa ou a companheira. Em relação à segurada, o marido ou o companheiro. Também os filhos não emancipados do casal, menores de 21 anos ou inválidos.
Dependentes não preferenciais	Pais (pai e mãe), se não existirem os dependentes preferenciais. Irmãos não emancipados, se não existirem dependentes preferenciais nem pais.
Pessoa designada	Desde 29.4.1995 não existe mais a figura da pessoa designada (Lei n. 9.032/1995).
Eventos determinantes	a) Falecimento (certidão de óbito). b) Desaparecimento (declarada em sentença judicial). c) Ausência (declarada em sentença judicial).
Período de carência	Não há período de carência; basta apenas uma contribuição.
Modalidades	a) Pensão por morte comum (decorrente de doença comum) e b) Pensão por morte acidentária (decorrente de acidente do trabalho).
Montante mensal	Equivale ao valor da aposentadoria por invalidez (se o segurado estava trabalhando) ou aquela que vinha sendo recebida.
Data do início	Requerida até 30 dias depois do falecimento do segurado, inicia-se na data em que ele faleceu. Depois dessa data, quando solicitada.
Concorrência ex-esposa e ex-companheira	Quando a ex-esposa recebe pensão alimentícia e o segurado falece convivendo com uma companheira, ambas dividem a pensão em 50% do valor.

Ex-esposa com pensão alimentícia	A ex-esposa, separada do segurado falecido, que recebe pensão alimentícia, tem direito ao benefício.
Óbito após a perda da qualidade de segurado	De regra, o segurado que perdeu a qualidade de segurado não faz jus a benefícios. Afastado da Previdência Social e vindo a falecer, se os dependentes provarem que esteve incapaz para o trabalho, emergirá o direito.
Segundo casamento da viúva	O casamento (ou a união estável) não põe fim à pensão por morte, mas falecendo o segundo marido (ou companheiro), a mulher terá de escolher o melhor benefício.
Presunção de dependência econômica	Marido e mulher, companheiro e companheira, filhos menores de 21 anos ou inválidos são presumidamente dependentes do segurado.
Dependência econômica	Os dependentes não preferenciais têm de provar a dependência econômica, isto é, convencer o INSS de que dependiam do segurado falecido.
Data da cessação	O benefício encerra-se com o falecimento da viúva ou a prova de que o dependente inválido recuperou a saúde ou completou a maioridade (21 anos).
Pensão com aposentadoria	Nada impede o(a) aposentado(a), se dependente do(a) segurado(a), de receber a pensão por morte; da mesma forma, o(a) pensionista poderá acumulá-la com a aposentadoria.
Duas pensões	Uma pessoa pode receber mais que uma pensão por morte, bastando depender de duas pessoas.
Rateio do valor	Presentes mais do que um dependente ou família (da ex-esposa e da ex-companheira), o valor será dividido conforme o número de dependentes.
Documentos necessários	a) Requerimento do benefício; b) NIT, CPF e Cédula de Identidade; c) Certidão de casamento; d) Certidão de óbito; e) CTPS; f) Relação de salários de contribuição; g) Holerite ou carta de concessão da aposentadoria; h) Demonstração da união estável; e i) Prova do endereço.
Fontes formais	Arts. 74/79 e 105/115 do PBPS.

16.1. Pensão alimentícia

Conceito	Direito pecuniário da pessoa designada como alimentada, prestado pelo alimentante nas condições do Direito Civil.
Espécies	Três: de fato (espontaneamente paga); convencionada (nascida de negociação); e de direito (derivada de condenação judicial).
Valor	Acordada pelas partes ou sentenciada pelo magistrado.
Pressuposto de benefício	Na separação de casais e unidos, é prova da dependência econômica necessária para o direito à pensão por morte.
Renúncia ao direito	Segundo entendimento sumular e doutrinário é impossível abdicar o direito.
Renúncia à percepção	Possibilidade jurídica de a pessoa deixar de receber mensalmente o valor.
Pagamento mensal	Quitação da obrigação civil em todos os meses.
Quitação comum do capital	Garantia do pagamento mediante depósito judicial de um capital capaz de propiciar as mensalidades futuras.
Valor único	Cessão de direito, geralmente imóvel, uma espécie de capital garantidor das mensalidades.
Definição da pensão previdenciária	Não há relação matemática entre o *quantum* monetário da pensão alimentícia com o montante da pensão por morte.
Separação com ausência de alimentos	Separados, se os cônjuges ou unidos estão isentos da pensão alimentícia não subsiste o direito à pensão por morte ou auxílio-reclusão.
Condenação e não pagamento	Subsistente a condenação e inexistente o pagamento, continua presumida a dependência econômica.
Consequências jurídicas	O principal efeito é a presunção da dependência econômica do alimentado em relação ao alimentante.
Cancelamento da obrigação civil	Casando-se ou unindo-se o alimentado, desaparece a obrigação da pensão alimentícia e a presunção da dependência econômica.
Provas do pagamento	Recibos de pagamento, depósito em conta corrente bancária e todos os demais meios de prova.

16.2. União estável

Decantação legal	Primeiro, essa união tem existência na realidade e, segundo, certa visualização no universo jurídico. O PBPS não fornece o seu conceito, preferindo tentar definir seus componentes (art. 16, § 3º), aliás, quando faz questão de ressaltar a condição de os conviventes poderem ser casados (*sic*).
Norma regulamentar	O RPS diz: "aquela configurada na convivência pública, contínua e duradoura entre o homem e a mulher, estabelecida com a intenção de constituição de família, observado o § 1º do art. 1.723 do Código Civil" (art. 16, § 6º).
Alcance técnico	Se uma companheira faz jus à indenização acidentária, isso não exclui o direito à pensão por morte não infortunística. Subsistindo o direito civil, prevalece o direito às prestações de pagamento continuado (pensão por morte).
Tipos de relações	A realidade social põe em evidência três instituições básicas: a primeira delas é milenar, a regulamentação da segunda conta com cerca de 50 anos e a última não tem mais que uma década. São: o casamento civil (CC, arts. 1.511/1.590), a união estável prevista no art. 226, § 3º, da Carta Magna e a união homoafetiva. Uma quarta hipótese lembrada seria o concubinato.
Provas	Uma das maiores dificuldades dos beneficiários da Previdência Social consiste em provar a relação jurídica de dependência econômica para a pensão por morte.
Distinções necessárias	A união estável se posiciona próxima do casamento e com ele poderia se confundir, caso fosse arredada a concepção deturpada dos que ainda não abandonaram a miopia da sua falsa moralidade.
	Quem tem à mão uma certidão de casamento, ainda que a cerimônia civil tenha ocorrido há dois dias (sem muita publicidade, nenhuma permanência e não seja conceitualmente familiar), tem plenos direitos aos benefícios previdenciários. Um casal que viveu muitos anos juntos sem filhos ou fotografias, morando em apartamentos em que os vizinhos não se conhecem, numa chácara ou sítio distante, terá muitos obstáculos para evidenciar a convivência *more uxorio*.

	Nessa opinião anacrônica, segurado casado (homem ou mulher), ainda que separado de fato, juridicamente não poderia manter uma relação estável com outra pessoa (mulher ou homem).
Decreto n. 6.384/2008	A redação devida ao Decreto n. 6.384/2008 salta aos olhos e faz desnecessária remissão ao Código Civil, que tem praticamente a mesma redação e alguma menção ao art. 226, § 3º, da Carta Magna.
Admissão constitucional	Operando uma excepcional concessão, a ANC de 1988 admitiu a existência dessa novel figura, desde que ela estivesse direcionada para o casamento, determinando ao legislador ordinário que facilitasse "sua conversão em casamento". Quer dizer, a união estável só manteria existência jurídica como um preâmbulo do matrimônio (*sic*).
Nuanças elementares	Da Lei n. 9.278/1996 defluem considerações pertinentes à união estável, por se referirem as suas nuanças. Em seu art. 1º, ela fornece os elementos básicos: a) entidade familiar; b) convivência duradoura; c) existência pública; d) continuidade; e) diversidade sexual; e f) objetivo de constituir uma família.
Direitos e deveres	No art. 2º são fixados direitos e deveres iguais dos unidos: I — respeito e consideração mútuos; II — assistências moral e material recíprocas; e III — guarda, sustento e educação dos filhos comuns.
Características básicas	A união estável apresenta nuanças a serem esmiuçadas, lembradas e apreendidas. a) Liberdade de assunção — O homem e a mulher optam por uma convivência mais amiúde sem os compromissos dos laços jurídicos matrimoniais. b) Facilidade de desfazimento — Se o casal reconhece não reunir as condições ideais para uma convivência diuturna feliz, tem condições de resgatar o estágio libertário que antes desfrutava.

	c) **Prevalência da diversidade** — A diversidade propiciada por esse tipo de relação, tão assustadora para o comum dos mortais e cuja ausência tem levado tantos homens ao celibato, é própria daqueles que estão buscando a cara-metade sonhada.
	d) **Formalização** — A cerimônia do casamento é onerosa, formal e exigente em termos de procedimentos burocráticos com algum custo para os despossuídos.
	e) **Honestidade de propósitos** — Aparentemente os unidos se aproximam inspirados em motivos mais emocionais e menos racionais, despreocupados com o patrimônio do parceiro ou de seus familiares. O objetivo é imediato: celebrarem o amor que os une.
	f) **Restrições religiosas** — Muitas religiões, seitas e filosofias de vida não acolhem outra forma de convivência mútua que não seja o casamento religioso ou civil, e esse é certo aspecto negativo da união estável por ter sido posicionada historicamente como uma instituição menor do que o casamento.
	g) **Regulação dos bens** — A aceitação dessa modalidade de convivência também se deve ao modo como os patrimônios são distinguidos.
	h) **Questão linguística** — Existiria uma união estável, mas ninguém fala em casamento estável e não se afirma que todos o sejam.
Amoralidade da legislação	É inalcançável o significado da estabilidade que intitula a locução "união estável", se é a permanência da convivência e, por conseguinte, do vínculo nascente ou de uma estabilidade familiar no sentido de mútuo respeito, assistência e consideração. Sob a esfera da proteção social, o que deve importar em termos de pensão por morte é a cobertura que se impõe.
	O Direito Previdenciário é amoral, ainda que os beneficiários estejam impedidos de praticarem imoralidades nas relações mantidas com o órgão gestor. Trata-se de uma relação jurídica patrimonial.
Análise previdenciária	À evidência, quem alegar ter vivido em união estável tem de fazer a demonstração, mas o aplicador da norma não irá além dos parâmetros do convencimento a partir de uma realidade atípica (por comparação com o casamento).

	Os meios de prova da união estável, dificultados naturalmente pela ausência de uma certidão cartorária que garanta sua existência, devem ser sopesados pelo observador sem ignorar as particularidades desse tipo de união entre homem e mulher. Por uma questão de usos e costumes, quando a viúva apresenta a certidão de casamento recente e da qual não consta qualquer averbação, isso é suficiente para comprovar a estabilidade do matrimônio, mas se a pessoa unida remanescente não demonstrar a continuidade temporal da relação, fica sem o benefício.
Avaliação sociológica	Pura e simplesmente exigir dos unidos que observem um comportamento de marido e mulher é ignorar a realidade social dessa conivência. A exegese carece considerar que os unidos convivem juntos despreocupados em deixar rastros desse tipo de união. Viver assim, livres e descompromissados, pode ser romanticamente o que sempre desejaram em termos de amor (hoje, um sonho que era somente do homem, ocorre também com a mulher); esse fato real não pode ser ignorado pelo estudioso, aplicador da norma ou julgador. Certos ou não, alguns varões sentem-se mais amados quando menos formalmente comprometidos (*sic*). Julgam terem conquistado em virtude de sua forte personalidade, encanto ou sensibilidade, e raramente admitem que quase sempre sobreveio uma mútua sedução amorosa.
Uniões instáveis	A vida em comum de homem e mulher, casados ou unidos, inclui desavenças temporárias. Na maior parte dos casos são resolvidas entre si, preservada a relação formal ou informal.
Relação fugaz	Ao contrário do que sucede com as uniões estáveis e as não estáveis contínuas, cuja visualização é de onerosa conceituação, as relações fugazes têm decantação didática possível, embora, é claro, em virtude da sua fugacidade, padeçam das mesmas questões dos preconceitos humanos dessa delicada área.
Encontros instantâneos	De regra, os encontros instantâneos não costumam gerar muitos efeitos jurídicos; *in casu*, a eventualidade não é protegida pela lei previdenciária. Em cada circunstância, a reedição dos atos opõe embaraços a quem tem de conceituar. Teria de determinar a partir de qual repetição

	o vínculo deixou de ser esporádico e se tornou contínuo. Para se avaliar a relevância jurídica do tema, considerem-se as consequências de uma gravidez resultante de um único ato amoroso ou, o que será pior, a maternidade decorrente de um estupro.
Comparação da união estável com o casamento	A informação básica do acórdão exarado em 14.10.2009 no Conflito de Competência n. 106.669/MG — Proc. n. 2009.0136483-90, é que o divórcio do segurado que era casado *per se* não garante a existência da união estável desse homem com outra mulher. Substancialmente o dissídio jurídico diz respeito à validade de uma união estável heterossexual. Se um dos membros é casado, a relação é impura, adulterina, de concubinato. O respeito institucional, tradicional e social justamente devotado ao casamento transformou o matrimônio entre o homem e a mulher em uma referência para juízos relativos aos outros tipos de união experimentados pela sociedade (ainda que hoje em dia aquele tipo de união oficializada não seja mais a modalidade majoritária de constituição da família). O Estado exige publicidade, duração e objetivo familiar, porque o casamento é público, costuma perdurar no tempo e geralmente constitui uma família. Embora não seja comum, as três instituições podem não ser notórias (especialmente as homoafetivas), nem duradouras e muito menos familiares.

17. UNIÃO HOMOAFETIVA

Conceito mínimo	Relação duradoura de duas pessoas capazes, do mesmo sexo, com o objetivo de constituir uma família, baseada na mútua assistência e respeito dos componentes.
Polos da relação	Envolve duas pessoas do mesmo sexo: homens ou mulheres, juridicamente aptas, devendo ser examinada com atenção quando sucedida com menores de 16 anos.
Estado civil	Não importa o estado civil, mas o comum é que sejam solteiros. Menos comumente, encontram-se separados, desquitados ou divorciados. Sem tecnicamente rejeitar-se a hipótese dos casados ou bissexuais.
Fundamento normativo	Em maio de 2000, o Ministério Público Federal de Porto Alegre ingressou com a ACP n. 2000.71.00.009347-0, pretendendo o reconhecimento da união homoafetiva para os fins das prestações previdenciárias. A medida logrou sucesso com a sentença exarada pela juíza substituta da 3ª Vara Previdenciária, *Simone Barbisan Fortes*. Dessa decisão o INSS recorreu à 6ª Turma do TFR da 4ª Região, mas o mérito foi mantido pelo desembargador *João Batista Silveira Pinto*.
Principais características	São as seguintes: a) Identidade sexual — Somente homossexuais compõem esse tipo específico de união humana. Os bissexuais constituem uma relação heterossexual e homossexual e, em raros casos, as duas relações. b) Convivência *more uxorio* — A acolhida pessoal, social e jurídica dessa união deve-se à circunstância de se referir a pessoas convivendo juntas, amando-se ou não, mas se respeitando e se ajudando, que é útil para os indivíduos e à sociedade. c) Mútua assistência — A *affectio societatis* é fundamental para o reconhecimento da união.

	d) Constância no tempo — O cenário requer alguma permanência, não positivado o tempo de duração dessa união de pessoas, mas demonstrado pelas intenções. e) Objetivo familiar — A ideia é constituir família, que se reduzirá aos dois conviventes ou agregará filhos próprios dos dois ou de terceiros, além dos parentes. f) Alguma publicidade — Requisito exigido na união estável e de certa forma presumido no casamento, espera-se que seja de domínio público o fato alegado, embora reconhecidamente sobrevenha enorme constrangimento por parte dos dois polos da relação, a ser mensurada historicamente.
Prestações alcançadas	Duas prestações dos dependentes chamam a atenção: a pensão por morte e o auxílio-reclusão. Dois outros benefícios de duração limitada não podem ser esquecidos: salário-família e salário-maternidade.
Descrição regulamentar	O PBPS somente conceitua companheiros (art. 16, § 3º). O art. 16 do RPS fornece a seguinte definição de união estável: "aquela configurada na convivência pública, contínua e duradoura entre o homem e a mulher, estabelecida com intenção de constituição de família, observado o § 1º do art. 1.723 do Código Civil, instituído pela Lei n. 10.406, de 10 de janeiro de 2002" (§ 6º).
Desdobramentos jurídicos	São infindáveis os consectários do reconhecimento na esfera civil, inclusive na sucessão civil, pensão alimentícia, direito de família em geral. Também nos Direitos Comercial, do Trabalho, Tributário e Fundiário (FGTS).
Dessemelhança técnica	À evidência, a união homoafetiva difere do casamento pela ausência de formalismo, capacidade de haver filhos em comum e distinção sexual, e da união estável em virtude dessa mesma identidade sexual. Cada um dos conviventes poderá ter filhos próprios e trazê-los para a convivência dos pais.
Adoção e guarda	Tema ainda não pacífico no Brasil, depois de garantido o direito dos dependentes às prestações, resta o reconhecimento da família que constituem para fins de adoção e guarda.
Vida em comum	Enquistados no art. 16, I, do PBPS, desobrigados de provar dependência econômica, os conviventes apenas têm de evidenciar a convivência *more uxorio*.
Meios probantes	Todos os meios de prova são admitidos.

18. PENSÃO DOS HOMOSSEXUAIS

Conceito	Pretensão do homem em relação ao homem e da mulher em relação à mulher, quando um deles ou os dois são segurados que viveram juntos, de receberem pensão por morte ou outro direito dos dependentes.
Provas da união estável	Com os mesmos documentos comprobatórios da união estável dos heterossexuais: — Residência (endereço) em comum. — Conta corrente bancária em conjunto. — Aval em título ou outro documento. — Ficha de inscrição em clube. — Sócio de sociedade limitada. — Declaração em cartório de registro de documentos. — Adoção em conjunto de menores. — Troca de correspondência. — Fotografia, filme, vídeo etc. — Designação na empresa em que trabalham. — Doação de imóvel em vida. — Testamento. — Depoimento de vizinhos da residência.
Dependência econômica	Provada a união estável, a partir de 2006 o INSS deixou de exigir a demonstração da mútua dependência econômica.
Prova emprestada	Sentenças de ações civis cuidando do patrimônio dos parceiros prestam-se como fortes indícios de prova da união estável.

19. AUXÍLIO-RECLUSÃO

Significado	Benefício assemelhado ao da pensão por morte, devido aos dependentes do segurado preso, cujo salário era de até R$ 862,60 e que nada esteja recebendo.
Natureza	Benefício de pagamento continuado, substituidor dos salários e reeditável, devido aos dependentes.
Dependentes	Pessoas preferenciais (grupo familiar) e não preferenciais (parentes próximos).
Reclusos com direito	Fazem jus os dependentes do segurado: a) esposa(o), companheira(o); b) filhos menores de 21 anos ou inválidos ou tutelados; c) na ausência dessas pessoas, os irmãos não emancipados menores de 21 anos ou inválidos e os pais.
Cálculo da renda mensal	Feito com base na aposentadoria que estava recebendo ou na aposentadoria por invalidez, se vinha trabalhando ou estava desempregado.
Data do início	Data do recolhimento do segurado à prisão, se requerido o benefício até 30 dias. Depois disso, na DER.
Data da cessação	O benefício encerra-se nas seguintes hipóteses: a) cumprimento da pena; b) morte ou fuga do segurado; c) maioridade do dependente de 21 anos ou recuperação da saúde; e d) falecimento da(o) esposa(o) ou companheira(o).
Regra de acumulação	Se a família estiver recebendo o benefício, o preso não poderá auferir o auxílio-doença.
Transformação em pensão por morte	Falecendo na prisão, automaticamente será transformado em pensão por morte, sendo pago aos mesmos dependentes.
Evasão	Caso o preso fuja o benefício é suspenso.

Recaptura	Após a nova prisão reiniciam-se os pagamentos.
Concessão tardia	O benefício deve ser requerido enquanto o segurado estiver preso; após o cumprimento da pena ou fuga, não subsiste o direito.
Concorrência esposa e companheira	Quando a esposa tem pensão alimentícia e o segurado é preso, vivendo com a companheira, ambas recebem 50% do benefício.
Ex-esposa com pensão	A ex-esposa, separada do segurado preso, que recebe pensão alimentícia, tem direito ao benefício.
Dois auxílios--reclusão	Um dependente pode receber dois benefícios, se dependia de dois segurados presos.
Auxílio-reclusão e aposentadoria	O dependente do segurado preso aposentado pode receber o auxílio-reclusão se ele for preso.
Rateio	O benefício é rateado entre os dependentes quando presentes duas famílias ou pessoas com direito.
Documentos necessários	a) Requerimento do benefício; b) NIT, CPF e Cédula de Identidade; c) Certidão de casamento; d) Prova do recolhimento à prisão; e) CTPS; f) Relação de salários de contribuição; g) Prova da união estável; e h) Prova do endereço.
Direito dos homossexuais	Segue a regra dos heterossexuais.
Fontes formais	Arts. 80 do PBPS e 116/119 do RPS; Lei n. 10.666/2003.
Limite constitucional	A existência de um limite constitucional, referido à remuneração do segurado, para a definição do direito ao benefício é objeto de críticas doutrinárias, parecendo inconstitucional em face do princípio da igualdade dos segurados. Não tem sentido vedar o direito àqueles que ganham acima desse valor; nesse caso, pelo menos a família deveria receber os R$ 862,60.

20. SALÁRIO-MATERNIDADE

Definição	Benefício da segurada obrigatória ou facultativa, de pagamento continuado, reeditável e de duração limitada, devido à(ao): a) gestante (aposentada ou não); b) adotante (quem adotou); e c) custodiante (quem tem a guarda de criança).
Parto antecipado	É devido o benefício com as mesmas características.
Período de duração	Pago 28 dias antes do parto e 91 dias depois do nascimento do filho, normalmente em um total de 120 dias.
Prorrogação da duração	Os 120 dias podem ser antecipados ou prorrogados em 14 dias antes e/ou 14 dias depois do período normal, conforme aconselhamento médico.
Evento determinante do benefício	São três motivos: a) gravidez adiantada; b) adoção; e c) guarda de criança.
Barriga de aluguel	A segurada que acolhe em seu útero o embrião de um casal e o gesta durante os nove meses ou menos da gravidez faz jus ao benefício, ainda que não seja a mãe genética da criança.
Período de carência	Varia conforme o tipo de segurada: a) empregada, temporária, avulsa — não tem; b) doméstica — não tem; c) contribuinte individual — 10 contribuições mensais; d) segurada especial — 10 meses de atividade rural; e e) facultativa — 10 contribuições mensais.
Devedor	Materialmente, o empregador faz os pagamentos. Juridicamente, o INSS arca com a despesa. Socialmente, é custeado pelos contribuintes.

Valor	Empregada — a remuneração mensal. Doméstica — último salário de contribuição. Contribuinte individual — 1/12 da soma dos 12 últimos salários de contribuição. Segurada especial — um salário mínimo. Facultativa — 1/12 da soma dos 12 últimos salários de contribuição.
Limite do valor	Em 2005, o valor máximo era de R$ 12.720,00 (Resolução STF n. 236, de 19.7.2002). Em 2006, passou a ser de R$ 24.500,00 e depois R$ 26.723,00. Em 1º.1.2013, de R$ 28.059,29.
Duas ou mais atividades	Cumula-se o direito em relação a dois ou mais empregos ou duas ou mais atividades.
Aborto não criminoso	A licença é de 14 dias.
Aborto criminoso	Não há o direito. Doutrinariamente, ele é sustentado, porque não cabe à Previdência Social punir crimes.
Data do início	28 dias antes da data do parto.
Data de cessação	91 dias depois do parto.
Prescrição	O benefício prescreve em cinco anos.
Percipiente de auxílio-doença	A mulher gestante que recebe auxílio-doença o terá suspenso, mantido o salário-maternidade e, no final do período, restabelecido.
Documentos necessários	a) NIT, CPF, CTPS e Cédula de Identidade; b) Requerimento do benefício; c) Atestado médico original ou certidão de nascimento da criança; d) Provas do recolhimento mensal das contribuições; e e) Concedido na empresa, esta possui muitos desses dados.
Fontes formais	Arts. 71/73 do PBPS e 93/103 do RPS.

20.1. Mãe genética

Conceito	Estudo do direito ao salário-maternidade por parte da mãe genética e da mãe substituta.
Mãe genética	É quem fornece o óvulo, com o espermatozoide do homem, conhecida como doadora, emissora, biológica e até adotante. Para muitos autores, a verdadeira mãe.
Mãe substituta	Aquela que promove a procriação, é chamada de receptora, doadora, fecundadora e procriadora. Às vezes designada como "barriga de aluguel".
Mãe adotante	Não se confunde com a mãe genética nem com a mãe substituta, esta última quem fornece o útero para que ocorra a gestação (Lei n. 10.421/2002). É quem adota uma criança.
Contingência protegida	Período de gestação, acrescido ou não de mais duas licenças de 14 dias e certo período de aleitamento. Depois do parto, a mãe substituta não mais cuida da criança, mas precisa convalescer porque engravidou e concebeu.
Fertilização *in vitro*	Encontro do óvulo com o espermatozoide do casal em uma proveta de laboratório, para posterior implantação num útero, e que sobrevenha a reprodução.
Direito da gestante	Mesmo sem relação sexual, sobrevindo a gravidez do filho de terceiros, se for segurada fará jus ao salário--maternidade.
Direito da mãe genética	Embora sem engravidar, assim que tiver a posse física do bebê terá os encargos da maternidade, fazendo jus ao período de 91 dias.
Remuneração da gestação	A Resolução CFM n. 1.358/1992 veda a remuneração da mulher que concebeu o nascimento, irrealmente esquecendo-se dos encargos havidos com a gravidez do filho de terceiros.
Direito das duas mulheres	Curiosamente, um único evento determinante, que se desdobra em dois períodos e envolvendo duas mulheres, gera para o INSS a obrigação de pagar dois salários--maternidade se as duas forem seguradas.

21. SALÁRIO-FAMÍLIA

Significado	Benefício previdenciário do segurado que recebe até R$ 862,60, devido ao filho (ou equiparado) menor de 14 anos, cursando escola e se submetendo à vacinação anual obrigatória.
Quem tem direito?	Empregado, temporário e avulso, aposentado por invalidez ou em gozo de auxílio-doença. Servidor sem regime próprio. Trabalhador rural e empregados aposentados por idade.
Conceito de filho	Legítimo e ilegítimo, natural, adotado, sob guarda etc.
Regras de acumulação	Pode ser recebido com a aposentadoria ou o salário.
Pai e mãe segurados	Os dois têm direito ao benefício, cada um recebendo do seu empregador.
Período de carência	Não tem sentido falar-se em período de carência.
Exercente de duas atividades	O segurado receberá nas duas atividades ou empregos.
Filho inválido com mais de 14 anos	Subsiste o direito após a comprovação da invalidez por exame médico pericial que cessa quando recuperada a higidez.
Data do início	Na data da apresentação dos documentos necessários.
Suspensão	O benefício será suspenso se constatada a falta dos documentos necessários.
Cessação	a) Por morte do filho ou do equiparado; b) Sua maioridade (14 anos); e c) Recuperação da higidez e desemprego do segurado.
Valor	Quem ganha até R$ 646,55 - R$ 33,16. Quem ganha entre R$ 646,56 até R$ 971,78 - R$ 23,36.

Valor integral	No mês de cessação ele é pago inteiramente.
Marido e mulher separados	Faz jus ao benefício o cônjuge que ficou com a guarda do filho.
União estável	Provada a união, o casal faz jus ao benefício.
União homoafetiva	Havendo filhos reconhecidos, igual à união estável heterossexual.
Incorporação	O valor não se incorpora aos benefícios.
Documentos necessários	a) Termo de responsabilidade do segurado; b) Certidão de nascimento; c) Prova de frequência escolar; e d) Prova de vacinação obrigatória.
Fontes formais	Arts. 65/70 do PBBS e 81/92 do RPS.

22. ABONO ANUAL

Conceito	Benefício anual, uma décima terceira mensalidade previdenciária instituída para a comemoração do Natal, assemelhada ao 13º salário dos trabalhadores.
Evento determinante	O segurado ter recebido o auxílio-doença, auxílio-acidente ou aposentadoria durante o ano. Para os pensionistas, auferirem pensão por morte ou auxílio-reclusão.
Carência	Inexiste número mínimo de contribuições.
Requerimento	Não há necessidade; o benefício é automático.
Abono de permanência	Quem recebe o abono de permanência em serviço não tem direito.
Amparo assistenciário	Não há o direito ao 13º LOAS por falta de norma (Lei n. 10.741/2003).
Síndrome da Talidomida	Não há o direito por falta de norma (Lei n. 7.070/1982).
Hemodiálise de Caruaru	Não há o direito por falta de norma (Lei n. 9.422/1996).
Valor anual	1/12 de dezembro por mês de benefício no ano.
Salário-maternidade	Sua percepção não prejudica o direito.
Volta ao trabalho	Não se cogita isso.
Acumulação	Pode ser acumulado com qualquer benefício.
Documentos necessários	Benefício automático, não há necessidade de documentos.
Fontes formais	Arts. 201, § 6º, da CF, 40 do PBPS e 120 do RPS.

23. PECÚLIO

Conceito	Benefício de pagamento único, de certa forma era reeditável, do aposentado que continuou trabalhando ou voltou ao trabalho antes de 15.4.1994 (extinto pela Lei n. 8.870/1994).
Evento determinante	Ter se aposentado, retornado ao trabalho, contribuído e se afastado do serviço.
Período de carência	Não existe; antes de requerer o segundo benefício, precisava decorrer 36 meses.
Acumulação	Acumulável com qualquer benefício.
Valor	As importâncias pagas pelo trabalhador mais a correção monetária.
Acidentário	Deixou de existir.
Dependentes	Têm direito ao benefício, se o segurado falecer sem recebê-lo.
Documentos necessários	a) NIT, CPF e Cédula de Identidade; b) CTPS ou CNIS; c) Requerimento do benefício; d) Holerite da aposentadoria; e) Guias de recolhimento; e f) Relação de salário de contribuição.
Observação	A doutrina questiona bastante haver contribuição do aposentado que volta ao trabalho, não fazer jus a qualquer novo benefício e não levar em conta ser o regime financeiro de repartição simples.
Possibilidade de restauração	Na hipótese de o STF configurar o direito à desaposentação, o MPS pensava em restabelecer esse benefício de pagamento único.
Fontes formais	Arts. 81/85 do PBPS (revogados).

24. PRESTAÇÕES ACIDENTÁRIAS

Descrição	São benefícios decorrentes de acidentes do trabalho.
Carência	Todos eles dispensam o período de carência.
Acidente do trabalho	Ocorrência de quatro tipos: a) acidente propriamente dito (traumático); b) doença profissional; c) doença do trabalho; e d) acidente de qualquer natureza ou causa.
Acidente propriamente dito	Acontecimento brusco, previsível ou não, que não depende de enfermidade e que afeta a integridade física do segurado.
Doença do trabalho	Enfermidade inerente ao ambiente de trabalho que atinge a saúde do trabalhador, em razão do serviço que ele faz.
Doença profissional	Incapacidade própria da atividade profissional do segurado, que o acompanha em cada emprego.
Qualquer natureza ou causa	Acidente traumático provocado fora do ambiente do trabalho e sem qualquer ligação com ele. À exceção da exigência de carência, equivale à doença comum.
Acidente *in itinere*	Acidente do trabalho ocorrido no trajeto do trabalho para casa (ou para a escola e desta para a residência).
Tipo de prestações acidentárias	a) Auxílio-doença acidentário; b) Aposentadoria por invalidez acidentária; c) Auxílio-acidente; e d) Pensão acidentária por morte.
Auxílio-doença acidentário	Um tipo de auxílio-doença de quem sofreu acidente do trabalho, com 91% do salário de benefício, assemelhado ao auxílio-doença comum.
Aposentadoria por invalidez acidentária	Aposentadoria por invalidez de quem sofreu acidente do trabalho, com 100% do salário de benefício, assemelhada à aposentadoria por invalidez comum (NB 92).

Auxílio-acidente	Benefício subsequente ao auxílio-doença acidentário, de 50%, devido quando o segurado fica com sequela (diminuição da capacidade para o trabalho).
Auxílio-acidente de qualquer natureza	Benefício próprio do acidente de qualquer natureza ou causa, distinto do oriundo do acidente do trabalho. Também conhecido como infortúnio de fim de semana.
Pensão por morte acidentária	Pensão por morte decorrente de acidente do trabalho, com 100% da aposentadoria, assemelhada à pensão por morte comum.
Indenização previdenciária	Não existe mais. Era um pecúlio devido ao segurado ou dependente, em razão do infortúnio.
Indenização civil	Valor devido ao trabalhador quando ele prova em juízo que sofreu acidente por culpa da empresa (Súmula STF n. 229).
Pecúlio acidentário	Não existe mais.
Doença ocupacional	Gênero que abarca as enfermidades decorrentes do ambiente do trabalho, infortúnios que agridem a saúde ou a integridade física do trabalhador.
Abono anual acidentário	Abono anual de quem recebe prestação acidentária.
Auxílio--suplementar	Deixou de existir e foi substituído pelo auxílio-acidente (50%).
Dano moral	A ocorrência do acidente, quando comprovada a culpa do empregador, pode implicar dano moral.

24.1. Comunicação de acidente

Introdução do tema	A Lei n. 11.430/2006 autorizou a perícia médica do INSS a decidir se a incapacidade alegada pelo segurado requerente de auxílio-doença ou de aposentadoria por invalidez decorreu da inospitalidade ambiental do trabalho, quando coincidirem epidemiologicamente o CNAE da empresa com o CID do trabalhador.
Natureza jurídica	A CAT é uma notícia formalizada e encaminhada mediante formulário padronizado, a que está obrigada a empresa, quando da ocorrência de evento infortunístico

	laboral, para que várias autoridades ministeriais possam tomar conhecimento do nível de acidentalidade do local de trabalho.
Interesse governamental	Três ministérios (MS, MTE e MPS) têm evidentes interesses em tabular essas ocorrências a ponto de, na sua ausência, satisfazerem-se com a emissão terceirizada (PBPS, art. 22, § 2º).
Obrigação da emissão	O *caput* do art. 22 do PBPS reza: "A empresa deverá comunicar o acidente de trabalho à Previdência Social até o 1º (primeiro) dia útil seguinte ao da ocorrência e, em caso de morte, de imediato à autoridade competente sob pena de multa variável entre o limite mínimo e o limite máximo do salário de contribuição, sucessivamente aumentada nas reincidências, aplicada e cobrada pela Previdência Social".
Incidentes laborais	Ausente determinação expressa legal, subsiste dúvida sobre as ocorrências de acidente do trabalho típico (traumático) ou doença ocupacional que implicarem afastamento laboral por menos de 15 dias. Da mesma forma, a situação do licenciado por alguns dias, que volta ao trabalho e que, sentindo-se sem condições de trabalhar, novamente se licencia, de modo que os dois períodos de afastamento somados superem os 15 dias, caracteriza o acidente do trabalho e, por conseguinte, à luz do que diz o art. 23 do PBPS. Aparentemente, nessa última hipótese não pairam dúvidas quanto ao dever da emissão da CAT porque se trata do acidente do trabalho que deflagra o auxílio-doença acidentário. Em nenhum momento, ao definir o que seja o acidente do trabalho, a legislação acidentária se refere ao evento infortunístico laboral que afaste o trabalhador por menos de 15 dias, usualmente designado como incidente.
Fontes formais	Os arts. 19/23 não tratam dessas inaptidões para o trabalho, resolvidas internamente com as licenças remuneradas concedidas pelo seu setor de Medicina do Trabalho até porque o conceito de acidente que interessa à legislação e à Previdência Social é o que implica afastamento superior aos 15 dias e eventual concessão de auxílio-doença, aposentadoria por invalidez, auxílio--acidente e pensão por morte.

Interesse no incidente	Embora o MPS e o MTE sempre tenham revelado preocupação nas estatísticas acidentárias de modo geral, nenhuma norma jurídica determinou claramente o dever de comunicar esses incidentes, às vezes de solução administrativa interna. Em virtude do vazio normativo e do silêncio jurisprudencial, a empresa que desejar certificar-se da desnecessidade de emissão da CAT deve protocolar Consulta Fiscal ao INSS nos termos da Lei n. 9.784/1999 e do Decreto n. 70.235/1972.
Fator acidentário	O desejo do MPS de tabular metodicamente a frequência, a gravidade e o custo dos acidentes emergiu com a Lei n. 10.666/2003, criando o FAP, sem eficácia até o dia 31.12.2009, e a Lei n. 11.430/2006, criando o NTEP. Essa última norma dispensou a CAT para as doenças ocupacionais, de vez que o evento será armazenado pela autarquia federal a partir do NTEP. Considerando que a dispensa de multa referida no § 5º do art. 22 do PBPS se refere tão somente à superveniência de uma doença ocupacional, resta saber se os acidentes traumáticos do trabalho que determinem o afastamento inferior a 15 dias implicam CAT. Diante da indefinição legal, embora se possam classificar tais ocorrências como sendo acidentárias por não repercutirem na concessão de benefícios por incapacidade, não se justifica a emissão por parte da empresa da CAT, até porque terceiros podem fazê-lo.
Nexo epidemiológico	Implantada a metodologia do NTEP em 1º.4.2007, mediante a qual a perícia médica do INSS assumiu a atribuição de fixar a relação entre o ambiente de trabalho e a incapacidade para o trabalho, possivelmente pensando o legislador na subnotificação da CAT, tem-se informação sobre o papel desse documento a ser considerada.
Duração do afastamento	Caso o segurado tenha se afastado por alguns dias e retornado ao trabalho por pouco tempo, não logrando retomar as atividades habituais e novamente se afaste, de modo que os dois períodos de licença superem os 15 dias, cumpre-se o objetivo da lei de que o trabalhador deve ter sua licença médica custeada pelo INSS, contado da data em que completou esses 15 dias, normalmente por intermédio do auxílio-doença ou, numa rara hipótese,

	da aposentadoria por invalidez. Nesse caso, a despeito da dispensa da multa, é dever da empresa emitir a CAT, a ser datada quando o setor de Medicina do Trabalho concluir pelo novo afastamento superior aos 15 dias e, então, aplicando-se como conceito do dia do acidente, aquele que consta do art. 23 do PBPS: "Considera-se como dia do acidente, no caso de doença profissional ou do trabalho, a data do início da incapacidade laborativa para o exercício da atividade habitual, ou o dia da segregação compulsória, ou o dia em que for realizado o diagnóstico, valendo para esse efeito o que correr primeiro".
Ausência de multa	A Lei n. 11.430/2006 alterou a redação do PBPS acrescentando o art. 22 que, em seu § 5º, diz: "A multa de que trata este artigo não se aplica na hipótese do *caput* do art. 21-A".
Mapeamento de sinistro	Independentemente da necessidade de emissão da CAT, que interessa efetivamente ao MTE e indiretamente ao INSS, sob o ponto de vista da prevenção acidentária e da definição das alíquotas de contribuição do SAT, e até mesmo do controle do MS, a empresa deve exercer rígida supervisão sobre sua acidentalidade. Importa que tabule um mapeamento de sinistro à altura do seu ambiente de trabalho.

24.2. Auxílio-acidente

Definição	Benefício acidentário, de pagamento continuado, não reeditável, devido ao segurado que, após a alta médica do auxílio-doença acidentário, ficou com sequelas (redução parcial e permanente da capacidade para o trabalho).
Requisitos	Para ter direito, é preciso que cesse o auxílio-doença que o segurado estava recebendo em razão de acidente do trabalho e que ele fique com sequelas.
Evento determinante	Não estar inteiramente apto para o trabalho, embora possa trabalhar com limitações.
Qualquer natureza ou causa	Infortúnio não laboral, ocorrido nos fins de semana, na residência do segurado ou nas ruas, que provoque incapacidade para o trabalho.

Valor	A renda inicial é de 50% do salário de benefício (média dos 80% maiores salários de contribuição corrigidos mensalmente desde julho de 1994 até o mês véspera do requerimento).
Fator previdenciário	Não é aplicado o fator previdenciário.
Concessão	Obtida a alta médica do auxílio-doença acidentário e comprovada a sequela em exame pericial, é concedido o benefício.
Duração	Vitalícia; perdura até a concessão da aposentadoria ou falecimento do segurado.
Acumulação com aposentadoria	Quando da concessão de qualquer aposentadoria, o auxílio-acidente é encerrado, mas o seu valor é acrescido aos salários de contribuição do novo benefício.
Incorporação à pensão por morte	Não há essa incorporação e, se o falecido era aposentado, ela sobreveio na própria aposentadoria.
Pressuposto	Cessar o auxílio-doença que o segurado estava recebendo em razão de acidente do trabalho.
Período de carência	Por ser um benefício acidentário, não há necessidade de cumprir a carência.
Volta ao trabalho	Quem recebe o auxílio-acidente tem permissão para voltar ao trabalho.
Sequela	Perda parcial permanente da capacidade habitual para o trabalho, apurada em exame médico pericial.
Auxílio--suplementar	Havia direito a 30%, 40% e 60% do salário de benefício, mas deixou de existir e foi substituído pelo auxílio-acidente (50%).
Data do início	Começa no dia seguinte ao da cessação do auxílio-doença acidentário ou na DER, se solicitado posteriormente.
Data da cessação	Atualmente, as mensalidades são mantidas até a morte do segurado ou concessão de aposentadoria.
Exame médico	O segurado submeter-se-á a um único e definitivo exame médico (que é um anacronismo).
Recuperação da saúde	Se o segurado recuperar-se inteiramente, ainda assim o benefício é mantido até a sua cessação.
Regras de acumulação	Pode ser acumulado com vários benefícios (auxílio-doença comum, salário-maternidade, abono anual, salário-família etc.), exceto as aposentadorias.

Dois benefícios acidentários	No caso de sobrevir novo acidente, auxílio-doença acidentário e alta médica, restando nova sequela, não haverá um segundo benefício (cogitando-se apenas de uma possível aposentadoria por invalidez), optando o segurado pelo de maior valor.
Salário de benefício	Média dos 80% maiores salários de contribuição corrigidos mensalmente desde julho de 1994 até o mês véspera do requerimento (sem fator previdenciário).
Incorporação à pensão por morte	Não há incorporação do valor, apenas na aposentadoria (mas esta determinará o valor da pensão por morte).
Majoração do percentual para 50%	Alguns estudiosos afirmam haver o direito para aqueles que no passado tiveram concessão de valor inferior, de tê-lo majorado para 50% (aplicação da norma mais benéfica).
Prescrição do direito	O direito não prescreve; feita a prova necessária e solicitado mais tarde, terá início na DER.
Inclusão no salário de contribuição	O valor mensal será incorporado aos salários de contribuição quando da concessão da aposentadoria.
Perda da audição	Carece provar o nexo causal com o trabalho, isto é, a diminuição da audição ter ocorrido no serviço.
Documentos necessários	Somente o requerimento, o INSS possui todos os dados necessários do segurado.
Reajustamento	Segue a linha geral dos reajustamentos.
Fontes formais	Arts. 86 do PBPS e 104 do RPS.

25. NEXO TÉCNICO EPIDEMIOLÓGICO PREVIDENCIÁRIO

Conceito legal	O NTEP é o Nexo Técnico Epidemiológico Previdenciário, uma relação lógica e jurídica entre o CID alegado pelo segurado quando do pedido de um benefício por incapacidade, coincidente com o CNAE da empresa, fato admitido e declarado pela perícia médica do INSS.
Conceito regulamentar	Conceitualmente existe nexo causal entre o trabalho e a doença (pelo ato normativo designado como agravo) quando for possível fixar-se a ocorrência do nexo "epidemiológico entre o ramo de atividade econômica da empresa" (CNAE) "e a entidade mórbida motivadora da incapacidade" (CID).
Epidemiologia	Enfoque médico estatístico de apreciação das doenças ocupacionais, baseado em dados numéricos que podem ser apurados a partir do mapeamento de sinistros.
Poder do INSS	A norma jurídica atribuiu ao INSS o poder de império discricionário de avaliar o cenário apresentado, com ou sem CAT. Quando for o caso, constatar a presença do nexo técnico entre a atividade exercida pelo segurado e a morbidez incapacitante. O juízo é da Administração Pública, que se reserva esse direito; se a conclusão não for contestada, ela gerará obrigações para a empresa e direitos para os trabalhadores.
Presunção presente	Epidemiologicamente, se coincidir o CID com o CNAE, o INSS presumirá que a doença ocupacional teve origem no ambiente inseguro da empresa.
Clientela protegida	O NTEP é próprio do empregado urbano ou rural, do temporário e do servidor filiado ao RGPS, sem haver menção ao avulso nem ao doméstico na norma legal.
Espécies de NTEP	São três tipos: a) Nexo técnico profissional ou do trabalho — Associação entre as patologias e as exposições constantes das Listas A e B do Anexo II do RPS.

	b) Nexo técnico por equiparação — Decorrente de acidentes de trabalho. c) NTEP — Propriamente dito, quando presente significância estatística entre o CID e o CNAE da empresa (IN INSS n. 31/2008).
Nexo causal	Relação lógica de causa e efeito atribuível entre o ambiente laboral e o tipo de contingência (designada como agravo) que vitimou o segurado e que o impeça de trabalhar por mais de 15 dias e, na figura da concausa, que tenha contribuído para isso. Ou seja, um vínculo correspectivo entre uma entidade laboral (exercício de atividade profissional) e outra (exercício do direito ao benefício previdenciário). De modo que o resultado possa ser atribuído às circunstâncias precedentes no tempo, mediata ou imediatamente (configurando certas responsabilidades do propiciador de serviços).
Vigência do NTEP	O NTEP entrou em vigor em 1º.4.2007. São submetidas a esse novo procedimento as ocorrências que deflagrarem requerimentos de benefício a partir dessa data.
Procedimentos em andamento	Os procedimentos em andamento, iniciados antes dessa linha de corte, submetem-se a essas novas regras, inclusive o direito de contestação do empregador.
Desdobramento no FAP	Toda vez que for reconhecido um NTEP ter-se-á um benefício acidentário que comporá a frequência da empresa para fins de fixação do FAP.
Responsabilidade civil	"Nos casos de negligência quanto às normas padrão de segurança e higiene do trabalho indicadas para proteção individual e coletiva, a Previdência Social proporá ação regressiva contra os responsáveis" (PBPS, art. 120).
Culpa *in vigilando*	Detectada a culpa *in vigilando* do empregador, se assim concluir a perícia médica do INSS (*sic*), de certa forma substituindo o papel do MPF, cercada das provas de que dispuser, notificará à Procuradoria Federal Especializada (INSS) para que sejam tomadas as providências visando ao ressarcimento da Previdência Social, além de representar as Comissões Intersetoriais de Saúde do Trabalhador — CIST (Lei n. 8.080/1990).
Meios de contestação da empresa	Caberá, quando for o caso e presente os pressupostos, a contraprova por parte da empresa, conforme Lei n. 9.784/1999, Decreto n. 70.235/1972 e Portaria MPS n. 323/2007.

Necessidade da CAT	A não emissão de CAT por parte do empregador não o desobriga dos deveres nascidos do NTEP e por seu turno, se a notícia provier de outra origem, reforçará a presunção estabelecida na lei.
Papel do INSS	Com o NTEP, cientificado do infortúnio laboral via CAT ou requerimento de benefício acidentário em que referido determinado CID, o INSS tomará decisões administrativas que deflagrarão obrigações à empresa e direitos aos segurados, entre os quais a emissão da CRER. Deverá fazê-lo a partir de análise pericial, baseado no relatório de fatos ocorridos no estabelecimento da empresa e após inspeção médica realizada no trabalhador requerente de benefício por incapacidade.
Contribuintes individuais	O contribuinte individual vitimado por acidente de qualquer natureza ou causa não gera esses deveres ou pretensões, o mesmo valendo para o empregado (quando não houver responsabilidade por parte da empresa). Não há previsão para o empresário que sofre acidente do trabalho.
Definição de agravo	São tidos como agravos: "a lesão, a doença, o transtorno de saúde, o distúrbio, a disfunção ou a síndrome de evolução aguda, subaguda ou crônica, de natureza clínica ou subclínica, inclusive morte, independentemente do tempo de latência" (art. 2º, § 1º, da IN INSS n. 16/2007).
Presunção relativa epidemiológica	O NTEP estabelece uma presunção jurídica *juris tantum* de que a motivação determinante da inaptidão para o trabalho se deve à empresa quando coincidentes a incapacidade com a atividade exercida da empresa, estatisticamente combinando-se o CNAE com o CID.
Elisão da responsabilidade	Demonstrado que se trata de doenças da faixa etária, degenerativas, epidêmicas, egressas (de outra empresa), comuns etc., não se caracteriza o NTEP.
Consequências decorrentes	Caracterizado o NTEP, presentes os demais requisitos legais, será concedido o auxílio-doença, quando for o caso, seguindo-se o auxílio-acidente ou a aposentadoria por invalidez. No infortúnio fatal, a pensão por morte. Do ponto de vista laboral, a estabilidade por 12 meses.

Desdobramentos	Os principais são os seguintes: I) Ausência da multa por omissão de CAT; II) Estabilidade acidentária por 12 meses (art. 118 do PBPS); III) Fiscalização do MTE; IV) Recolhimento mensal do FGTS; V) Responsabilidade civil (PBPS, art. 121); e VI) Indenização civil (Súmula n. 229 do STF).
Contestação empresarial	Dentro do prazo de 15 dias, contado da data da entrega da GFIP, a empresa poderá contestar a definição do NTEP a partir de informações ambientais que possua (prontuário médico, mapeamento de sinistros, LTCAT, PPRA, PCMSO etc.). Caso não o faça no prazo, administrativamente se entenderá que confessou a ocorrência (restando-lhe a prova em contrário no Poder Judiciário). Tomando conhecimento do diagnóstico *a posteriori*, renova-se esse termo.
Fontes formais	A norma básica que trata da matéria é a Lei n. 11.430/2006, regulamentada pelo art. 337 do Decreto n. 3.048/1999, na redação dada pelo Decreto n. 6.042/2007, esmiuçada pela IN INSS n. 16/2007 (DOU de 30.3.2007) e IN INSS n. 31/2008, convindo examinar o art. 168 da CLT e os dizeres da Portaria MTE n. 41/2007.

26. AÇÃO REGRESSIVA

Descrição	Processo civil intentado pelo INSS contra as empresas que, em virtude de negligência, permitiram a ocorrência de acidentes do trabalho deflagradores de benefícios custeados pelo INSS.
Polos da relação jurídica	São o INSS e o empregador do acidentado. Doutrinariamente, poder-se-ia conceber o segurado no lugar da autarquia federal.
Natureza da pretensão	Ressarcimento das despesas previdenciárias usuais, vencidas e vincendas com as prestações acidentárias.
Negligência	Ato de omissão, falta de cuidado, descumprimento de normas trabalhistas ou descuido e ausência da prevenção acidentária por parte do empregador.
Prestações envolvidas	Auxílio-doença, aposentadoria por invalidez, auxílio-acidente e pensão por morte.
Prazo de decadência	Três anos a contar da data do acidente (art. 206, § 3º, VI, do CCb).
Dano moral	Caracterizado o prejuízo, nada impede que o segurado ainda intente ação de dano moral contra o empregador.
Alegações doutrinárias das empresas	Que as prestações são financiadas pelo SAT e que o sujeito ativo da ação somente poderia ser o trabalhador, quem sofreu o acidente.
Constituição de capital	O art. 475-Q do CPC autoriza o Poder Judiciário a determinar a constituição de capital para garantia do pagamento das mensalidades futuras.
Natureza do montante	Se o valor não é efetivamente uma indenização ao INSS, doutrinariamente pode ser tida como dúplice contribuição empresarial.
Fim da regressividade	Falecido o segurado ou encerrado o benefício, o AGU ou o INSS tem o dever de comunicar a cessação das mensalidades da obrigação.

Compatibilidade com o SAT	Diante do dever do art. 22, II, do PCSS, que custearia as despesas do INSS mais uma indenização, seria incompatível com a contribuição do SAT.
Justiça competente	Diante da presença da União, a justiça competente para a ação é a Justiça Federal.
Posição do Poder Judiciário	Nos casos intentados nos últimos cinco anos, a Justiça Federal tem sido favorável ao INSS.
Fontes formais	Arts. 7º, XXVIII, da Carta Magna e 120 do PBPS.

27. PRESTAÇÕES DO PRESIDIÁRIO

Definição	O presidiário faz jus a alguns direitos trabalhistas e previdenciários conforme a Lei n. 7.210/1984 (LEP).
Condições legais	"O trabalho do preso será sempre remunerado, sendo-lhe garantido os benefícios da Previdência Social" (CP, art. 39). A LEP impõe cinco condições para isso (art. 36).
Jornada de trabalho	A jornada mínima é de seis horas e a máxima de oito horas (art. 33 da LEP). O horário de trabalho de quem opera fora do presídio é distinto.
Contribuição para o SAT	"Cabe à entidade que congregue presidiários que exerçam atividade remunerada a responsabilidade pelo recolhimento, exclusivamente, das contribuições para o custeio das prestações por acidente do trabalho. Tais entidades são consideradas empresas para tal finalidade, conforme dispõe o art. 31, item V, do Regulamento do Custeio da Previdência Social" (Formulação IAPAS n. 11).
Enquadramento previdenciário	"O presidiário que não exerce atividade remunerada nem esteja vinculado a qualquer regime de previdência social" (RPS, art. 11, § 1º, IX).
Medicina do Trabalho	Todas as Normas Regulamentadoras do Trabalho da Lei n. 6.514/1977 sobre a Medicina, Segurança e Higiene do Trabalho devem ser observadas (LEP, art. 28, § 1º).
Manutenção do benefício para os dependentes	Concedido o auxílio-reclusão, mantém-se enquanto o segurado estiver recolhido à prisão. Cumprida a pena, se for libertado, absolvido ou solto, o benefício se extingue. Caso fuja, é suspenso até a recaptura, na hipótese de ele não ter perdido a qualidade.
Período de fuga	Períodos de filiação durante a fuga são considerados para esse último fim. Não foi justo o elaborador do regulamento quando impôs essa última regra, pois seguramente quem escapole dificilmente conseguirá meios de subsistência e poderá manter a qualidade de segurado.

Prestações previdenciárias possíveis	a) Filiação e inscrição; b) Qualidade de segurado; c) Benefícios por incapacidade; d) Aposentadorias compatíveis; e) Salário-família; f) Prestações acidentárias; e g) Previdência complementar.
Tempo de serviço	O tempo do serviço penal somente será considerado pelo INSS se o presidiário contribuir como facultativo.
Seguro--desemprego	Uma vez que está sendo mantido pelo Estado, não subsiste direito ao seguro-desemprego.

28. APOSENTADORIA DO PROFESSOR

Descrição	Benefício específico, distinto dos demais segurados e que exige menor tempo de serviço.
Conceito de professor	Educador ocupado no magistério, dando aulas na educação infantil, nos ensinos fundamental e médio.
Nível universitário	Desde 16.12.1998 deixou de incluir os professores (EC n. 20/1998).
Tipos de aposentadoria	Legal: aposentadoria especial da LOPS até 29.6.1981. Constitucional: a partir de 30.6.1981 (EC n. 18/1981).
Direito à aposentadoria especial	Para a IN INSS n. 45/2010, cessou em 29.6.1981 (EC n. 18/1981). Existem pequenas dúvidas doutrinárias, mas, de regra, cessou em 28.4.1995 (Lei n. 9.032/1995).
Idade mínima	Não é exigida para mulher com 25 anos de magistério e para o homem com 30 anos de magistério, com direito adquirido até 5.3.1997.
Acréscimo	O professor, inclusive o universitário, que não completou o tempo de serviço até 16.12.1998 tem o tempo de magistério anterior acrescido de 17% (homem) e 20% (mulher).
Tempo de serviço	Considerado o tempo de serviço público federal, estadual, distrital e municipal: a) benefício por incapacidade intercalado; e b) benefício por incapacidade acidentária intercalado.
Conversão para comum	O tempo especial do professor exercido até 28.4.1995 pode ser convertido para ser somado ao comum. Para alguns pensadores, somente o exercido até 29.6.1981.
Conversão de tempo especial do professor	De modo geral, o tempo especial de professor, computado via contagem recíproca de tempo de serviço, pode ser convertido para o comum, conforme alguns entendimentos do STF.
Fator previdenciário	No cálculo do fator é acrescido de cinco anos ao tempo de contribuição e 10 anos para a professora.

Quem não era considerado professor	Era professor universitário, supervisor, especialista, pesquisador, diretor de escola, assistente de diretor, coordenador pedagógico, delegado de ensino etc. que não estejam na sala de aula ministrando conhecimentos diretos aos alunos. Instrutor, treinador ou adestrador.
Alargamento do conceito	Alterando o § 2º do art. 67 da Lei n. 9.394/1996, a Lei n. 11.301/2006 determinou que: "são consideradas funções de magistério as exercidas por professores e especialistas em educação no desempenho de atividades educativas, quando exercidas em estabelecimento de educação básica em seus diversos níveis e modalidades, incluídas, além do exercício da docência, as de direção de unidade escolar e as de coordenação e assessoramento pedagógico".
Documentos necessários	Os mesmos dos demais trabalhadores mais a prova de ser professor, inclusive o diploma.
Servidor público	Professor com praticamente os mesmos direitos do professor da iniciativa privada.
Fontes formais	Arts. 40, § 5º, da CF, 56 do PBPS e 129 da IN INSS/DC n. 11/2006 e EC n. 20/1998.

29. CONTAGEM RECÍPROCA DE TEMPO DE SERVIÇO

Significado	Cômputo do tempo de serviço do RGPS (regime do INSS) no serviço público e cômputo do tempo de serviço público no INSS.
Tipo de tempo	Urbano ou rural. Público ou privado.
Período de carência	Para usar a contagem recíproca era preciso que o segurado estivesse no INSS, pelo menos, há três anos (uma carência da contagem recíproca), mas isso deixou de existir.
Benefícios alcançados	Válida para qualquer benefício, inclusive para completar o período de carência.
Devedor do benefício	O benefício é devido, isto é, concedido e mantido pelo órgão para o qual o segurado está ultimamente contribuindo: INSS ou ente público. Ele pagará as mensalidades.
Tempo rural	Tempo anterior a 24 de julho de 1991 será considerado com o recolhimento da contribuição (indenização).
Direito à aposentadoria especial	O INSS não converte o tempo de serviço especial prestado no serviço público e os órgãos públicos não convertem o tempo de serviço especial realizado na iniciativa privada. Porém, se acionada, a Justiça Federal reconhece esse direito.
Compensação financeira	O INSS, a União, os Estados, o Distrito Federal e os Municípios fazem um acerto de contas das contribuições pagas para efetivar a contagem recíproca de tempo de serviço.
Reciprocidade	Para que haja contagem recíproca, é preciso que os órgãos públicos reconheçam o tempo de serviço do INSS e que o INSS reconheça o tempo de serviço desses órgãos públicos.
Regime Especial de Inclusão dos Informais (REII)	Autorizados a recolherem apenas 11% do salário mínimo, se desejarem levar o tempo de contribuição do RGPS para um regime próprio de Previdência Social, terão de implementar com 9%, chegando aos 20% e, assim, obterem a CTC.

Documentos necessários	Além dos próprios de cada benefício, o documento que prova o tempo de serviço, isto é, a Certidão de Tempo de Contribuição, que é entregue ao interessado onde ele trabalhou e levada onde está contribuindo.
Acerto de contas	O RGPS e cada um dos RPPS farão um acerto de contas das contribuições.
Indenização	Quem prestou serviço como contribuinte individual pode indenizar o INSS e computar o tempo de contribuição
Semelhança com a desaposentação	O tempo de filiação de um regime é aproveitado noutro regime de previdência social, embora não tenha havido a aposentação no primeiro deles.
Fontes formais	Leis ns. 6.226/1975 e 9.676/1998; arts. 94/96 do PBPS, 125/135 do RPS e § 9º dos arts. 40 e 101 da CF.

30. DIREITO PREVIDENCIÁRIO PROCEDIMENTAL

Conceito	Área processual adjetiva do Direito Previdenciário que cuida administrativamente da solução dos conflitos entre os contribuintes e beneficiários e a Previdência Social.
Processo e procedimento	Nos atos normativos, os expedientes administrativos são designados como processos e não como procedimentos.
Natureza jurídica	Meio administrativo de solução de conflitos entre os polos da relação securitária.
Exaustão da via administrativa	Requerido o benefício e não deferido no prazo legal, não é necessário o esgotamento da via administrativa para o ingresso no Poder Judiciário.
Princípios aplicáveis	Valem os postulados da economia processual, iniciativa da parte, simplicidade operacional, gratuidade cartorial, celeridade dos autos, subsidiária do CPC, *reformatio in pejus*, contraditório e ampla defesa.
Características elementares	Submissão à autoridade, dependência do Judiciário, singeleza do andamento, polo impulsionador e gratuidade operacional.
Avocatória	Remédio jurídico extinto na esfera administrativa.
Organismos decisórios	No MPS: as JRPS e as CAJ e o Conselho Pleno do CRPS. No MF: os Conselhos de Contribuintes e o Conselho Superior de Recursos Fiscais.
Benefícios	Questões que envolvam prestações previdenciárias e assistenciárias.
Contribuições	Questões relativas ao financiamento da Previdência Social (contribuições) arrecadadas pela RFB.
Sujeitos da relação	Contribuintes (pessoas físicas e jurídicas), beneficiários (segurados e dependentes) e órgãos da Administração Pública (INSS e RFB).
Instrução procedimental	Após o protocolo do pedido, segue-se instrução interna, movimentação, despachos interlocutórios, apensação, anexação ou juntada, sobrevindo a prova, a decisão e a comunicação oficial.

Uniformização de jurisprudência	Sobrevindo divergências entre as decisões, o segurado poderá requerer uma uniformização da jurisprudência administrativa.
Vistas dos autos	Os interessados têm direito de examinar o conteúdo dos autos.
Questões prejudiciais	As principais são: incompetência, tempestividade, ilegitimidade da parte, suspensão ou impedimento, litispendência, coisa julgada, preclusão ou perempção, decadência e prescrição, presença do processo judicial e constrangimento à defesa.
Nuanças das decisões	Juízo de admissibilidade, exame do mérito, voto contrário, fundamentos jurídicos, *decisum* da questão, decisões *citra, extra* e *ultra petita*, efeitos devoluto e suspensivo.
Provas do alegado	*Onus probandi*, campo de aplicação, meios admitidos, classificação didática, momento da produção, fatos não probandos, desnecessidade, confissão do autor, prova emprestada e depoimento testemunhal.
Prazos recursais	De regra, são de 30 dias.
Sessão de julgamento	Após distribuição dos feitos, pauta do dia, debates, decisão, voto de minerva, defesa oral, juntada de memorial retirada de processo, pedido de vista, resultado da cotação.
Procedimento em espécie	Os principais são: matrícula de contribuinte, CND, reconhecimento de filantrópica, parcelamento de débito, designação de dependentes, averbação de tempo de filiação, emissão de CTC, indenização de débito e apreensão de documentos.
Justificação administrativa	Procedimento interno com requerimento, arrolamento de testemunhas, eficácia, tempo de realização, início razoável de prova material, que permite a prova de fato de interesse dos beneficiários.
Pedido de benefício	Requerimento, protocolo, exame preambular, diligência ou pesquisas, apuração do valor, emissão de comunicação, conferência da concessão e primeiro pagamento.
Revisão de cálculo	*Causa petendi,* provas materiais, recálculo da renda, razões e comprovações, decisão favorável, execução dos atrasados, despacho indeferitório, revisão da revisão.
Modalidades de impugnações	Defesa do contribuinte, mediante recurso ordinário à JRPS ou CAJ. Embargo declaratório. Recurso adesivo, interposição voluntária e obrigatória. Solicitação de revisão, agravo de instrumento, embargos infringentes.

Cobrança administrativa	Após a emissão da Notificação Fiscal, Auto de Infração e Notificação para Pagamento, processa-se cobrança das contribuições em âmbito administrativo.
Restituição de contribuições	Procedimento mediante o qual as contribuições indevidas são devolvidas ao contribuinte.
Consulta administrativa	Todos os contribuintes e os beneficiários têm o direito de consultar a RFB e o INSS, a respeito de contribuições e benefícios.
Pedido de revisão	Dentro do prazo de 10 anos, os beneficiários, juntando as provas do alegado, podem requerer a revisão de cálculo da renda inicial.
Conteúdo dos recursos	Os recursos devem identificar o recorrente, relatar os fatos, arguir preliminares, analisar a decisão do INSS, promover a dedução lógica e, por último, o pedido.
Inquérito administrativo	Constatadas irregularidades na concessão de benefícios, é instalado inquérito administrativo para a oitiva dos interessados, com apreensão de provas, tomada de depoimentos, diligências externas, juntada de documentos.
Recolhimento da contribuição	A arrecadação das contribuições segue técnica administrativa que compreende a retenção e o recolhimento, com os acréscimos legais.
Coisa julgada administrativa	Transitando em julgado a última decisão do CRPS, a decisão do INSS faz coisa julgada administrativa no âmbito da Administração Pública.
Uniformização de julgados	A Portaria MPS n. 323/2007 admite modo de revisão das decisões pelo CRPS e uniformização da jurisprudência da JRPS e das CAJ.
Devido processo legal	São assegurados constitucionalmente todos os meios de defesa admitidos no Direito, com a ampla defesa e o contraditório.
Suspensão de benefícios	Presentes irregularidades, apuradas dentro do prazo de 10 anos, o INSS tem o poder de revisar a concessão dos benefícios, promover uma suspensão de suas mensalidades e até cancelá-los.
Procedimento complementar	O Decreto n. 4.942/2003 regula o procedimento administrativo repressivo da previdência fechada.
Fontes formais	Além do CPC, a Lei n. 9.784/1999, Decreto n. 70.235/1972, Portaria MPS n. 323/2007 e arts. 563/657 da IN INSS n. 45/2010.

30.1. Processo administrativo

Significado	Área da legislação previdenciária, dita adjetiva ou procedimental, que cuida das relações jurídicas entre o INSS e os beneficiários ou contribuintes, especialmente quando da negativa de direitos e das inconformidades possíveis: defesas, recursos e contrarrazões e pedido de revisão (Portaria MPS n. 323/2007 e IN INSS n. 45/2010).
Pessoas envolvidas	De um lado, o INSS, uma autarquia federal do MPS, e de outro, os beneficiários ou os contribuintes. Em matéria de contribuições, a RFB, do Ministério da Fazenda.
Natureza do procedimento	Instrumento administrativo de solução dos conflitos entre as partes (que também podem ingressar na Justiça Federal).
Prazos para os recursos	Conforme cada caso, os prazos variam de 15 a 30 dias. O INSS é obrigado a informar por escrito aos interessados da decisão contrária e da abertura de prazo (Lei n. 9.784/1999).
Junta de Recursos (JRPS)	Órgão colegiado, sediado nos Estados, de segunda instância, composto por dois representantes do MPS, um representante das empresas e um dos trabalhadores, que apreciam os recursos.
Câmara de Julgamento do CRPS	Órgão colegiado, sediado em Brasília, de última instância, que julga os recursos dos interessados contra decisões das JRPS, com a mesma composição de quatro conselheiros.
Alçada	Em relação a alguns assuntos, não cabe recurso às CAJ do CRPS.
Garantia de instância	Para recorrer, em matéria de contribuições, carecia depositar 30% do débito, entendimento que desapareceu por força de decisão do STF.
Defesa prévia	Primeiro ato de inconformidade do contribuinte, segurado ou dependente, após a Previdência Social decidir contrariamente aos seus interesses. Deve ser dirigido ao órgão local do INSS e ali protocolado.
Recurso de apelação	Recurso de decisão do INSS, protocolado na APS, dirigido à JRPS ou à CAJ do CRPS.
Contrarrazões	Direito de quem teve decisão favorável na JRPS ou no CRPS de apresentar novas razões contra os argumentos apresentados no recurso de apelação, contra a parte que perdeu.

Pedido de revisão	Pedido excepcional dos beneficiários ou contribuintes, dirigido ao presidente do CRPS, quando de erro material ou equívoco evidente dos órgãos julgadores ou do INSS.
Requisição de diligência	Decisão da JRPS ou do CRPS de mandar o INSS verificar algum fato de interesse do processo, para apurar a verdade e poder decidir com certeza.
Sustentação oral	Direito dos interessados de comparecerem ao julgamento do processo e exporem verbalmente seus motivos na frente dos conselheiros julgadores.
Suspensão de benefícios concedidos	Ato excepcional do INSS, depois de ter convicção de erro na concessão do benefício e após oferecer amplo direito de defesa, de suspender as mensalidades, só cabível no caso de comprovação de fraudes ou equívocos evidentes.
Esgotamento da via administrativa	Alguns juízes federais entendem que os beneficiários só podem ingressar com ação na Justiça Federal depois de solicitar o direito ao INSS.
Ação judiciária	Sobrevindo uma negativa da sua pretensão jurídica, não se conformando com a decisão do INSS, dentro do prazo legal, o beneficiário pode ingressar com ação na Justiça Federal.
Juizado Federal Especial	Se o valor a receber ficar abaixo de 60 salários mínimos, o interessado poderá ingressar no Juizado Especial da Justiça Federal, que é mais rápido que a Vara Previdenciária.
Princípios válidos	O contencioso administrativo observa os seguintes postulados: — Busca permanente da verdade material. — A Administração Pública pode rever os seus atos. — Contraditório e ampla defesa. — A iniciativa é do autor, mas o impulsionamento dos autos pertence à autarquia federal. — Economia procedimental. — Simplicidade operacional. — Gratuidade cartorial (não há custas). — Celeridade dos procedimentos. — Subsidiariedade do CPC.
Meios de prova	São permitidos todos os meios de prova admitidos em Direito, em especial a pericial, a documental e a testemunhal, não sendo desprezadas nos níveis superiores (JRPS e CAJ do CRPS).
Processo e procedimento	Nos atos normativos, os expedientes administrativos são designados como processos e não como procedimentos.

Natureza jurídica	Meio administrativo de solução de conflitos entre os polos da relação securitária.
Exaustão da via administrativa	Requerido o benefício e não deferido no prazo legal, não é necessário o esgotamento da via administrativa para o ingresso no Poder Judiciário.
Características elementares	Submissão à autoridade, dependência do Judiciário, singeleza do andamento, polo impulsionador e gratuidade operacional.
Avocatória	Remédio jurídico extinto na esfera administrativa.
Benefícios	Questões que envolvam prestações previdenciárias e assistenciárias.
Contribuições	Questões relativas ao financiamento da Previdência Social (contribuições) arrecadadas pela RFB.
Sujeitos da relação	Contribuintes (pessoas físicas e jurídicas), beneficiários (segurados e dependentes) e órgãos da Administração Pública (INSS e RFB).
Instrução procedimental	Após o protocolo do pedido, segue-se instrução interna, movimentação, despachos interlocutórios, apensação, anexação ou juntada, sobrevindo a prova, a decisão e a comunicação oficial.
Uniformização de jurisprudência	Ocorrendo divergências entre as decisões, o segurado poderá requerer a uniformização da jurisprudência administrativa.
Vistas dos autos	Os interessados têm direito de examinar o conteúdo dos autos.
Questões prejudiciais	As principais são: incompetência, tempestividade, ilegitimidade da parte, suspensão ou impedimento, litispendência, coisa julgada, preclusão ou perempção, decadência e prescrição, presença do processo judicial e constrangimento à defesa.
Nuanças das decisões	Juízo de admissibilidade, exame do mérito, voto contrário, fundamentos jurídicos, *decisum* da questão, decisões *citra, extra* e *ultra petita*, efeitos devoluto e suspensivo.
Provas do alegado	*Onus probandi*, campo de aplicação, meios admitidos, classificação didática, momento da produção, fatos não probandos, desnecessidade, confissão do autor, prova emprestada e depoimento testemunhal.

Prazos recursais	De regra, são de 30 dias.
Sessão de julgamento	Após distribuição dos feitos, pauta do dia, debates, decisão, voto de minerva, defesa oral, juntada de memorial retirada de processo, pedido de vista, resultado da cotação.
Procedimento em espécie	Os principais são: matrícula de contribuinte, CND, reconhecimento de filantrópica, parcelamento de débito, designação de dependentes, averbação de tempo de filiação, emissão de CTC, indenização de débito e apreensão de documentos.
Justificação administrativa	Procedimento interno com requerimento, arrolamento de testemunhas, eficácia, tempo de realização, início razoável de prova material, que permite a prova de fato de interesse dos beneficiários.
Pedido de benefício	Requerimento, protocolo, exame preambular, diligência ou pesquisas, apuração do valor, emissão de comunicação, conferência da concessão e primeiro pagamento.
Revisão de cálculo	*Causa petendi,* provas materiais, recálculo da renda, razões e comprovações, decisão favorável, execução dos atrasados, despacho indeferitório, revisão da revisão.
Modalidades de impugnações	Defesa do contribuinte, mediante recurso ordinário à JRPS ou CAJ. Embargo declaratório. Recurso adesivo, interposição voluntária e obrigatória. Solicitação de revisão, agravo de instrumento, embargos infringentes.
Cobrança administrativa	Após a emissão da Notificação Fiscal, Auto de Infração e Notificação para Pagamento, processa-se cobrança das contribuições em âmbito administrativo.
Restituição de contribuições	Procedimento mediante o qual as contribuições indevidas são devolvidas ao contribuinte.
Consulta administrativa	Todos os contribuintes e os beneficiários têm o direito de consultar a RFB e o INSS, a respeito de contribuições e benefícios.
Pedido de revisão	Dentro do prazo de 10 anos os beneficiários, juntando as provas do alegado, podem requerer a revisão de cálculo da renda inicial.
Conteúdo dos recursos	Os recursos devem identificar o recorrente, relatar os fatos, arguir preliminares, analisar a decisão do INSS, promover a dedução lógica e, por último, o pedido.

Inquérito administrativo	Constatadas irregularidades na concessão de benefícios é instalado inquérito administrativo para a oitiva dos interessados, com apreensão de provas, tomada de depoimentos, diligências externas, juntada de documentos.
Recolhimento da contribuição	A arrecadação das contribuições segue técnica administrativa que compreende a retenção e o recolhimento, com os acréscimos legais.
Coisa julgada administrativa	Transitando em julgado a última decisão do CRPS, a decisão do INSS faz coisa julgada administrativa no âmbito da Administração Pública.
Uniformização de julgados	A Portaria MPS n. 323/2007 admite modo de revisão das decisões pelo CRPS e uniformização da jurisprudência da JRPS e das CAJ.
Devido processo legal	São assegurados constitucionalmente todos os meios de defesa admitidos no Direito, com a ampla defesa e o contraditório.
Suspensão de benefícios	Presentes irregularidades, apuradas dentro do prazo de 10 anos, o INSS tem o poder de revisar a concessão dos benefícios, podendo promover a suspensão de suas mensalidades e até cancelá-los.
Procedimento complementar	O Decreto n. 4.942/2003 regula o procedimento administrativo repressivo da previdência fechada.
Fontes formais	CPC, Lei n. 9.784/1999, Decreto n. 70.235/1972, Portaria MPS n. 323/2007 e arts. 563/657 da IN INSS n. 45/2010.

30.2. Meios de prova

Onus probandi	De regra, o beneficiário deve produzir a prova do que ele alegar ao INSS.
Início razoável de prova	Documento, depoimento ou perícia, indicativos de elementos que possam convencer terceiros, caso de uma fotografia.
Campo de aplicação	Somente os fatos positivos, rejeitada a necessidade de provar uma afirmação negativa.
Meios admitidos	São permitidos todos os meios legais de prova, contemporâneos ou hodiernos (CPC, art. 332).
Justificação administrativa	Um procedimento interno do INSS, pelo qual o beneficiário faz prova de algo de seu interesse.

Classificação didática	As provas são plena, robusta, indiciária, direta ou indireta, emprestada e de terceiros.
Momento da produção	O ideal é a convicção ser demonstrada quando do preenchimento dos requisitos legais, sem impedir esses meios mediante uma averbação prévia do provado.
Prova a destempo	Mesmo após a concessão do benefício, dentro do prazo de 10 anos é permitido provar-se algo de interesse do beneficiário.
Fatos não probandos	A lei discrimina certos acontecimentos que não se prestam para a justificação administrativa.
Desnecessidade	Fatos de amplo domínio público não carecem ser demonstrados, bem como os legalmente presumidos.
Confissão do autor	O Direito Previdenciário não reconhece as declarações do próprio autor a seu favor, mas cartas escritas há muito tempo são indícios razoáveis de prova.
Prova documental	Documentos válidos são os principais meios de prova admitidos e nada os supera.
Depoimento testemunhal	O depoimento testemunhal desacompanhado de início razoável de prova não é reconhecido.
Prova pericial	A prova pericial, máxime realizada *in loco*, tem elevado poder persuasório.
Prova emprestada	A demonstração feita em outro processo ou ambiente pode ser transportada para o convencimento.
Validade da CTPS	A CTPS tem presunção relativa de validade mesmo após a implantação do CNIS.
Contraprova	Qualquer prova comporta a contraprova.
Reforço de prova	Nova evidência carreada aos autos para reforçar o poder de convencimento da anterior.
Acareação	Quando de depoimentos testemunhais é possível a acareação entre os depoentes.
Justiça do Trabalho	Desacompanhada de início razoável o INSS não reconhece a demonstração promovida em processo trabalhista.
Prova do exterior	Depois de homologada pelos órgãos diplomáticos dos dois países a persuasão estrangeira é reconhecida no Brasil.
Prova pressuposta	Em alguns casos, quando de manifestações da natureza, são admitidos fatos presumidos.

Depoimento de parentes	São vistos sob suspeita os depoimentos de parentes dos interessados.
Ambiente da comprovação	A prova pode ser feita administrativamente ou no Poder Judiciário.

30.3. Justificação administrativa

Alcance	Expediente procedimental eficaz mediante o qual o interessado (segurado, dependente ou contribuinte) prova ao INSS algo de seu interesse.
Utilidade	Demonstrar evento de sua vida profissional, ou particular, principalmente demonstrar o tempo de serviço, o vínculo empregatício, a remuneração, a atividade insalubre etc.
Natureza	Instrumento de convencimento oficial que parte de documentos indiciários (início razoável de prova material) mais os depoimentos testemunhais.
Tempo de serviço	Período de trabalho durante o qual o segurado não foi registrado ou que exerceu atividades especiais (ou que não tem mais as provas disso).
Início de prova material	Documento de qualquer espécie, da época do fato que se quer provar: fotografia, holerite, cartão de ponto, notícia em jornal etc., capaz de persuadir o INSS de que trabalhou em alguma empresa.
Requerimento	A JA deve ser requerida junto ao órgão local do INSS, com o início de prova material e arrolando testemunhas.
Procedimento do INSS	A APS convocará o requerente e as testemunhas em data marcada para isso. Examinará as provas materiais e formulará juízo próprio, decidindo se reconhece o tempo de serviço (ou admite outro fato) ou não.
Documentos juntados	Todos os inícios de prova material que o interessado dispuser.
Declarações atuais	O INSS não atribui grande validade às declarações feitas recentemente, julgando-as não espontâneas.
Depoimentos das testemunhas	Acompanhados do início de prova material, os depoimentos podem ser convincentes. Isolados, apenas a palavra dos depoentes, não convencem o INSS (e assim também pensa boa parte dos juízes).

Decisão do INSS	Finalmente, a autarquia tomará sua decisão e a comunicará ao beneficiário. Se for positiva, averbará o tempo de serviço.
Recurso da decisão	Não cabe recurso da decisão em Justificação Administrativa, exceto se ela estiver contida em pedido de benefício, e então restará recorrer à Justiça Federal.
Justificação judicial	O interessado poderá ingressar com justificação judicial na Justiça Federal, mas o INSS deverá ser citado.
Justificação na Justiça do Trabalho	Decisões da Justiça do Trabalho, desacompanhadas de início razoável de prova material, não são reconhecidas pela Previdência Social.
Ações declaratórias	São aceitas ações declaratórias para comprovar tempo de serviço.
Tempo de serviço rural	O tempo de serviço rural é o que menos deixa provas escritas, obrigando a juntada de mais documentos.
Oportunidade	A exigência do art. 142, § 2º, do RPS, de que a JA "é parte do processo antecedente, vedada sua tramitação na condição de processo autônomo", contraria o princípio constitucional da ampla defesa e deve ser discutido em juízo.
Aposentadoria especial	Numa solução descabida o INSS resiste à JA para a aposentadoria especial.

30.4. Contestação do FAP

Significado	Forma de impugnação do FAP atribuído à empresa pelo MPS.
Direito à contestação	Em cada exercício, tomando conhecimento do FAP do mês de setembro de cada ano, que entrará em vigor no primeiro dia do exercício seguinte, a empresa pode impugnar esse número.
Recurso ao MPS	Não se conformando com o FAP, a empresa recorrerá administrativamente.
Prazo para impugnação	O prazo varia do dia 1º.11 a 30.11 do ano; portanto, de 30 dias.

Destinatário do recurso	Deve ser dirigido ao Departamento de Políticas de Saúde e Segurança Ocupacional da Secretaria de Políticas da Previdência Social (SPPS).
Decisão	Esse departamento do MPS decidirá sobre as alegações da empresa.
Recurso à SPPS	Da decisão do departamento do MPS cabe recurso à SPPS.
Prazo para recurso	É de 30 dias da data do conhecimento da decisão do departamento do MPS.
Decisão da SPPS	A decisão da SPPS faz coisa julgada administrativa e esgota o procedimento.
Poder Judiciário	A empresa poderá se socorrer do Poder Judiciário Federal para desconstituir o FAP que lhe foi atribuído.
Fontes formais	Lei n. 9.784/1999, Portaria MPS n. 323/2007, Resolução CNPS n. 1.316/2010 e Portaria MPS n. 451/2010.

31. JUSTIÇA COMPETENTE

Conceito	Poder que determina o único órgão do Judiciário (magistrado ou tribunal) com capacidade para apreciar questão contida num dissídio.
Classificação didática	Pode ser classificada segundo a pessoa (autor ou réu), matéria discutida nos autos, área de jurisdição, valor da causa e aspectos funcional e internacional.
Em razão da pessoa	Pode ser classificada segundo a pessoa (autor ou réu), matéria discutida nos autos, área de jurisdição, valor da causa e aspectos funcional e internacional.
Em razão da matéria	Certas matérias determinam a competência. Adoção de menores para fins de Previdência Social é da Justiça Estadual.
Territorial	Conforme o espaço físico (área de jurisdição), define-se quem é o responsável pela composição dos conflitos.
Valor da causa	Às vezes, o montante discutido determina a atribuição e algumas questões de aposentados e pensionistas são solucionadas pelo Juizado Especial Federal.
Funcional	Relativa à divisão entre os órgãos do Poder Judiciário.
Internacional	Autorização pertinente a problemas de Previdência Social que envolvam outros países, no caso dos acordos internacionais (art. 85-A do PCSS).
Conflito de competência	Quando dois juízes ou tribunais se entendem capazes ou não, instala-se um conflito (determinar qual deles é o competente) a ser dirimido por um ente do Poder Judiciário.
Contribuintes e INSS	Em matéria de custeio, em razão da pessoa, diante da presença da União, a RFB e um órgão federal, a Justiça Federal é competente.
Beneficiários e INSS	Em matéria de benefícios, em virtude do réu (INSS), a Justiça Federal comum ou especial é competente.

Entre contribuintes e beneficiários	Quando dois contribuintes ou beneficiários estiverem discutindo a respeito de assunto de Previdência Social em que o INSS é parte, a Justiça Estadual é competente.
Juizado Especial Federal	Divide com a Justiça Federal (Vara Previdenciária) a competência conforme valor da causa e outros critérios (Leis ns. 9.099/1995 e 10.259/2001).
Empregado e empregador	Conflitos entre empregado e empregador, sobre o fornecimento do PPP, emissão de CAT etc., são resolvidos pela Justiça do Trabalho.
Patrocinador e participante	Na previdência privada, se um participante discute com o empregador patrocinador de um fundo de pensão, a Justiça do Trabalho é a competente.
Patrocinador e entidade	As lides entre quem constituiu uma EFPC e a entidade fechada ou associativa são resolvidas pela Justiça Estadual.
Participante e entidade	Relações ocorridas entre as entidades (fundos de pensão) e os participantes são resolvidas pela Justiça Estadual.
EFPC e PREVIC ou CNPC	Presente o MPS, órgão do Poder Executivo da União, a Justiça Federal é que se manifestará.
Fundos de pensão públicos	Dada a natureza pública da EFPC, a Justiça Federal é quem se manifestará.
Prestações acidentárias	Ainda que seja parte a União (INSS), tradicionalmente tem sido a Justiça Estadual (Súmula STF n. 501 e Súmula STJ n. 15).
Planos trabalhistas	Debates sobre os (raros) planos previdenciários criados pela empresa submetem-se à Justiça do Trabalho.
Manutenção de prestações acidentárias	Quaisquer assuntos genéricos, como o índice de reajustamento das prestações acidentárias, são assuntos da Justiça Federal, mas não há, ainda, entendimento pacificado, alguns julgando que seja da Justiça Estadual.
Competência administrativa	Competência dos órgãos singulares ou colegiados em tema de Direito Previdenciário Procedimental básico (Portaria MPS n. 323/2007) ou complementar (Decreto n. 4.942/2003).
Junta de Recursos	Tem competência administrativa e territorial regional, normalmente estadual, para a relação jurídica de Previdência Social, exceto contribuições.

Câmara de julgamento do CRPS	Tem competência nacional para tratar de todos os assuntos de Previdência Social (custeio e benefícios).
Delegacia de Arrecadação	Cada Delegacia de Arrecadação e Fiscalização da RFB tem competência em matéria de custeio e territorial local.
Crimes	Os crimes cometidos contra a Previdência Social são de alçada da Justiça Federal (Lei n. 9.983/2000).
Dano moral	Quando cometida a infração pelo INSS é competência da Justiça Federal.
Dano moral acidentário	Sendo o empregador o culpado, cabe ação na Justiça do Trabalho.
Servidor e administração	A Justiça Estadual, se envolver o Estado, o Distrito Federal ou o Município, e a Justiça Federal, caso a União dela participe.
Contagem recíproca de tempo de serviço	Envolvendo o INSS e o ente político, é competente a Justiça Federal, mas se entre dois entes políticos não federais, dependerá da natureza de cada um deles, podendo ser a Justiça Federal ou a Justiça Estadual.
Benefício da LOAS	Justiça Federal; o sujeito passivo é o INSS (e não a União).
FGTS	Quando a Caixa Econômica Federal for autora ou réu, a Justiça Federal será acionada.
PIS-PASEP	Compete à Justiça Federal desfazer os desencontros.
Planos de saúde	São relações privadas e, portanto, sob a competência da Justiça Estadual.
Seguro privado	Questões que envolvem o segurado e a seguradora são resolvidas na Justiça Estadual.
Questões sindicais	A Justiça do Trabalho é a única competente.
Idoso	Dependerá de quem causou o constrangimento ao idoso (Lei n. 10.741/2003).
Observações finais	A competência não é assunto tranquilo em Direito, provocando dúvidas, polêmicas e muitos estudos, sobrevindo divergências que obrigam o estudioso à consulta na jurisprudência atualizada.
Suspensão	Diante de indício razoável de irregularidade na manutenção do benefício, o INSS suspende o pagamento das mensalidades, abrindo espaço para o amplo direito de defesa e contraditório.

Cancelamento	Após a apuração de impropriedade (como fraude, ou volta ao trabalho de quem não podia fazê-lo) e de ter transitado em julgado o procedimento de verificação, o benefício é cancelado.
Encerramento	Esgotado o direito, por variados motivos, especialmente a morte do titular, o benefício é naturalmente extinto.
Cessação do auxílio-doença	Além do óbito do segurado, o benefício cessa com a alta médica ou transformação em aposentadoria por invalidez.
Cessação da aposentadoria por invalidez	Além do óbito do segurado, o benefício pode cessar com a recuperação da higidez do trabalhador ou transformação em outro benefício.
Conversão	Espécie de "transformação" de um benefício comum em acidentário (e, raramente, o contrário).
Cópia do processo	O INSS está obrigado a fornecer cópia dos autos do processo do benefício.

32. DIREITO ADQUIRIDO

Descrição	Quando um titular preenche os requisitos legais, vale dizer, atende a todas as exigências da lei, ele tem direito à prestação conforme as regras da norma vigorante antes da mudança, que não o afetará.
Exercício do direito	Quem faz jus a um benefício não precisa requerê-lo imediatamente. Poderá fazê-lo mais adiante, sem qualquer prejuízo (Súmula STF n. 359).
Entendimento do STF	O STF entende que o comando a ser aplicado em matéria de aposentadoria é o vigente ao tempo da reunião dos pressupostos (dispensando o exercício para assegurar o direito adquirido).
Expectativa de direito	Se a pessoa não atendeu aos requisitos legais e a lei mudou para pior, ela fica na expectativa de direito, que é quase nada se o legislador não contemplar certa disposição de transição favorável.
Anspruch	Quem não tem expectativa de direito, direito ou direito adquirido, posta-se numa expectativa política de que mudanças não sobrevenham; nada mais do que isso.
Mudanças da lei	Respeitada a sentença judicial, o ato jurídico perfeito e o direito adquirido, tecnicamente justificada a lei pode mudar qualquer coisa.
Direito em 16.12.1998	Mulher com 25 anos ou homem com 30 anos tinha direito adquirido à aposentadoria proporcional da legislação anterior à mudança da EC n. 20/1998.
Direito em 29.11.1999	Segurado com direito à aposentadoria antes de ser criado o fator previdenciário e o novo PBC pode ter calculado o benefício com base nos últimos 36 meses e sem essas duas desvantagens.
Direito de 70% maior que 100%	Se os 70% do salário de benefício resultam em montante maior que os 100% da DER, o segurado faz jus à renda de maior valor, tese doutrinária que não vem sendo acolhida pelos tribunais superiores.

Direito dos designados	Somente na hipótese de o designante (segurado) ter falecido antes de 29.4.1995 o dependente por ele apontado terá direito à pensão por morte.
Incorporação do auxílio-acidente	O valor do auxílio-acidente só se incorpora ao benefício se o infortúnio e a aposentadoria sucederam antes da mudança da lei que determinou a não incorporação.
Direito à carência progressiva	Os requisitos para a aposentadoria por idade da Lei n. 10.666/2003 são: a) idade mínima; b) período de carência; e c) requerimento. O segurado que vinha contribuindo antes de 24.7.1991 tem direito à tabela progressiva da carência (PBPS, art. 142).
Aplicação da norma	De regra, exceto se ela dispuser expressamente (nunca implicitamente), a norma tem eficácia para frente, a partir de sua vigência.
Norma para frente	As normas destinam-se ao futuro; para beneficiar e quando o disserem claramente, valem para o passado.
Retroação do PBC	A Lei n. 9.876/1999 retroagiu o PBC até julho de 1994 e, no máximo, poderia fazer até 36 meses atrás (1996).
Data-base	Designa-se como data-base o dia que separa dois regimes jurídicos.
Fontes formais	Art. 5º, XXXVI, da Constituição Federal; ECs ns. 20, de 15.12.1998 e 41, de 19.12.2003; LICC (Lei de Introdução ao Código Civil).

33. CONCESSÃO E MANUTENÇÃO

Concessão	Ato administrativo do INSS de deferir o benefício do segurado ou dos dependentes.
Manutenção	Providências ao longo do tempo, de pagar as mensalidades, incluindo as revisões, e de transferi-las até o encerramento do benefício.
Instrução	Reunião dos documentos próprios, com o requerimento, encaminhamento administrativo do pedido de benefício até a decisão final.
Diligências	Quando necessário, o INSS examinará a contabilidade e elementos do trabalho.
Exigências	Caso uma documentação não esteja completa ou com falhas, a APS solicitará ao beneficiário as informações, esclarecimentos ou novos papéis comprobatórios.
Prazo de concessão	O INSS tem 45 dias para conceder o benefício; se isso não acontecer, terá de pagar as mensalidades atrasadas com correção monetária.
Transferência	Sob requerimento do interessado, o INSS transferirá a manutenção de uma cidade para outra.
Reajuste anual	Periodicamente (tem sido a cada ano), em razão da inflação, é promovido o reajustamento do valor das mensalidades, usando a variação integral do INPC.
Transformação	Ato administrativo de encerramento de um benefício e concessão de outro.
Aumento real	Exceto para um benefício mínimo (salário mínimo), historicamente não havia acréscimo real no valor, pelo menos até a Lei n. 12.154/2009.
Recadastramento	Procedimento em que o INSS verifica se os segurados ou dependentes estão vivos e com direito.

33.1. Reabilitação profissional

Conceito básico	Reabilitação é um direito subjetivo da pessoa humana à aquisição ou à recuperação da aptidão para o trabalho, uma prestação previdenciária constituída de atenções médicas, serviços de tratamento, fornecimento de próteses, pequenos desembolsos em dinheiro, treinamentos, além de outras modalidades de cuidados sanitários.
Processos compatíveis	Basicamente são de dois tipos: habilitação e reabilitação. O primeiro é a preparação do inapto para exercer as atividades em decorrência de incapacidade física adquirida ou deficiência hereditária. O segundo pressupõe a pessoa ter tido aptidão e tê-la perdida por motivo de enfermidade ou acidente.
Objetivos	Ambas as técnicas têm por objetivo a educação ou a reeducação e a adaptação ou a readaptação, conforme o caso, quando o indivíduo for incapaz ou deficiente, para poder participar do mercado de trabalho e da vida social.
Devedor da prestação	É a União, representada pela autarquia federal do INSS. Ela é o sujeito passivo de qualquer ação que objetive esse tipo de atendimento e o deferimento das prestações em dinheiro ou em serviços. De certa forma também a empresa, quando se obriga a receber em seu quadro de pessoal os portadores de limitações.
Destinatários da atenção	A norma assegura esses serviços basicamente aos segurados em caráter obrigatório, mas, na medida do possível, também para os seus dependentes. Nesse último caso, para que não se tornem pensionistas.
Natureza da prestação	Os serviços de recuperação representam as prestações que fazem parte do ônus da Previdência Social.
Atendimento fornecido	De acordo com o parágrafo único do art. 89 do PBPS, o INSS garantirá: "a) o fornecimento de aparelho de prótese, órtese e instrumentos de auxílio para locomoção quando a perda ou redução da capacidade funcional puder ser atenuada por seu uso e dos equipamentos necessários à habilitação e reabilitação social e profissional; b) a reparação e a substituição dos aparelhos mencionados no inciso anterior, desgastados pelo uso normal ou por ocorrência estranha à vontade do beneficiário; e

	c) o transporte do acidentado do trabalho, quando necessário".
Admissão obrigatória	As empresas são obrigadas a admitir pessoas portadoras de deficiência (PBPS, art. 93). Esse é um problema que pode ser local ou conforme a atividade da empresa.
Conceito de deficiência	O conceito de deficiência não está muito claro na realidade nem na legislação e isso gera dificuldades operacionais.
Auxílio para tratamento	A legislação prevê um serviço em dinheiro, como é caso das diárias desembolsadas, se presente um tratamento não propiciado no local.
Exame fora do domicílio	Quando o domicílio do segurado não fornece condições para a realização dos exames médicos, o INSS arca com as despesas de transporte para outro município.
Certificado oficial	"Concluído o processo de habilitação ou reabilitação social e profissional, a Previdência Social emitirá certificado individual, indicando as atividades que poderão ser exercitadas pelo beneficiário, nada impedindo que este exerça outra atividade para a qual se capacitar" (PBPS, art. 92). Finalizado esse processo de recuperação, é imprescindível certificá-lo e isso é feito mediante documento fornecido pelo Serviço de Reabilitação Profissional, com o qual o reabilitado identifica-se perante as empresas e a sociedade.

33.2. Suspensão de benefício

Conceito	Procedimento administrativo excepcional mediante o qual, devidamente fundado em fato concreto, o INSS deixa de pagar as mensalidades do benefício de pagamento continuado.
Fundamento doutrinário	Princípio de Direito Administrativo que autoriza o órgão gestor, sob motivação perfeitamente válida, a reexaminar os seus atos.
Revisão	O art. 69 do PCSS manda o INSS rever todo o tempo dos benefícios concedidos.

Cabimento material em caso de fraude	Tem sentido a suspensão ou o cancelamento quando o órgão concessor tiver técnica e juridicamente absoluta certeza da impugnação de um requisito da concessão; a simples suspeita de fraude não é suficiente.
Devido processo legal	As medidas administrativas observarão o postulado constitucional da ampla defesa e do contraditório, entre os quais um trâmite célere, impulsionamento isento, intimação correta e prazos razoáveis para o interessado.
Prazo para revisão de ofício	Exceto no que diz respeito à má-fé, o INSS tem 10 anos de prazo para rever ato de concessão (PBPS, art. 103-A).
Contagem do prazo	Antes da Lei n. 10.839/2004, não havia prazo; logo, os 10 anos se contam de 2004 para frente.
Comunicação	A intimação do interessado deverá ser perfeita, cuidadosa e esclarecedora dos fatos deflagradores da suspeita, explicando minuciosamente o que aconteceu.
Defesa prévia	No prazo de 15 dias, esse cientificado tem direito de protocolar Defesa Prévia, com a apresentação de argumentos jurídicos e provas materiais.
Apreciação da Auditoria	O órgão auditor apreciará as razões da Defesa Prévia, devendo rapidamente extrair conclusões e as comunicar ao interessado.
Recurso de Apelação	Da decisão da Auditoria Regional caberá inconformidade à Junta de Recursos, que acolherá ou não as razões do recorrente.
Decisão da JRPS	A Junta de Recursos comunicará sua decisão ao interessado, abrindo-lhe o prazo para Recurso de Apelação à CAJ do CRPS.
Distinção entre suspensão e cancelamento	Suspensão é o não pagamento de mensalidades de benefício em manutenção, as quais poderão ser restabelecidas. Cancelamento é ato que põe fim definitivamente à concessão do benefício e não mais poderá ser pago.
Devolução do indevido	Se, em algum momento legal, ficar provado que o segurado recebeu benefício indevido, terá de restituir as mensalidades auferidas (mas existem juízes que entendem não haver necessidade dessa devolução).
Natureza alimentar	Nos termos da disposição constitucional os benefícios previdenciários possuem natureza alimentar.

Mandado de Segurança	Da decisão do INSS de suspender ou cancelar o benefício, dentro de 120 dias cabe Mandado de Segurança (que deverá, no ensejo, suscitar o mérito).
Consequências	Se for emitida liminar, o benefício voltará a ser pago até que seja examinado o mérito.
Previdência complementar	Quem tem complementação dependente da previdência básica, o acessório seguirá o principal, e o Fundo de Pensão também suspenderá ou cancelará o benefício complementar.
Culpa *in vigilando*	Pode dar-se de a responsabilidade na concessão indevida ser atribuída ao próprio INSS, mas tal fato não obsta a suspensão do benefício.
Substituição do tempo	Quando da impugnação de períodos de contribuição, recomenda-se que o aposentado volte a contribuir para a hipótese de confirmação dessa impugnação e, assim, pode substituir esse último período pelo anterior e requerer novo benefício.
Crimes previdenciários	Se a Auditoria Regional vislumbrar a ocorrência de um delito previdenciário, ela comunicará o fato à Polícia Federal. Caracterizado o delito, o Ministério Público será cientificado.
Dano moral	Provada a culpa *in vigilando* e caracterizado o prejuízo pessoal, o interessado poderá ajuizar ação contra o INSS, exigindo reparações o material e moral.

34. RENDA MENSAL INICIAL

Conceito	Expressão (imprópria, mas consagrada) designativa do montante do benefício de pagamento continuado e, excetuados as revisões de cálculo e os reajustamentos provenientes da perda do poder aquisitivo da moeda, é a quantia a ser mensalmente paga ao titular do direito.
Momentos da concessão	Envolve várias datas relativas ao beneficiário: a) DAT; b) DER; c) DIB; d) DC; e) DIP; f) DCB; e g) DR.
DAT	Data do Afastamento do Trabalho; quando era exigida, fazia parte da DIB do benefício.
DER	Data de Entrada do Requerimento, dia do protocolo do pedido, provisório ou definitivo. Quando reclamado o desligamento, a DAT era o último dia de prestação de serviços (cessação do vínculo empregatício, para o empregado; definida particularmente para o empresário e autônomo; inexistente para o facultativo), podendo ser o derradeiro dia da última competência recolhida.
DIB	Data do Início do Benefício, a partir da qual são devidos os pagamentos, não importando quando ocorreu a concessão ou quando se efetivará a sua quitação.
DC	Data da Concessão, constante da notificação do órgão gestor (recebida, usualmente, dias após).
DIP	Data do Início do Pagamento, correspondente ao momento a partir do qual o valor mensal da renda fica à disposição do titular.

DCB	Data da Cessação do Benefício, o último dia de vigência da prestação.
DR	Data do Recebimento, quando o titular embolsa o *quantum*.
Renda mensal	Renda mensal é o numerário quantificado em moeda corrente nacional, em termos reais, em princípio inalterável, protegido pela lei, divisível apenas quando mais de uma pessoa participar (pensão por morte e auxílio-reclusão).
Fixação da renda mensal inicial	A RMI é estabelecida a partir de certos elementos matemáticos do cálculo, institutos jurídicos próprios do Direito Previdenciário, a saber: a) período básico de cálculo; b) salários de contribuição; c) correção monetária; d) exclusão dos 20% menores valores; e) salário de benefício; f) valor mínimo; g) valor máximo; h) coeficientes aplicáveis ao salário de benefício; e i) renda mensal inicial. Além do fator previdenciário para a aposentadoria por tempo de contribuição (Lei n. 9.876/1999).
Benefícios sem cálculo ou tarifados	Exigem benefícios sem cálculo e benefícios tarifados. O salário-maternidade é a remuneração da gestante sem o limite dos R$ 4.159,00. De certa forma, o abono anual não tem cálculo, embora se refira aos valores de pagamento mantidos durante o exercício. O salário-família é anualmente tabelado.
Aposentadoria por idade	A aposentadoria por idade prevista na Lei n. 10.666/2003 de quem perdeu a qualidade de segurado e não mais contribuiu depois de junho de 1994 é fixada num salário mínimo. Isso ocorre também quando o empregado, o avulso e o doméstico estiverem com dificuldades para provarem o valor dos seus salários de contribuição (PBPS, arts. 35/36).
Direito adquirido	Quando o beneficiário requer o benefício após o preenchimento dos requisitos legais (entendido como o momento desejado em tese pelo legislador) — sofrendo

	perdas de mensalidade por força dos princípios *dormientibus nun sucurrit jus* e do *tempus regit actum* —, o cálculo da renda inicial é feito com base na legislação vigente ao tempo do cumprimento dos requisitos legais. Observados parâmetros, critérios e limites em vigor na ocasião da DER (que não se confundirá com a DIB). Uma vez apurado esse montante hipotético, presente processo inflacionário, o *quantum* será reajustado como se fosse um benefício em manutenção, até chegar à DIB.
Salário de contribuição	Instituto previdenciário de custeio e de prestações. Por convenção científica, tido como a base de cálculo da contribuição e dos benefícios. As bases utilizadas na apuração do benefício, no geral, são exatamente as mesmas da determinação da contribuição. Nesse sentido, o direito ao benefício atrai o aporte. Ele determina as parcelas componentes do benefício e, destarte, da contribuição, e não o contrário. Tais salários de contribuição são limitados por natureza, mensalmente, pelo salário mínimo e pelo teto. Importâncias inferiores ou superiores a esse espectro não são consideradas.
Segurado sujeito ao mínimo	Quem não está sujeito ao mínimo, como o menor aprendiz, a base a ser tomada será a da contribuição, conforme o caso. Se em todo o período assim procedeu, fatalmente a média resultará abaixo do mínimo e, *in casu*, ascenderá para esse patamar, por exigência legal. Não atingindo a remuneração mínima, em determinado mês, o segurado contribuirá sob essa importância, considerada para efeito de benefício.
Segurado sujeito a desconto	O segurado sujeito a desconto oferecerá os valores devidos e, para os demais, os recolhidos (em dia, com mora, por meio de parcelamento e até com dedução no próprio benefício).
Gozo de benefício	Caso no período tenha estado em gozo de benefícios por incapacidade, o salário de contribuição é substituído pelo salário de benefício da prestação provisória então mantida.
Papel do salário de contribuição	São as 80% maiores cotizações devidas ou vertidas pelo trabalhador desde julho de 1994 até o mês anterior à DER.
CNIS	De regra, o INSS trabalha com os registros da DATAPREV constantes do CNIS (PBPS, art. 29-A). Se eles não

	coincidirem com os das empresas ou dos segurados, podem ser contestados, devendo ser informados aos segurados em 180 dias os números utilizados. Embora o art. 29-A, § 2º, fale em "a qualquer momento", possivelmente dentro de 120 meses, o segurado poderá agregar novas informações ao CNIS.
Justiça do Trabalho	É preciso tomar cuidado com a aplicação do art. 43 do PCSS para saber se a Justiça do Trabalho informou ao INSS os salários de contribuição objetos das reclamações trabalhistas executadas pelo magistrado. Sabidamente, tendo em vista que a prestação correspondente tem fonte de custeio própria, uma décima terceira contribuição, desse cálculo não faz parte o salário de contribuição do décimo terceiro salário.
Atualização monetária	A Constituição Federal assegura o direito de manutenção do poder aquisitivo da moeda para os valores da Previdência Social e, entre eles, o dos salários de contribuição. Em virtude da inflação, o nível original dos salários de contribuição (e, no caso do direito adquirido, até mesmo a renda mensal inicial) é monetariamente corrigido. Hodiernizados, eles restabelecem a essência real detida quando da geração da obrigação de recolher as contribuições e, assim, melhor induzem o padrão de vida do segurado. Correção monetária é operação econômico-financeira, simples atualização do valor, então tida como nominal para ascender à condição de real.
Percentuais aplicáveis	Cada segurado ou beneficiado possui coeficiente aplicável ao salário de benefício para se atingir a renda mensal inicial. São percentuais variando de um número básico, conhecendo mínimo e máximo. São os seguintes: Auxílio-doença – 91% Aposentadoria por invalidez – 100% Acréscimo do art. 45 do PBPS – 25% Auxílio-acidente – 50% Aposentadoria especial – 100% Aposentadoria por idade – 70% mais 1% por ano de contribuição Aposentadoria do professor – 100%

	Aposentadoria por tempo de contribuição – 70% mais 5% a cada ano que ultrapassar os 25 anos (mulheres) ou 30 anos (homens)
	Pensão por morte – 100% da aposentadoria mantida ou presumida
	Auxílio-reclusão – 100% da aposentadoria mantida ou presumida
	Abono anual – 1/12 do benefício recebido no exercício
Período básico de cálculo	Média dos salários de contribuição contidos em certo interregno precedente à DIB. Lapso de tempo uniforme, conforme se tratar de prestações imprevisíveis ou previsíveis, variando de julho de 1994 até o mês véspera do pedido. Prestigia-se a média dos últimos salários de contribuição, fixado o termo final conforme fato eleito (*v. g.*, afastamento do trabalho, mês inteiro anterior ao afastamento do trabalho etc.) e sem termo final. Geralmente o PBC antecede o pedido do benefício. Porém, às vezes, o segurado continua trabalhando e o requer tempos após o preenchimento dos requisitos legais, configurando o direito adquirido. Tem o direito ao benefício calculado com base no PBC da reunião das exigências, se de maior valor. No caso do auxílio-doença e da aposentadoria por invalidez, o último mês fracionado não é sopesado para o PBC, mas contado para completar carência.
Universalidade do PBC	O PBC, igual para todos os benefícios sujeitos aos cálculos, compreende as competências iniciadas em julho de 1994 (data da implantação do Plano Real) e que vão até a solicitação do benefício.
Termo inicial	Contando o período em meses e não em dias, o termo inicial é julho de 1994 ou outro, em cada caso. Se o segurado trabalhou o último mês inteiro, como tal será considerado; caso tenha prestado serviços apenas no último dia do mês, a importância correspondente será aproveitada.
Termo final	O termo final do período, se inexistente interrupção de atividade, será o mês anterior ao da solicitação do benefício. No caso de cessação, é preciso verificar qual o dia do mês em que isso aconteceu. Se o segurado trabalhou o mês inteiro, ele será o último; caso tenha prestado serviços por menos de 30 dias, esses dias não serão considerados e o mês anterior encerrará o período básico de cálculo.

Mínimos e máximos	Os salários de contribuição originais ou atualizados, o valor do salário de benefício e até mesmo a renda mensal inicial não podem ficar aquém do salário mínimo nem além do limite do salário de contribuição. O salário de benefício conhece piso mínimo: o salário mínimo. Assim, se o cálculo chegou à importância inferior ao salário mínimo, este será tomado como salário de benefício.
Teto constitucional	Nada obstante os salários de contribuição serem importâncias finitas por natureza e elas, em cada mês, *per se*, observarem limite determinante do alcance da previdência básica, o legislador ordinário costuma estabelecer piso superior para o salário de benefício. Em 1998, tomava como teto o próprio limite do salário de contribuição do mês do início do benefício (e, com isso, antes da EC n. 20/1998, em razão de a CF possuir conceito próprio de salário de benefício); subsistia nítida inconstitucionalidade que somente foi reconhecida pelo STF em 2011.
Salário de benefício	Dado matemático-financeiro situado espacialmente entre o salário de contribuição e a renda mensal inicial. Por meio dele, da base de cálculo da contribuição chega-se à base de cálculo do benefício. Desde 25.7.1991 até 28.11.1999, a média dos salários de contribuição monetariamente corrigidos contidos no PBC, observados valores mínimo e máximo. O PBC é a média dos 80% maiores salários de contribuição contidos no PBC, isto é, a somatória de todos os salários de contribuição atualizados monetariamente, divididos pelo número de meses.
Auxílio-acidente	O valor mensal do auxílio-acidente incorpora-se aos salários de contribuição, sempre respeitados os limites mensais.
Primeira mensalidade	À exceção da aposentadoria por tempo de contribuição, a renda mensal inicial é o resultado do produto do salário de benefício pelo coeficiente do segurado, aplicado à prestação sob o cálculo. Patamar submetido a dois extremos: mínimo e máximo. Não pode resultar inferior ao piso mínimo, normalmente o salário mínimo, nem superior a determinado valor fixado pela legislação, usualmente o mesmo teto da contribuição.

Valores mínimo e máximo	a) Valor mínimo O Direito Previdenciário não tem conceito próprio de importância mínima. Aliás, a legislação é precária quando conceitua ou define o objetivo da substitutividade da prestação: para a sobrevivência, real ou ideal. Sobreviver é viver com o mínimo e equivale à subsistência menor possível; abaixo disso a pessoa perece. Real, é a possível diante do sistema, realização da receita, decorrente da técnica considerada. Ideal, a capaz de propiciar existência digna para a pessoa humana, atendendo à discriminação de itens a serem satisfeitos, como habitação, alimentação, vestuário, algum transporte e lazer. b) Valor máximo De longa data, criando uma expectativa psicológica desnecessária e sem qualquer sentido científico, a legislação ordinária estabeleceu relação entre a base de cálculo da contribuição e o valor dos benefícios de pagamento continuado.
Fator previdenciário	Em 2009, cogitou-se da substituição do fator previdenciário pela Fórmula 95 como diferencial do direito à aposentadoria por tempo de contribuição. Ou seja, trocar uma técnica de cálculo por um critério de concessão. Se não conflitar com a extinção constitucional da aposentadoria proporcional (EC n. 20/1998), agirá bem o legislador se contemplar percentuais correspondentes ao tempo de serviço. Por exemplo: 100% com 95 anos; 98% com 94 anos; 96% com 93 anos, e assim por diante, até chegar 90%.
Renda inicial	A renda mensal inicial resulta da multiplicação do salário de benefício pelo percentual do benefício do segurado.
Limites da quantia inicial	A renda inicial, a exemplo do salário de benefício, é igualmente restrita em seus valores mínimos e máximos: salário mínimo e teto do salário de contribuição. Se o salário de benefício ultrapassa o teto da contribuição, há de ser considerado aquele, pois a CF de 1988 não propiciava limites para esse montante. Os R$ 1.200,00 só apareceram na EC n. 20/1998.

35. MÚLTIPLA ATIVIDADE

Significado	No custeio, duas ou mais inscrições, e na área de benefícios, soma dos salários de contribuição.
Fragilidade normativa	Esse é o instituto técnico mais mal disciplinado em todo o Direito Previdenciário, reclamando interpretação.
Razão de ser	Observância do limite da renda mensal inicial.
Classificação dos benefícios	Os benefícios devem ser separados: a) pelo tempo de serviço e b) pelos que dele não dependem.
Ciência das características	Certas características do segurado, como a qualidade de segurado, comunicam-se às demais atividades.
Período básico de cálculo	Períodos anteriores a julho de 1994; portanto, fora do PBC não são aproveitados para o cálculo da renda inicial.
Simultaneidade	Exercício simultâneo de duas ou mais atividades.
Sucessividade	Atividades exercidas sucessivamente.
Concomitância total	Dá-se na hipótese de períodos de filiação ou mais coincidirem por inteiro.
Principal e secundária	E assente que o tempo de serviço maior é o principal, mas já foi acolhida a mais antiga.
Tempo especial e tempo comum	A natureza do tempo especial exercitado ao mesmo tempo do tempo comum não afeta o direito à aposentadoria especial.
Regras de custeio	Nenhuma contribuição pessoal tomará por base valor superior ao limite do salário de contribuição.
Preferência do empregado	A base de cálculo da contribuição do empregado suplanta a dos contribuintes individuais.
Observância do limite	Empregado que recolhe com base no teto está dispensado de contribuir como contribuinte individual.

Duas ou mais vezes contribuinte	Quem é duas ou mais vezes contribuinte individual (empresário e autônomo), observado o teto, recolherá nas duas inscrições, com base nas remunerações.
Empregado e autônomo	Quando a remuneração como empregado não superar o teto, haverá espaço para a contribuição do contribuinte individual até esse teto.
Dois empregos	Exercitados dois ou mais empregos durante o PBC, a remuneração é somada para fins da renda inicial.
Trabalhador e servidor	Tais entendimentos não se comunicam à situação de um servidor filiado a um RPPS.
Fonte formal	Arts. 32 e 124 do PBPS.

36. RELAÇÃO JURÍDICA DE BENEFÍCIOS

Relação previdenciária	No bojo da relação jurídica de Previdência Social, entre outros vínculos, posta-se a relação jurídica de benefícios.
Regência da relação jurídica	Tal relação posta-se no campo do Direito Previdenciário e praticamente toda ela comparece à legislação.
Pessoas envolvidas	De um lado o INSS, uma autarquia federal de direito público, e, do outro lado, pessoas físicas, os beneficiários.
Espécies de beneficiários	São dois tipos de pessoas físicas: os segurados e os seus dependentes.
Dependência das relações	Exceto na figura da pensão por morte, extinta a relação jurídica de segurado, extingue-se também a do dependente.
Segurados protegidos	São os obrigatórios e os facultativos.
Extinção do vínculo	Cessada a filiação, desaparece o vínculo jurídico com a Previdência Social.
Formas de extinção	Por falecimento do segurado, perda da qualidade de segurado e cessação das contribuições como facultativo.
Capacidade previdenciária	Para ser segurada, a pessoa precisa deter a capacidade previdenciária, adquirida ao completar 16 anos de idade, nos termos da lei.
Não segurados	Existem pessoas que não são seguradas por nenhum regime de Previdência Social.
Natureza da relação	*Intuitu personae*, sempre em relação à pessoa física.
Tutela do menor	O menor é representado por tutor.
Curatela do incapaz	O incapaz é representado por curador.
Substituição do ausente	As pessoas ausentes são substituídas por pessoas para isso designadas.
Procuração	Os beneficiários podem se fazer representar junto do INSS mediante uma procuração.

37. NATUREZA ALIMENTAR DAS PRESTAÇÕES

Ditame constitucional	"Os débitos de natureza alimentícia compreendem aqueles decorrentes de salários, vencimentos, proventos, pensões e suas complementações, benefícios previdenciários, indenização por morte ou invalidez, fundada na responsabilidade civil, em virtude de sentença transitada em julgado" (art. 100, § 1º-A).
Dificuldades operacionais	Tem sido usual atribuir-se a expressão "natureza alimentar" a determinados valores, normalmente referindo-se às quantias securitárias, às prestações previdenciárias e também ao benefício de pagamento continuado da LOAS (art. 34 da Lei n. 10.741/2003).
Prestações securitárias	Deve ser levado em conta que o benefício médio do RGPS em 2012 foi de cerca de R$ 750,00, postado abaixo do que é necessário para as despesas mínimas de uma pessoa. Como elas variam de R$ 678,00 até R$ 4.159,00 no RGPS e até R$ 28.059,29 nos RPPS, não se pode afirmar que todas as mensalidades possuiriam esse caráter.
Componentes do montante	Doutrinariamente afirma-se que tal pagamento destinar-se-ia, em princípio, à nutrição propriamente dita, aos vestuários, à moradia e ao transporte para o local de trabalho. Podendo-se, perfeitamente, incluir os gastos com a educação e a saúde. Fora desse universo circunscrito subsistiriam outros montantes indispensáveis a uma existência digna, mas sem o dito caráter alimentar. De início, seriam excluídas as despesas com lazer, viagens de recreio e supérfluos de modo geral. Uma vez fixado, um pagamento deteria o caráter da alimentaridade até determinado nível e não o possuiria acima dele.
Natureza alimentar	Abstraindo, por ora, a disposição constitucional, tem-se praticamente assente que todas as quitações responsáveis pela subsistência ou sobrevivência da

	pessoa humana são alimentares, mas igual concordância não haveria necessariamente em relação à manutenção da família.
Pensão alimentícia	Primacialmente, embora possa ter sido concebida ajuizando-se com a nutrição da mulher e dos filhos e de outras despesas mínimas condizentes com a respeitabilidade humana, a pensão alimentícia civil do segurado não se destina exclusivamente à sobrevivência ou à subsistência. Num cenário particular, ela observa outros elementos pertinentes ao alimentante e ao alimentado, cogitando-se principalmente de sua educação e saúde (Código Civil).
Situação do percipiente	O *quantum* enfocado é personalíssimo; tem a ver com a condição pessoal econômica ou financeira do titular. Determinada quantia assumiria uma nuança distinta e outra não a possuiria (aquela, por exemplo, de quem tenha rendas próprias). Uma concepção jurídica dessa natureza não pode olvidar os enfoques pessoal e familiar. Uma família, em média constituída de pai e mãe e dois ou três filhos, de modo geral, carece de menos do que cinco recursos individuais com essa mesma natureza para a subsistência. Existem gastos que são pessoais (chuveiro) e gerais (TV ligada). Carece considerar a situação do percipiente do valor sopesado, se ele desfruta ou não de outras condições econômicas ou financeiras que lhe permitam obter os meios de manutenção. O detentor de dois ou mais benefícios tem de ser avaliado em particular.
Pagamentos vultosos	A percepção de atrasados cuja soma reflita os valores mensais alimentares pode não ser alimentar em cada caso. O solicitante de um benefício, que conseguiu sobreviver até o seu deferimento, teoricamente obteve os meios de subsistência mediante empréstimos com terceiros e necessita pagá-los. O correto é que haja alteração na natureza do montante, se os seus níveis pecuniários forem altíssimos.
Fixação de um padrão	Sem embargo de não ser necessariamente apropriado, inicialmente pode se pensar num padrão válido para os grupos de pessoas que compõem os diferentes segmentos sociais. De modo geral, o consumido em alimentos propriamente ditos varia menos que o desembolsado em relação aos demais itens obrigatórios

	da definição. Importa distinguir a natureza dos pagamentos, particularmente quando refletirem a reparação do dano moral, indenizações não incluídas na Carta Magna, atrasados, restituição do indevido.
Regulação	É imperiosa a regulamentação desse instituto técnico, ainda que ele encontre abrigo sustentado na doutrina, pois a ausência de uniformização conduz a pequenos exageros. A lei fixaria parâmetros básicos, percentuais mínimos e critérios legais que orientem os profissionais.
Pagamentos indevidos	Uma vez quitados mensalmente, os valores indevidos não deveriam ser restituídos, exceto se decorrentes de má-fé (Súmula AGU n. 34). A culpa *in vigilando* do pagador deve ser considerada na análise.
Indisponibilidade dos bens	Em termos de previdência complementar, diz o art. 59, § 3º, da LC n. 109/2001: "Não se incluem nas disposições deste artigo os bens considerados inalienáveis ou impenhoráveis pela legislação em vigor".
Instituições financeiras	A Lei n. 6.024/1974 define a indisponibilidade dos bens de certos administradores, mas: "Não se incluem nas disposições desse artigo os bens considerados inalienáveis ou impenhoráveis pela legislação em vigor" (§ 3º do art. 36).
Valores indenizatórios	Excetuadas as previstas na Carta Magna, as indenizações repõem direitos mensurados financeiramente, mas usualmente sua ausência não teria conotação com a alimentaridade do titular.
Honorários advocatícios	Depois de marchas e contramarchas, afinal, a 3ª Turma do STJ entendeu que os honorários advocatícios têm natureza alimentar e não podem ser objetos de indisponibilidade quando se tratar de administradores de instituições financeiras; seriam bens impenhoráveis (Lei n. 6.024/1974), equiparados aos salários (RESP n. 724.158/PR, quando relatora a min. *Nancy Andrighi,* in DJ 16.10.2006, p. 365).
Súmula STF n. 655	Ela diz: "À exceção prevista no art. 100, *caput,* da Constituição, em favor dos créditos de natureza alimentícia, não dispensa a expedição de precatório, limitando-se a isentá-los de observância da ordem cronológica dos precatórios decorrentes de condenação de outra natureza".

Súmula STJ n. 144	Por outro lado, o STJ dita: "Os créditos de natureza alimentícia gozam de preferência, desvinculados os precatórios da ordem cronológica dos critérios de natureza diversa".
Distinção constitucional	Várias disposições tratam dos precatórios. O art. 33 do ADCT inicia-se falando em "Ressalvados os créditos de natureza alimentar, o valor dos precatórios judiciais...".
Contribuição assistenciária	Para o juiz relator *Paulo Augusto Câmara*, a contribuição assistenciária não tem caráter alimentar (acórdão no Proc. n. 2008.0547731, da 4ª Turma do TRF da 2ª Região, em decisão de 14.10.2008).
Juros de mora	O pagamento dos juros de mora, quando de revisão da pensão por morte, apresentam caráter alimentar (Recurso Especial n. 270.518/RS — Proc. n. 2000.00.77955-5, decisão de 8.10.2008 do min. *Jorge Scartezzini*, da 4ª Turma do STJ).

38. POSSIBILIDADE DE DESAPOSENTAÇÃO

Conceito mínimo	Renúncia às mensalidades de um benefício legitimamente concedido e mantido em um regime e cessação de sua percepção para que o tempo de serviço e as contribuições possam ser utilizados no regime concessor do segundo benefício ou noutro regime.
Mecanismo formal	Desconstituição da concessão do benefício do segurado que continuou contribuindo (ou não), visando a um novo benefício no próprio regime ou em outro.
Distinção entre renúncia e desaposentação	Renúncia é a simples abdicação de uma prestação. Desaposentação é essa mesma renúncia seguida de uma nova aposentação.
Avaliação doutrinária da renúncia	*Gisele Lemos Kravchychyn* define a renúncia "como o ato de caráter do possuidor do direito, eminentemente voluntário e unilateral, através do qual alguém abandona ou abre mão de um direito já incorporado ao seu patrimônio" ("Desaposentação", disponível na *internet*).
Pressupostos lógicos e jurídicos	A decantação do ato da desaposentação reclama a presença de vários pressupostos práticos, lógicos e jurídicos verificados em cada caso.
Abrangência	RGPS, cada um dos RPPS, regime dos militares e dos parlamentares.
Benefício em manutenção	Não se pode renunciar ao não existente. O ato indica a presença de um direito previdenciário eficaz, protegido pelo ato jurídico perfeito ou coisa julgada, um deferimento aperfeiçoado de certa prestação.
Iniciativa pessoal do titular	Direito personalíssimo (como desfrutar do benefício), o procedimento administrativo será deflagrado tão somente pela demonstração inequívoca da volição do titular dessa faculdade, por sua expressa vontade, sendo preferível que pessoalmente a manifeste e por escrito.
Desistência formal	A desaposentação tem em seu bojo a abdicação de direito disponível (que são as mensalidades mantidas).

Reposição do equilíbrio	Olvidando-se do regime financeiro de repartição simples, que permeia o RGPS e muitos RPPS, de regra, para que a desaposentação seja sustentável do ponto de vista técnico do seguro social e atenda aos seus objetivos, imprescindível o restabelecimento do *status quo ante*. É de interesse público que não haja prejuízo aos regimes envolvidos.
Motivação específica	O escopo da desaposentação é amplo: 1) *a priori*, socialmente deixar de ser aposentado, sem importar o que significa pessoalmente; 2) volta a trabalhar, contribuir novamente e se aposentar num mesmo regime; 3) renunciar, obter a CTC e se jubilar logo ou depois em outro regime. Em suma, em todos esses casos, melhorar de situação.
Moralidade da intenção	Moralmente, não se admite que um aposentado queira se prejudicar e receber menos, exceto, num raríssimo caso, se isso lhe trouxer felicidade. Contraria o interesse público da norma previdenciária alguém masoquista pensar em se diminuir. Pelo menos em termos jurídicos, porque nada impede que ele, depois de recebidas, doe as mensalidades já auferidas.
Prejuízo a terceiros	Também é rejeitada a ideia de causar dano a terceiros (deixar de pagar pensão alimentícia aos alimentandos) ou às instituições.
Objetivo de melhorar	A par da necessidade de haver a motivação que existe e compreende o ócio não remunerado, vale dizer, sem pensar noutra aposentadoria, mas na própria realização pessoal, a renúncia pode ser *stricto sensu* ou *lato sensu*. Na primeira ideia assim ajuízam alguns julgados. Para que seja acolhido o instituto técnico, somente poderia acontecer para aumentar a renda mensal.
Cessação dos pagamentos	À evidência, para que a desaposentação produza os seus efeitos práticos e jurídicos, entre os diversos passos do andamento administrativo do pedido impõe-se um ato final, o encerramento do benefício em manutenção a partir de certa data-base.
Interesse público	Se o interesse público entende que, no final de certo tempo, é bom para o segurado e para a sociedade que ele se afaste do trabalho ou que obtenha uma parte de sua subsistência mediante um benefício previdenciário,

	é preciso considerar os elementos intrínsecos dessa renúncia. Constituindo-se uma garantia do indivíduo, não pode haver renúncia forçada; a compulsoriedade estranha a sua volição. Nem presumida. Exceto quando determinada expressamente pela lei (o que aconteceu com a substituição da indenização trabalhista pelo FGTS).
Distinções necessárias	A desaposentação não se confunde com cessação, suspensão, cancelamento ou transformação de benefício. Na cessação extingue-se naturalmente o direito (morte do titular ou alta médica). Suspensão significa que foi praticado um fato que põe fim à continuidade das mensalidades (volta ao trabalho na aposentadoria por invalidez). O cancelamento é declaração de que o direito nunca existiu (por má-fé, fraude ou conluio). Na transformação, uma prestação é substituída por outra (cessação do auxílio-reclusão e concessão da pensão por morte do presidiário). Não é revisão de cálculo nem incorporação de novas contribuições.
Revisão das mensalidades	Rever os percentuais do tempo de serviço ou montantes mensais do salário de contribuição do aposentado que continuou vertendo colizações ou voltou ao trabalho, em face do impedimento legal, à luz do disposto no art. 18, § 2º, do PBPS, não tem sido acolhido pela Justiça Federal. Essa providência foi uma tentativa doutrinária de resistir à não destinação específica das contribuições dos aposentados (que ignora o regime financeiro do RGPS) e à não devolução dos valores, como sucedido com o extinto pecúlio.
Regulamentação	O legislador deveria regulamentar a matéria, permitindo a revisão pretendida ou restaurando aquele benefício de pagamento único que terminou em 15.4.1994 com a Lei n. 8.870/1994 para que a atual política do MPS não se constitua numa postura tão antipática aos contribuintes.
Atualização dos valores	A tentativa de pretender que o INSS a cada ano promova uma revisão de cálculo da mensalidade mantida do benefício, por falta de amparo legal, também não tem prosperado judicialmente. Não haveria direito nem direito adquirido a essa pretensão. Sem embargo de o sistema estar incentivando uma prática contrária à filosofia do Direito Previdenciário (o aposentado não deveria poder voltar ao trabalho), as contribuições vertidas após a

	aposentação poderiam matematicamente prestar para a revisão da renda mensal inicial, pois tal prática não representa qualquer ofensa ao princípio do equilíbrio atuarial e financeiro do sistema.
Posição dos entes gestores	Diante da prática do ato jurídico perfeito, os gestores entendem ser impossível desconstituir um ato de concessão do benefício. De certo modo, escudam-se na ideia de que o titular é portador de direito irrenunciável. Eles confundem o direito ao tempo de contribuição, esse sim irrenunciável, com o direito à manutenção do benefício, perfeitamente disponível. Se não houver prejuízo para ninguém, pessoa física ou jurídica (aqui compreendido o regime previdenciário), não há por que resistir-se a essa concepção. Respeitado o equilíbrio atuarial do plano de benefícios, o interesse público envolvido (ressaltados os seus aspectos morais), em ação legítima, leal e regular, tudo é permitido.
Direito adquirido ao tempo de serviço	Quem se filiou, facultativa ou obrigatoriamente, a um regime próprio, como são exemplos o RGPS e o RPPS, e atendeu aos preceitos legais, e principalmente demonstrou que efetuou as contribuições mensais correspondentes, tem assegurado o direito patrimonial ao tempo de serviço ou de contribuição para os diversos fins da Previdência Social. Poderá consumi-lo no regime original ou portá-lo para outro, por intermédio da contagem recíproca de tempo de serviço. Institucionalmente, por ser indisponível (ainda que o titular assim deseje), esse tempo de contribuição ou de serviço é irrenunciável.
Direito adquirido	Não tendo sido utilizado na ocasião esperada pela natureza do benefício ou computado para defini-lo numa concessão, tal direito passa a ser adjetivado como um direito adquirido, um bem jurídico previdenciário incorporado ao seu patrimônio que ninguém, nem sua vontade ou a força da lei, pode afetá-lo.
Renúncia a mensalidades	Julgando melhorar de *status*, a qualquer pessoa é dado abster-se da condição de aposentado, visando ao estado de ocioso ou ativo. Para isso, terá de formalmente externar sua vontade livre de deixar de ser um percipiente de benefício. Esse ato unilateral precisa ser justificado ao INSS, ainda que a justificativa pertença a sua esfera íntima.

Irresignação diante da desaposentação	Inicialmente, a dúvida instalada nos órgãos previdenciários, na doutrina e na jurisprudência disse respeito ao desfazimento do direito adquirido à aposentação. Em si mesmo essa postura devia-se à surpresa diante do fato novo. Ora, essa garantia constitucional é um direito fundamental do indivíduo em face das instituições. Diante da pretensão de obter um estado superior — cuja pretensão a uma melhor proteção é apenas um resíduo —, o aposentado tem direito de renunciar à proteção assegurada por esse princípio protetivo. Se ele entende que estará em melhores condições, será mais feliz, o direito ou o direito adquirido se tornam disponíveis em seu favor.
Restituição do devido	As principais razões apresentadas para que não haja restituição do devidamente recebido durante a manutenção do benéfico renunciado são filosóficas (idealistas), ilíquidas e sem apoio no princípio do equilíbrio atuarial e financeiro. Pelo menos quatro delas estão sendo praticadas: a) nenhuma devolução (posição recente do STJ); b) devolução integral; c) devolução parcial; e d) valor não sentenciado. Tratando-se de benefícios programados, não se pode escorar a pretensão apenas na existência de um regime de repartição simples, mutualismo ou da solidariedade securitária.
Modalidades de restituição	A jurisprudência admite cinco hipóteses: a) nenhuma devolução; b) restituição total; c) restituição de 30%; d) restituição de 20% e e) devolução de 5 anos.
Retirada da reserva técnica	A retirada da reserva técnica individual de um regime com o fornecimento da CTC, a ser utilizada noutro regime, significa resgate de capital acumulado que, em tese, socialmente desequilibrará o plano de benefícios.
Desistência da desaposentação	Durante o processo de instrução da renúncia e nova aposentação, não só permanece o direito à percepção das mensalidades em manutenção como a possibilidade de desistência da renúncia. O segurado que, por qualquer motivo (um deles pode ser o alto custo da restituição), não mais desejar a desaposentação, tem direito de refazer o ato concessório ou o de manutenção.
Direito sumular	O TRF do Rio Grande do Sul acolhe a desaposentação, mas o do Rio de Janeiro limita sua amplitude.

Componentes	Renúncia da percepção das mensalidades da prestação em dinheiro com o aproveitamento do tempo de serviço em outra prestação e nova aposentação.
No mesmo regime	Abdicação à aposentação e nova aposentação no mesmo Regime de Previdência Social (RGPS ou RPPS).
Proporcional e integral	Cessação da aposentadoria proporcional por tempo de contribuição e deferimento do benefício integral.
Em dois regimes	Desaposentação num regime, público ou privado, para nova aposentação em outro regime, privado ou público.
Data-base	Momento da cessação do primeiro benefício, de quando se contam efeitos jurídicos e que pode ser a véspera do novo benefício.
Motivação pessoal	Razão de ordem moral que leva o segurado a promover a desaposentação.
Benefícios alcançados	Todas as prestações tidas como disponíveis.
Distinção da revisão	A desaposentação pouco tem a ver com a revisão de cálculo do benefício em manutenção.
Distinção da transformação	Ela também não se confunde com a transformação.
Novo benefício	O novo benefício observa as regras vigentes quando da sua DER.
Estado jurídico	Deferida a desaposentação, enquanto não sobrevier a nova aposentação, a pessoa não é mais aposentada.
Pressupostos da renúncia	Manifestação pessoal do titular; haver um benefício regular, legal e legitimamente deferido e mantido; se for o caso, restituição das mensalidades pagas.
Entendimento administrativo	O INSS não acolhe a desaposentação e a contesta judicialmente, alegando ofensa ao ato jurídico perfeito.
Entendimento jurisprudencial	Com exceção do Juizado Especial do Rio de Janeiro, praticamente todos os tribunais regionais admitem a desaposentação, com decisões favoráveis do STJ.
Posição doutrinária	Com exceção de dois ou três estudiosos contrários, a maioria dos jusprevidenciaristas acolhe essa hipótese.
Juízes temporários	Os juízes temporários da Justiça do Trabalho tinham permissão para se desaposentar e se aposentar como magistrados (Lei n. 6.903/1981).

Disciplina legal	Em 2009, um projeto de lei foi inteiramente vetado pelo sr. presidente da República.
Restituição	Tema controverso na doutrina e na jurisprudência; para alguns, não deve haver qualquer restituição e, para outros, ela deve acontecer. A nosso ver, ouvido o matemático.
Despensão	Neologismo criado por *Marcos Orione Gonçalves Correia* para designar a revisão da aposentadoria anterior à concessão da pensão por morte, promovida pelos dependentes.
STF	Em 12/11, o STF admitiu a repercussão geral do tema, conforme voto do min. *Ayres Britto*, e deveria decidir a validade, podendo afetar 481.120 aposentados.
Fonte formal	Não existe positivação da desaposentação na norma legal, apenas vedação no RPS.

39. TRANSFORMAÇÃO DE BENEFÍCIOS

Significado	Cessação de um benefício e, ato contínuo, concessão de outro.
Auxílio-doença em aposentadoria por invalidez	Não há prazo legal para a duração do auxílio-doença. Se a perícia médica do INSS descobre que o segurado preenche os requisitos da aposentadoria por invalidez, espontaneamente a autarquia concede esse último benefício. O percentual do salário de benefício será de 100%.
Aposentadoria por invalidez em aposentadoria por tempo de contribuição	Se o aposentado por invalidez, recebendo 100%, possui mais de 30 anos de serviço e atende aos requisitos da aposentadoria por tempo de contribuição integral, pode requerê-la e voltar ao trabalho. No caso da proporcional, haverá diminuição na renda mensal.
Aposentadoria por tempo de contribuição em aposentadoria especial	No caso da aposentadoria proporcional, demonstrando o segurado que preenchia os requisitos da aposentadoria especial, se promover a transformação, passará a receber 100%, mas deve saber que não poderá voltar ao trabalho insalubre.
Aposentadoria por invalidez em aposentadoria por idade	Possuindo 30 anos de contribuição (que é para manter os 100%) e preenchendo os demais requisitos legais, o segurado poderá requerer a aposentadoria por idade e, se for o caso, depois da transformação voltar ao trabalho.
Aposentadoria especial em aposentadoria por idade	A lei não veda a transformação da aposentadoria especial em por idade, se o segurado preencher os requisitos legais, convindo lembrar que a renda mensal poderá diminuir, mas permitirá a volta ao trabalho, devendo-se pensar no fator previdenciário.
Benefício de segurado em pensão por morte	Não se trata de transformação; falecendo o segurado, cessará o seu benefício. Requerida, será concedida a pensão por morte. São dois benefícios distintos.

Auxílio-reclusão em pensão por morte	Também não é transformação; falecendo o preso, a viúva ou a companheira requererá a pensão por morte.
Auxílio-doença em salário--maternidade	Durante o período do benefício, a segurada que recebia auxílio-doença fará jus ao salário-maternidade, de maior valor.
Salário--maternidade em auxílio-doença	Passado o período da licença à maternidade, cessará o salário-maternidade, e se a mulher continuar incapaz para o trabalho, será restabelecido o auxílio-doença.
Abono de permanência em serviço em aposentadoria	Por solicitação do segurado, cessará o abono de permanência e será concedida a aposentadoria por tempo de contribuição, calculada segundo as regras vigentes quando dessa solicitação.
Conversão de auxílio-doença	Provada a doença ocupacional, transformação do NB 31 em NB 91 (de auxílio-doença comum em auxílio-doença acidentário).
Documentos necessários	À exceção das transformações automáticas, as demais têm de ser requeridas.

40. ACUMULAÇÃO DE PRESTAÇÕES

Conceito	Auferir simultaneamente dois (ou mais) benefícios do mesmo regime de Previdência Social ou da assistência social e até acumulá-los com o salário.
Benefícios substituidores	Aqueles que ficam no lugar da remuneração do trabalhador (exemplo: aposentadoria por idade).
Não substituidores	São os de pagamento único ou não responsáveis pela manutenção do segurado (exemplo: pecúlio, abono anual etc.).
Auxílio-doença e salário--maternidade	Ambos são benefícios substituidores, não podem ser acumulados e devem ser pagos sequencialmente. Cessa o auxílio-doença, começa o salário-maternidade e, depois, reabre-se o auxílio-doença.
Norma mais benéfica	Presente o direito a dois benefícios, o segurado poderá optar pelo melhor.
Duas aposentadorias	Atualmente é impossível (embora no passado tenha havido dupla aposentadoria para certas categorias).
Abono e aposentadoria	São benefícios inacumuláveis; concedida a aposentadoria por tempo de serviço, cessa o abono de permanência em serviço.
Auxílio-acidente e salário	São legalmente acumuláveis. Nada impede que o percipiente desse benefício acidentário volte ao trabalho.
Dois auxílios--acidente	Não podem ser mantidos esses dois benefícios. Diante de um segundo acidente, é preciso considerar a aposentadoria por invalidez ou opção pelo benefício de maior valor.
Auxílio-acidente e aposentadoria	Não podem ser acumulados, exceto se ambos forem concedidos até 10.11.1997, mas esse entendimento é discutido na Justiça Federal.
Duas pensões	Impossível em relação ao mesmo segurado, mas não em relação aos filhos.

Auxílio-doença e aposentadoria	Não é possível a acumulação. São dois benefícios com a mesma função de substituir a remuneração.
Seguro--desemprego com benefício	Exceto pensão por morte ou auxílio-acidente, não se pode receber o seguro-desemprego e benefício previdenciário.
Síndrome da Talidomida e benefício	É permitida a acumulação dessa prestação nitidamente assistenciária com os benefícios previdenciários.
LOAS e benefício previdenciário	Não podem ser acumulados com os benefícios previdenciários, mas os casos são variados e devem ser examinados em particular.
Auxílio-reclusão e benefícios de segurado	Não podem ser acumulados com os benefícios previdenciários, mas os casos são variados e devem ser examinados em particular.
Normas de superdireito	O ordenamento jurídico securitário nacional reclama normas de superdireito que abriguem os diferentes regimes previdenciários e até mesmo os direitos trabalhistas.
Fontes formais	Arts. 124 do PBPS e 167 do RPS.

41. SALÁRIO DE CONTRIBUIÇÃO

Conceito	Medida do fato gerador ou base de cálculo da contribuição das empresas (sem limite de valor) e dos segurados até o teto mensal de R$ 3.916,20.
Definição	Remuneração mensal devida (haver direito ao valor), creditada (registrada na contabilidade) ou paga (desembolsada pelo devedor da obrigação) ao trabalhador que prestou serviços.
Facultativo	Valor de escolha do segurado entre o mínimo e o máximo.
Limites	O mínimo é o salário mínimo (R$ 622,00) e o máximo, o limite do salário de contribuição (R$ 3.916,20). Existem exceções para a contribuição mínima (caso da retenção dos 11% do contribuinte individual que recebeu menos que o salário mínimo, do menor aprendiz ou da meia jornada de trabalho).
Parcelas envolvidas	São quatro grupos: a) remuneratórias; b) indenizatórias (trabalhistas e civis); c) ressarcitórias; e d) direitos autorais.
Parcelas remuneratórias	Salários + conquistas sociais. Isto é, valores derivados dos serviços prestados decorrentes do contrato de trabalho, definidos no art. 28 do PCSS ou na jurisprudência.
Parcelas indenizatórias	*Quantum* correspondente à indenização devida pela empresa ao trabalhador por prejuízo a ele causado (ex.: aviso-prévio indenizado) e sem integrar o salário de contribuição.
Parcelas ressarcitórias	Importância que repõe despesas havidas pelo trabalhador a serviço da empresa (ex.: diárias para viagem até 50% dos salários) e que não integra o salário de contribuição.
Direitos autorais	Pagamento pela reprodução de obras artísticas (discos, livros, quadros etc.).
Valores integrantes	Mencionados genericamente no art. 28, § 8º, da Lei n. 8.212/1991. Diárias para viagem e uma infinidade de outros valores.

Valores não integrantes	Mencionados no art. 28, § 9º, do PCSS. Uma enormidade de tipos de importâncias.
Clientela alcançada	Base de cálculo da contribuição do servidor sem regime próprio, do empregado, temporário e avulso.
Contribuição do doméstico	Remuneração anotada na CTPS pelo empregador doméstico, que deve registrar o que ele realmente ganha.
Contribuição do facultativo	Valor declarado, isto é, importância mensalmente por ele escolhida.
Contribuição do eclesiástico	Praticamente, o montante por ele declarado, variando do salário mínimo ao limite de salário de contribuição.
Contribuição do segurado especial	Valor comercial da produção rural comercializada. Excepcionalmente, o segurado também pode contribuir como facultativo.
Contribuição do contribuinte individual	Remuneração recebida de pessoa jurídica (11%) e, no caso do autônomo, de pessoa física, seus clientes (20%).
Regime Especial de Inclusão dos Informais (REII)	O autônomo ou o facultativo podem pagar 11% do salário mínimo, pensando na aposentadoria por idade e outros benefícios (LC n. 123/2006).
Patronal	Sem limite, 20% da mesma base de cálculo do trabalhador + SAT e adicional do SAT, e terceiros.
EBAS	As Entidades Beneficentes de Assistência Social gozam da isenção da parte patronal das contribuições.
PROUNI	As entidades educacionais de ensino superior, não beneficentes, que cumprem todas as regras da Lei n. 11.096/2005, em matéria de concessão de bolsas de estudos, durante cinco anos, poderão recolher a parte patronal com 20%, 40%, 60%, 80% e 100% do *quantum* devido, que, sem limite de valor, por coincidência, é 20% de folha de pagamento (PCSS, art. 22, I/III).
Consórcio de produtores rurais	Reunião de produtores rurais, fiscalmente considerada um empregador rural, como se fosse pessoa física.
Empregador doméstico	Pessoa física obrigada a recolher 12% da remuneração do doméstico.
Proprietário de casa própria	Dever solidário do dono do imóvel construído por terceiros (profissionais da construção civil).
Mutirão	Dispensa de contribuição diante da ausência de mão de obra, especialmente na construção da casa própria.

Cooperativa	Tipo específico de empreendimento que não visa ao lucro, mas retém contribuições previdenciárias dos seus cooperados.
Igreja	Pessoa jurídica de direito privado obrigada a reter e a recolher contribuições quando contrata pessoas físicas ou jurídicas.
Órgãos de representações estrangeiras	Pessoas jurídicas de direito público externo, representantes diplomáticos e políticos de outros países e que assumem as obrigações das empresas em relação aos prestadores de serviços.
Clubes de futebol	Dispensados da parte patronal incidente sobre a folha de pagamento, recolhem 5% da receita bruta dos espetáculos.
Valores integrantes	Conjunto que compreende uma infinidade de rubricas, geralmente com caráter remuneratório.
Valores não integrantes	Um número elevado de valores normalmente indenizatórios ou referidos expressamente na lei.
Fontes formais	Arts. 20/29 do PCSS e 198/218 do RPS.

41.1. Parcelas integrantes

Abono incorporado ao salário.
Abono pecuniário de férias de 8.1997 até 21.5.1998.
Adicionais por tempo de serviço (PCSS, art. 28, I).
Adicionais trabalhistas em virtude da atividade (PCSS, art. 28, I).
Adicional de assiduidade.
Adicional constitucional de férias (art. 71, § 8º, da IN SRP n. 3/2005).
Auxílio-doença (primeiros 15 dias).
Aviso-prévio trabalhado (PCSS, art. 28, I).
Bicho como prêmio a jogador de futebol (PCSS, art. 28, I).
Bolsa de estudos, a partir de 11.1991.
Bolsa de estudos do médico-residente (IN SRP n. 3/2005, art. 71, § 2º).
Cesta básica fora do PAT.
Comissão de vendedores (PCSS, art. 28, I).
Comissões pendentes (PCSS, art. 28, I).
Condomínio isentado do síndico (art. 71, § 3º, da IN SRP n. 3/2005).

Conquistas sociais.
Décimo terceiro salário (PCSS, art. 28, § 7º).
Décimo terceiro salário do aviso-prévio até 10.1991.
Diárias para viagem superiores a 50% da remuneração (PCSS, art. 28, § 8º, *a* e art. 71, § 9º, da IN SRP n. 3/2005).
Distribuição de lucros ou resultados em desacordo com a Carta Magna.
Etapa.
Férias anuais (PCSS, art. 28, I).
Férias anuais em dobro gozadas (PCSS, art. 28, I).
Ganhos habituais (art. 201, § 11, da CF).
Gorjeta (art. 457 da CLT).
Gratificação por assiduidade.
Gratificação por produtividade (PCSS, art. 28, § 8º, *c*).
Gratificação por tempo de serviço.
Gratificação sindical.
Gratificações ajustadas (PCSS, art. 28, § 8º, *c*).
Gratificações habituais.
Guelta (em relação ao pagador).
Habitação da agroindústria até 29.8.1996.
Habitação fornecida ao empregado (art. 71, § 4º, da IN SRP n. 3/2005).
Honorários de assistente técnico, perito e advogado (art. 71, § 13, I/III, da IN SRP n. 3/2005).
Horas extraordinárias (PCSS, art. 28, I).
Horas extras (PCSS, art. 28, I).
Jetom.
Licença à paternidade (art. 7º, XIX, da CF).
Licenças remuneradas gozadas (PCSS, art. 28, I).
Luva.
Passe.
Percentagem (PCSS, art. 28, I).
Prêmio por produtividade.
Quebra de caixa (PCSS, art. 28, I).
Reembolso de creche sem comprovação.

Remuneração de dirigentes sindicais.
Remuneração mensal devida, creditada ou paga (PCSS, art. 28, I).
Repouso semanal remunerado (PCSS, art. 28, I).
Salário (PCSS, art. 28, I).
Salário-família superior ao legal.
Salário *in natura* (PCSS, art. 28, I).
Salário-maternidade (PCSS, art. 28, § 2º).
Salário mínimo.
Salário misto (PCSS, art. 28, I).
Salário normativo.
Salários atrasados (PCSS, art. 28, I).
Saldo de salários (PCSS, art. 28, I).
Sucumbência do advogado (art. 71, § 15, da IN SRP n. 3/2005).

41.2. Parcelas não integrantes

Abono de férias dos arts. 143/144 da CLT (PCSS, art. 28, § 9º, *e.6*).
Abono do PIS ou do PASEP (PCSS, art. 28, § 9º, *l*).
Abono expressamente desvinculado do salário (PCSS, art. 28, § 9º, *e.7*).
Adicional constitucional das férias indenizadas (PCSS, art. 28, § 9º, *d*).
Ajuda de custo do art. 70 da CLT (RPS, art. 214, VII).
Ajuda de custo e adicional mensal do aeronauta (PCSS, art. 28, § 9º, *b*).
Ajuda de custo por transferência de sede (PCSS, art. 28, § 9º, *h*).
Alimentação fornecida nos termos da Lei n. 6.321/1976 (PCSS, art. 28, § 9º, *c*).
Assistência à saúde médica ou odontológica (PCSS, art. 28, § 9º, *q*).
Assistência ao trabalhador da agroindústria canavieira (PCSS, art. 28, § 9º, *o*).
Auxílio-acidente.
Auxílio-funeral pago pela empresa (art. 72, XXVIII, da IN SRP n. 3/2005).
Aviso-prévio indenizado (art. 72, VI, *f*, da IN SRP n. 3/2005).
Bolsa de aprendizagem da Lei n. 8.069/1990 (PCSS, art. 28, § 9º, *u*).
Bolsa de aprendizagem do atleta não profissional (Lei n. 9.615/1998).
Bolsa de complementação educacional do estagiário (PCSS, art. 28, § 9º, *i*).

Bolsa-ensino da Lei n. 8.958/1994 (art. 72, XVVII, da IN SRP n. 3/2005).
Complementação do auxílio-doença (PCSS, art. 28, § 9º, n).
Décimo terceiro salário do aviso-prévio indenizado (art. 72, V, da IN SRP n. 3/2005).
Diárias para viagem aquém de 50% da remuneração (PCSS, art. 28, § 9º, h).
Direitos autorais (PCSS, art. 28, § 9º, v).
Distribuição de lucros ou resultados (Lei n. 10.101/2000 e PCSS, art. 28, § 9º, j).
Férias em dobro do art. 137 da CLT (PCSS, art. 28, § 9º, d).
Férias indenizadas (PCSS, art. 28, § 9º, d).
Ganhos eventuais (PCSS, art. 28, § 9º, e.7).
Importâncias pagas aos eclesiásticos pelos provedores.
Indenização da dispensa sem justa causa (PCSS, art. 28, § 9º, e.3).
Indenização do art. 479 da CLT (art. 72, VI, c, da IN SRP n. 3/2005).
Indenização do safrista do art. 14 da Lei n. 5.889/1973 (PCSS, art. 28, § 9º, e.4).
Indenização do tempo de serviço anterior a 5.10.1988 (PCSS, art. 28, § 9º, e.2).
Indenização por dispensa sem justa causa do art. 9º da Lei n. 7.238/1984 (PCSS, art. 28, § 9º, e.9).
Indenização prevista em lei (RPS, art. 214, V, m).
Licença-prêmio indenizada (PCSS, art. 28, § 9º, e.8).
Multa de 40% do FGTS do art. 10, I, do ADCT (PCSS, art. 28, § 9º, e.1).
Multa pelo atraso em pagar salários (PCSS, art. 28, § 9º, x).
Participação nos resultados (Lei n. 10.101/2000 e PCSS, art. 28, § 9º, j).
Pedido de demissão voluntária — PDV (PCSS, art. 28, § 9º, e.5).
Plano educacional básico da Lei n. 9.394/1976 (PCSS, art. 28, § 9º, t).
Programas de previdência complementar (PCSS, art. 28, § 9º, p).
Qualquer benefício previdenciário (PCSS, art. 28, § 9º, a).
Reembolso-babá (RPS, art. 214, XXIV).
Reembolso-creche (RPS, art. 214, XXIII).
Seguro de vida pago pelo empregador (RPS, art. 214, XXV).
Transporte, alimentação ou habitação em canteiro de obras (PCSS, art. 28, § 9º, m).
Vale-transporte nos termos da lei (PCSS, art. 28, § 9º, f).
Valores indenizatórios (art. 72, VI, da IN SRP n. 3/2005).

Veículo fornecido como ferramenta de trabalho (PCSS, art. 28, § 9º, m).	
Vestuários, equipamentos e acessórios (PCSS, art. 28, § 9º, r)	
OBSERVAÇÃO. A natureza de muitos desses valores e sua integração no salário de contribuição são discutidas. O INSS alterou a IN SRP n. 3/2005, entendendo que o aviso-prévio indenizado e o décimo terceiro salário correspondente (pelo fato de a Justiça Federal vir computando os 30 dias como tempo de serviço) têm caráter remuneratório e integram o salário de contribuição. Há quem entenda que se a parcela não fizer parte da exclusão do § 9º, ela integra o salário de contribuição, o que não é necessariamente correto. A IN SRP n. 3/2005 foi substituída pela IN SRB n. 971/2009, que foi alterada pela IN SRF n. 1.071/2010.	

41.3. Direitos autorais

Considerações iniciais	Os direitos autorais constituem domínio atípico em termos de rendimentos dos artistas. A lei regente distingue o executante de obras artísticas dos demais trabalhadores e, para fins previdenciários, prevalece o entendimento de que tais rendas e os seus meios de subsistência não estão sujeitos a contribuição. Isso se deve ao fato de que o legislador historicamente elegeu a remuneração, um instituto nitidamente trabalhista e não civil.
Distinção imprescindível	Esse instituto técnico separa a prestação de serviços (gravação de um disco, elaboração de um livro, pintura de um quadro etc.) com o direito autoral de reprodução de sua obra.
Exemplos práticos	Um cantor apresentando-se na TV está trabalhando e não cedendo direitos autorais. Mas a reprodução de sua imagem ou dos seus discos implica os direitos autorais. A remuneração pela feitura de um livro não costuma ter contrapartida. Presume-se que esteja embutida nos direitos autorais da venda dos livros (10%).
Artista empregado	Um artista, quando observa o art. 3º da CLT, será empregado do contratante e, nesse caso, o recebido é remuneração.
Direito de imagem	Igual se passa com o direito de imagem, principalmente dos atletas profissionais (jogadores de futebol, tenistas, automobilistas etc.).

Contratos possíveis	As empresas poderão admitir uma pessoa como: a) empregado; b) temporário; c) cooperado; d) empresário; e) autônomo; f) eventual; e g) estagiário. Contratará também uma pessoa jurídica, cujos trabalhos sejam realizados pelos sócios (muito comum com artistas famosos). Por último, celebrará um contrato de simples cessão de direitos autorais.
Inventos do empregado	Os direitos autorais ou patentes de inventos de iniciativa do empregado são regidos por normas da CLT.

41.4. Participação nos lucros ou resultados

Norma constitucional	Diz a Lei Maior: "participação nos lucros, ou resultados, desvinculada da remuneração, e, excepcionalmente, participação na gestão da empresa, conforme definido em lei" (CF, art. 7º, XI).
Posição constitucional	Segundo a filosofia do Direito Previdenciário, esse artigo assumiu um respeitável posicionamento diante do caráter substitutivo da prestação previdenciária. A par da magnífica disposição filosófica de agregar o trabalhador à empresa, de fazer dele se não efetivamente um sócio, pelo menos um parceiro na exploração econômica, dispôs que o valor do PLR auferido não se integra no salário de contribuição.
Distinção da remuneração	Participar nos lucros não é propriamente uma retribuição de esforço, isto é, um salário, salvo na concepção social deste. A desvinculação da remuneração, proclamada pela Lei Maior, também não significa necessariamente a inexistência desse cunho salarial. A Norma Suprema não quer confundir os dois institutos laborais e, por exemplo, impede a adição desses dois valores para os fins do 13º salário.

Regulamentação legal	Tema complexo não poderia ter sido regulamentado numa norma tão singela quanto a Lei n. 10.101/2000. Não disciplinando o PLR propriamente dito, mas sua convenção, basicamente ela diz que o instituto técnico tem de ser negociado entre a empresa e os trabalhadores e só indiretamente informa os procedimentos a serem aplicados.
Regras claras e objetivas	Deveria ter evitado as expressões "regras claras e objetivas", sem explicitá-las convenientemente nem delegá-las para a regulamentação administrativa. Não poderia ter sido genérica, aplicável ao espectro de todas as atividades, sabendo de antemão que em algumas delas os critérios dizem respeito à qualidade e não à quantidade. Se não é oneroso apurar-se um resultado para quem fabrica unidades de mercadorias ou produtos, como aferir a produtividade de uma escola?
Objetivo empresarial	De modo geral, as empresas adotam processos de apuração do direito dos colaboradores ao PLR. Pretendem que tal mecanismo espelhe melhor a competência, a dedicação e a assunção do papel profissional por parte de cada colaborador e, por isso, sopesam essa participação individual.
Pensamento constitucional	É evidente que a ideia do constituinte nacional é de aproximar o trabalho do capital, unir os empregados à empresa, melhorar as condições do prestador de serviços, compartilhar com o empregador o empenho de produzir melhor dentro de um cenário de convivência social.
Lei n. 10.101/2000	Com a Lei n. 10.101/2000 desapareceram algumas dúvidas sobre a natureza jurídica desse pagamento ao trabalhador, mas nem todas.
Natureza jurídica	Fundamentalmente a essa parcela, uma retribuição do sobre-esforço do trabalhador, seria salarial, mas a Constituição Federal não a quer com essa natureza para os fins exacionais, subtraindo-lhe expressamente eventual caráter remuneratório. Destarte, diante desse preceito dispositivo o desembolso resta sem tal natureza jurídica, para isso bastando cumprir as normas regulamentadoras legais.
Salário de contribuição	Esmiuçando o fato gerador e a base de cálculo da contribuição, diz o art. 28, I, do PCSS que o salário de

	contribuição será a "remuneração auferida em uma ou mais empresas, assim entendida a totalidade dos rendimentos pagos, devidos ou creditados a qualquer título, durante o mês, destinados a retribuir o trabalho, qualquer que seja a sua forma". Resta, pois, excluída a "participação nos lucros ou resultados da empresa, quando paga ou creditada de acordo com lei específica" (art. 28, § 9º, *j*, do PCSS).
Desoneração	Ao determinar que tal rubrica não faz parte do salário de contribuição, a Lei Suprema quer desonerar os contribuintes do ônus fiscal, sem ignorar que tal determinação ofende a natureza substitutiva da prestação securitária: não se incorporando ao patrimônio laboral pessoal do segurado, o valor não fará parte dos cálculos da renda mensal inicial dos seus benefícios previdenciários.
Cunho salarial	Evidentemente, ainda que não esteja fazendo horas extras, trabalhando mais e melhor, empenhando-se em termos de maior eficiência, o montante pecuniário teria um cunho salarial que lhe foi retirado por disposição legal, caráter que assume se descumprida a essência da lei regulamentadora.
Condição de sócio	A despeito da fusão de interesses que assinala o PLR, tendo em vista que o trabalhador não assume os riscos da atividade econômica, ele não se torna informalmente um sócio da empresa. Efetivamente, o PLR faz do trabalhador um partícipe maior do que a condição de empregado. Além desse estado jurídico, condição trabalhista de servir funcionalmente ao empregador, por ser parceiro no ato de criação da riqueza (lucros ou resultados) ele se torna colaborador participante, compensado com PLR. Quando a empresa observa os preceitos legais exigidos pela Carta Magna para que o total não detenha natureza salarial, tem-se que o *quantum* pago é exatamente aquele previsto no art. 28, § 9º, *j*, do PCSS, ou seja, uma real participação nos lucros ou resultados.
Requisitos legais	Decantado que a substância científica do instituto foi reservada à lei ordinária, resta verificar o que a Lei n. 10.101/2000 fixou como requisitos para que o pagamento não detenha caráter salarial (uma condição que os dois

	polos da relação laboral podem querer avençar certo dia, com vistas à Previdência Social). Além de o montante não substituir nem complementar a remuneração — questão estranha ao assunto ora enfocado —, quem regulamenta os requisitos legais é o art. 2º da Lei n. 10.101/2000. Seu *caput* diz: "A participação nos lucros ou resultados será objeto de negociação entre a empresa e seus empregados, mediante um dos procedimentos a seguir descritos, escolhidos pelas partes de comum acordo". Significa dizer: ausente o pacto, observando ou não o § 1º desse art. 2º, se a empresa espontaneamente instituir um PLR condicionado à presença desses resultados financeiros, de produção ou de produtividade, poder-se-ia estar diante de prêmio à produção ou outra parcela, possivelmente com caráter salarial, mas não o PLR constitucional.
Negociação trabalhista	Mais do que afeiçoar-se à ideia de que essa avença convencional configura uma gratificação ajustada, quer a norma legal uma aproximação do capital ao trabalho e que ambos debatam e resolvam juntos um escopo de mútuo interesse: crescimento econômico da empresa e melhoria de situação do trabalhador. Ambos decidirão, *ab initio*, o tipo de negócio que envidarão. Sentar-se-ão à mesa para discutir como vão debater e, depois, como serão as condições. São estabelecidas duas soluções, uma das quais pode ser alvitrada: "I — Comissão escolhida pelas partes, integrada também por um representante indicado pelo sindicato da respectiva categoria; II — Convenção ou acordo coletivo". Ausente uma dessas duas soluções, não se terá atendida a disposição legal. A presença de dois vocábulos assemelhados, "critérios" e "condições" e também "metas" e "resultados", sem se saber qual foi a *mens legislatoris*, obriga a considerá-las como entidades distintas. A exigência de serem claras e objetivas torna difícil considerar as cláusulas. Por último, diz o art. 3º que: "A

participação de que trata o art. 2º não substitui ou complementa a remuneração devida a qualquer empregado". Trata-se de presunção que trabalha a favor de certo crescimento profissional no sentido de que esse montante possa mascarar algum salário. Daí ser imprescindível que a massa salarial aumente quando presente essa participação nos lucros ou resultados.

O PLR deve ser sugerido, discutido, negociado e convencionado com os trabalhadores, num ou noutro momento sem que tivesse havido prejuízo para a compreensão do nexo técnico que deve subsistir entre o sobre-esforço pessoal dos bancários e a consumação dos lucros e do atingimento das metas antes previamente estabelecidas.

A despeito de sua natureza complexa, em face da especificidade da atividade desenvolvida e sem embargo de que determinações legais exigindo clareza e objetividade são subjetivas, a prova que se tem de que as regras contidas nas cláusulas foram claras e objetivas é que jamais foram contestadas não só pelos seus empregados, como também pelos sindicatos da categoria.

Quando programa um PLR *ex vi legis* — ainda que não constasse da lei, mas para conferir-lhe legitimidade —, a empresa deve ter a preocupação de convocar os trabalhadores indicados pelo sindicato, para participarem da construção de um instituto técnico destinado a unir o capital ao trabalho e, assim, ambos alcançarem o desiderato desejado, que é socializar legalmente o lucro.

41.5. Décimo terceiro salário

Integração no salário de contribuição	O 13º salário integra o salário de contribuição e também limita a base de cálculo a determinado valor, desde 1º.1.2013, em R$ 4.159,00. O empregador deve aferir tomando a gratificação de Natal em separado, no mesmo mês (da rescisão do contrato de trabalho ou em dezembro), resultando em contribuir sobre a remuneração normal essa gratificação.

Origem do problema	As pessoas têm dúvidas sobre o *modus operandi* da sua contribuição e aplicação do limite do salário de contribuição no mês de dezembro ou quando do acerto de contas da rescisão contratual, em relação ao total recebido pelo empregado ou se os valores devem ser observados em separado.
Prescrições incidentes	A partir de 1º.11.1991, a norma vigente sobre a incidência de contribuições é o art. 28, § 7º, do PCSS: "O décimo terceiro salário (gratificação natalina) integra o salário de contribuição, exceto para o cálculo do benefício, na forma estabelecida em regulamento".
Ausência de limite	Antes do advento da Lei n. 4.749/1965, a medida do fato gerador do 13º terceiro salário (art. 4º), por descuido do legislador, não observava o limite do salário de contribuição aludido no então art. 69 da LOPS. Até 31.8.1989, as empresas recolhiam 0,75% + 0,75% = 1,50%, calculados sobre o salário de contribuição. A partir de 1º.9.1989, *ex vi* da Lei n. 7.787/1989, o décimo terceiro salário incorporou-se à remuneração, compondo-a no mês de pagamento e observando o mencionado limite do salário de contribuição vigente (como se fossem horas extras ou qualquer outra parcela remuneratória e com significativos efeitos jurídicos, legais e doutrinários, em matéria de benefícios de pagamento continuado).
Lei n. 7.787/1989	No curso do tempo, a contribuição deixou de ser individualizada, fundiu-se numa taxa única e não mais se vinculou correspectivamente com o abono anual, não subsistindo, desde a Lei n. 7.787/1989, qualquer relação entre ambos. Ela fraturou a correlatividade entre as obrigações fiscais e o direito subjetivo dos segurados. A contribuição mensal de 20% para financiar todas as 12 mensalidades comuns e a décima terceira mensalidade (abono anual era o entendimento predominante entre os especialistas).
Abono anual	Contemplado textualmente na Carta Magna como direito dos aposentados e pensionistas, o abono anual é consagrado na legislação: é devido ao segurado e ao dependente da Previdência Social que, durante o ano, recebeu auxílio-doença, auxílio-acidente ou aposentadoria, pensão por morte ou auxílio-reclusão.
Separação dos valores	Por ocasião da rescisão contratual no curso de exercício e quando do pagamento do 13º salário, no mês de

	dezembro de cada ano, deve a empresa operar em separado com o salário do mês objeto de cálculo e com o 13º salário. No curso do tempo, a contribuição deixou de ser individualizada (em relação ao abono anual), fundiu-se numa taxa única e logo desvinculou-se correspectivamente do abono anual, não subsistindo, desde a citada Lei n. 7.787/1989, e presentemente, qualquer correlatividade entre ambos.
Salário de contribuição	A partir da vigência da Lei n. 7.787/1989, o 13º salário integra o salário de contribuição e este, por sua vez, é "remuneração auferida em uma ou mais empresas, assim entendida a totalidade dos rendimentos pagos, devidos ou creditados a qualquer título, durante o mês" (PCSS, art. 28, I).
Delegação da lei	Questiona-se saber se a lei, no caso, pode delegar sua competência. De modo geral, a dicção legal deve ser genérica para não se referir exclusivamente a uma determinada situação ou pessoa e, com isso, ofender ao princípio da igualdade. Por isso, frequentemente, o diploma legal tem de ser esmiuçado, adquirindo a capacidade de ferramenta jurídica útil normatizadora da conduta humana.

41.6. Salário-habitação

Legislação incidente	O valor correspondente à moradia, conhecido como salário-habitação, integrando a remuneração do empregado, consequentemente faz parte do salário de contribuição previdenciário.
Pensamento oficial	Elegendo a medida do fato gerador (valor locativo), a administração previdenciária confirma esse entendimento, determinando integrar o salário de contribuição: "parcela paga *in natura* pela empresa, desde que contratualmente estipulada ou habitualmente recebida por força de costume, inclusive o valor locativo da habitação, salvo nas hipóteses das letras *c* e *g* do item 39.2" (item 39.1, letra *i*, da Portaria SPS n. 2/1979).
CLT	"Além do pagamento em dinheiro, compreende-se no salário, para todos os efeitos legais, a alimentação, habitação, vestuário ou outras prestações *in natura* que

	a empresa, por força de contrato ou do costume, fornecer habitualmente ao empregado. Em caso algum será permitido o pagamento com bebidas alcoólicas ou drogas nocivas" (CLT, art. 458).
Salário contratual	Admitida a medida de o fato gerador do valor do salário-habitação ser o salário contratual, e não (mais) o salário mínimo ou outras soluções aventadas (como a do salário-habitação por dentro ou o valor da remuneração recebida).
Formação do salário-habitação	A cessão da moradia ou o pagamento do abono para aluguel surge mediante acordo expresso ou ajuste tácito. Na primeira origem, opera-se por determinação de cláusula do contrato de trabalho, inserida por ocasião do início da relação empregatícia, ou, ainda, por alteração, durante a vigência daquele, mas, sempre, expressamente consignada. Na segunda origem, o empregador permite ao empregado instalar-se numa residência e dele nada cobra por isso. Uma terceira fórmula mais recente é a adotada na agroindústria. Algumas categorias profissionais e patronais da indústria canavieira têm acordado quanto à cessão, cláusula de não composição do valor do salário-habitação na remuneração do empregado. Dissídios são acordos coletivos, normas não estatais, reconhecidas pela doutrina e jurisprudência pátrias como fontes formais do Direito do Trabalho. Tem-se ajustado nesses acordos coletivos o fornecimento de habitação, além dos limites de sua atribuição.
Vigência da exigibilidade	Desde 10.11.1943, integra a remuneração dos empregados, *ex vi* do art. 458 da CLT. A respeito do seu valor, vários pontos de vista são formulados: a) o percentual da parcela componente do salário mínimo deve ater-se ao próprio mínimo regional. Nesse caso, o valor do salário-habitação é constante: 33% do salário mínimo regional, em São Paulo. b) o percentual da parcela componente deve ater-se à remuneração mensal do empregado. Nessa hipótese, de todas a mais inviável, o valor do salário-habitação é variável, mês a mês, dependendo do salário do empregado, flutuando conforme flutuar sua remuneração, sem condizer com a ideia de valor locativo, mais duradoura.

	c) o salário-habitação, calculado à base de 33% do salário contratual, compõe a remuneração, e então o recebido em dinheiro corresponde a 100% – 33% = 67% dessa remuneração. Trata-se do salário-habitação por dentro, cujo valor pode ser obtido pela multiplicação do salário em dinheiro por 1,4925.
Limites e razoabilidade do valor	O valor do salário-habitação deverá ser justo e razoável (CLT, art. 458, § 1º). De imediato, tem-se: 33% do salário mínimo não é justo nem razoável. Sugestão válida, crê--se que seja consentânea com a lei e a *mens legis*, pois é o valor locativo do imóvel, respeitado o limite de 33% do salário contratual. Todavia, a lei é clara no sentido anterior.
Vilas residenciais	A fórmula a ser encontrada há de fazer o salário-habitação das vilas residenciais ser igual, independentemente do salário dos seus ocupantes.
Imóveis de terceiros	*a) Habitação de terceiros* Se os imóveis pertencem a terceiros, pessoa física ou jurídica, distintos do empregador, não importando se com cobrança ou não dos alugueres, uma remuneração assemelhada à das gorjetas, pois são pagamentos feitos por terceiros, merecem exame acurado das circunstâncias processadas. *b) Habitação de terceiros paga pelo empregador* O empregador firma contrato de locação com terceiros, em benefício de empregado. É, ainda, salário-habitação, independentemente de o empregador não ser o proprietário do imóvel. Se há cobrança de algum numerário, se não simbólico, e inferior ao nível locativo, a diferença é salário--habitação. Se a empresa cobra aluguel da moradia (inexistente, no caso, contrato de locação próprio) e inexiste acréscimo nos ingressos do trabalhador, não há obrigação fiscal em relação à contribuição previdenciária, sindical ou do FGTS. Se a empresa cobra parte de valor locativo do imóvel ou abaixo dos 33% do salário contratual, a parte restante é salário-habitação e fica sujeita à contribuição previdenciária. Se cobra um montante irrisório, sem

	expressão pecuniária, *quantum* simbólico, é como se nada cobrasse. Caso a empresa exija parte do valor locativo do imóvel ou abaixo dos 33% do salário contratual, tem-se a parte restante como salário-habitação e sujeita à contribuição previdenciária. Subsiste a cessão gratuita; raramente bem sem expressão no mundo econômico, não tem significado no universo jurídico.
Abono para aluguel	Uma terceira categoria de imóveis de terceiros é a hipótese de o empregador entregar ao empregado montante em dinheiro para pagar o aluguel. Essa importância vem sendo chamada de abono para aluguel e deve inserir-se no conceito de salário-habitação, cumprindo observar-lhe as condições e limites, como se a propriedade do imóvel fosse do empregador.
Pluralidade de residentes	Adotando-se o valor locativo do imóvel como determinante do salário-habitação, se diversos trabalhadores, parentes ou não, empregados de igual empresa, ocupam uma mesma residência, não há sentido em vincular o valor do salário-habitação à soma dos salários dos empregados ocupantes da residência, devendo estimá-lo a partir do montante do imóvel e distribuí-lo proporcionalmente aos residentes.
Residências rurais	O valor da parcela remuneratória correspondente à utilidade-habitação, disposta no art. 9º, *a*, da Lei n. 5.889/1973, é de até 20% do salário mínimo.
Resumo das pendências	Resultam as seguintes conclusões: a) Desde 10.11.1943 até a data anterior à vigência do Decreto-Lei n. 229/1967, o valor do salário-habitação consiste no percentual de composição do salário mínimo a ele aplicado. b) A partir de então, é o valor locativo do imóvel até 33% do salário contratual (no caso do Estado de São Paulo). c) A exigibilidade das contribuições previdenciárias conta-se a partir de 1º.6.1969. d) A partir da Lei n. 6.887/1980, o salário-habitação, para fins previdenciários, é de 33% do salário contratual, permanecendo, para fins trabalhistas, o valor locativo até 33% do salário contratual, por analogia com a lei previdenciária (o percentual de 33% é o vigente no Estado de São Paulo).

	e) A Lei n. 6.887/1980, em relação ao limite do salário-habitação, é interpretativa.
	f) O montante do salário contratual incorpora as importâncias permanentes e exclui as acidentais.
	g) Pagamento de *quantum* irrisório, a título de alugueres, não caracteriza o contrato de locação oneroso.
	h) Inexiste burla à CLT se terceiros fornecem gratuitamente as moradias; não há salário-habitação.
	i) Em vez de fornecer residência, se o empregador paga em dinheiro o numerário correspondente, há incidência de contribuição calculada sobre o referido valor.
	j) Para fins da contribuição previdenciária dos trabalhadores rurais sujeitos ao regime urbano de Previdência Social, a medida do salário-habitação é o valor locativo do imóvel rural até 20% do salário mínimo regional.
	k) Se duas ou mais pessoas ocupam uma mesma residência, o valor locativo do imóvel deve ser proporcionalmente distribuído a todos.

41.7. Contribuição do SAT

Natureza da proteção	O seguro de acidentes do trabalho, histórica e anacronicamente distinguido da proteção comum, monopolizado pelo INSS, é um seguro social bastante assemelhado ao seguro privado, mediante uma contribuição da empresa (prêmio) que tem por fato gerador a remuneração mensal do segurado (salário de contribuição) sem qualquer limite de valor.
Objetivo da contribuição	Teoricamente esse recurso financeiro tem por escopo a proteção acidentária (auxílio-doença, aposentadoria por invalidez, auxílio-acidente e pensão por morte). Teoricamente porque ela e as demais contribuições sociais constituem o FPAS, que custeia todos os benefícios.
Taxas de contribuição	Até 31.12.2009, as taxas do SAT estabelecidas a partir 1º.6.2007, pelo Decreto n. 6.042/2007, eram de 1% (risco

	leve), 2% (risco médio) e 3% (risco grave). A partir da competência janeiro de 2010, elas serão multiplicadas pelo FAP e variarão a cada 12 meses com base na experiência da frequência, gravidade e custo dos benefícios acidentários (Lei n. 10.666/2003).
Distinção das taxas	Em sua concepção técnica, essas três alíquotas vinculadas aos três riscos querem dizer que a empresa que mais produzir acidentes do trabalho deve aportar um nível maior de contribuição.
Súmula STJ n. 351	"A alíquota de contribuição para o Seguro de Acidentes do Trabalho (SAT) é aferida pelo grau de risco desenvolvido em cada empresa, individualizada pelo seu CNPJ ou pelo grau de risco da atividade preponderante quando houver apenas um registro". Depois de longa história de debates e manifestações doutrinárias, o STJ entendeu que deve consolidar o seu pensamento a respeito de polêmica que vem se arrastando há muito tempo. Diz respeito a se saber qual deve ser a taxa de contribuição do SAT relativa à folha de pagamento dos empregados quando numa área ocupam-se em atividade que os expõem a um dos três tipos de riscos (leve, médio ou grave), e na outra párea o risco é distinto do primeiro.
Exemplo prático	Imagine-se um escritório com 10 empregados sujeitos ao risco leve (1%) e o setor produtivo tem 90 empregados sujeitos ao risco grave (3%). No caso, se os 100 estiverem ocupados em uma única área sob um único CNPJ, a contribuição de todos os 100 será de 30%. Ao contrário, se existirem 55 empregados na administração e 45 na produção, a alíquota dessa unidade empresarial será de 1%.
Autoenquadramento	Assim que iniciadas as atividades, a empresa vinculada ao RGPS, em face do seu CNPJ e da descrição de sua atividade econômica, examinando o Anexo V do RPS, promove um autoenquadramento, optando por uma das três alíquotas.
Disciplina legal	Quando disciplina esse posicionamento, o art. 22 do PCSS reza: "II — para o financiamento do benefício previsto nos arts. 57 e 58 da Lei n. 8.213, de 24 de julho de 1991, e daqueles concedidos em razão do grau de incidência de incapacidade laborativa decorrente dos riscos ambientais do trabalho, sobre o total das

	remunerações pagas ou creditadas, no decorrer do mês, aos segurados empregados e trabalhadores avulsos: a) 1% (um por cento) para as empresas em cuja atividade preponderante o risco de acidentes do trabalho seja considerado leve; b) 2% (dois por cento) para as empresas em cuja atividade preponderante esse risco seja considerado médio; e c) 3% (três por cento) para as empresas em cuja atividade preponderante esse risco seja considerado grave".
Disciplina regulamentar	Igual definição se pode colher no art. 202, I/III, do RPS, que consagra a ideia de que o enquadramento é feito por empresa e não por estabelecimento: "Considera-se preponderante a atividade que ocupa, na empresa, o maior número de segurados empregados e trabalhadores avulsos" (art. 202, § 3º).
Empresa e estabelecimento	Para os fins do SAT, empresa é o empreendimento econômico, lucrativo ou não, com personalidade jurídica própria, mas sem configuração material.
Empresa	Considerando-se a empresa com uma única unidade ou uma empresa com várias unidades, em cada uma delas o critério será o da preponderância do número de empregados. Se essa unidade no seu estabelecimento apresenta variados riscos (leve, médio e grave), o critério é o básico, e a área com maior número é que determinará a alíquota a ser fixada.
Estabelecimento	Estabelecimento é a expressão física da empresa, um ambiente em que sucede a produção. Nessas condições, uma empresa pode ter um único estabelecimento (é o caso mais comum) ou vários e então esses estabelecimentos serão chamados de unidades, às vezes de filiais, sucursais, canteiro de obras etc. Presentes essas unidades separadas fisicamente, elas têm CNPJ próprio.
CNPJ e CNAE	De regra, observadas as determinações legais, o CNPJ representa uma unidade produtiva e, no comum dos casos, pode indicar um estabelecimento.
	A CONCLA divulga o Roteiro da Codificação e CNAE--Fiscal, versão 2001, em que fixados os Procedimentos Operacionais Padrão para Codificação em CNAE-Fiscal.
	O item 5 desse roteiro divide-se em vários passos, com indicação das orientações correspondentes. O

	documento possui um glossário em que arroladas, entre outras, as definições de preponderância, receita operacional, unidade, unidade auxiliar, unidade produtiva, além de explicitar o que seja atividade principal e atividade secundária e distinguir o CNAE do CNAE--Fiscal. Da análise desse roteiro deflui que será a atividade econômica e não o CNPJ (que pode ser individualizado por unidade) quem determina o CNAE.
Atividade preponderante	Desde que se conheceu a redação do art. 22 do PCSS e como foi aplicada pelo INSS, estabeleceu-se polêmica sobre o critério da preponderância que se espraiou pela doutrina e pela jurisprudência, formando-se duas correntes. Dos que entendem que deve ser: a) com base no número de empregados da empresa e b) com fulcro no número de empregados. Diante da presença da palavra "empresa" no art. 28, I, do PCSS, o INSS tem entendido que o critério da preponderância deve ser formulado por empresa e não por estabelecimento. Nessas condições não examina a preponderância por unidade, mas no conjunto empresarial.
Origem das divergências	Julga-se que boa parte das divergências, quando se faz a interpretação meramente gramatical, é que as menções à palavra "empresa" não estão indicando o local de prestação de serviços, até porque essa palavra não tem materialidade. Os acidentes ocorrem nas suas unidades, os estabelecimentos, com CNPJ individualizados ou não, porque estes têm substância material. *Ricardo Araujo Cozer* reproduz acórdão do STJ dizendo que a taxa "é determinada separadamente por estabelecimento da empresa" (acórdão da 1ª Turma do STF no Ag/Rg no Agravo de Instrumento n. 722.829/SP, relatada em 14.3.2006 pelo Min. *Teori Albino Zavaski* (DJ de 3.4.2005) conf. ano. Lapidarmente, no acórdão, exarado no RESP n. 353.482/SC (in Proc. n. 2004.0032818-1), em 9.11.2005, diz o relator Ministro *José Delgado*: "2. A alíquota da contribuição para o Seguro de Acidente do Trabalho – SAT deve corresponder ao grau de risco das atividades desenvolvidas em cada estabelecimento da empresa, mesmo quando esta possui um único CGC. 3. Possuindo o parque industrial e o escritório da administração inscrições próprias no CGC/MF (atual CNPJ), o enquadramento da tabela de risco para fins de

	custeio do SAT será compatível com as áreas desenvolvidas em cada um deles (art. 40, do Decreto n. 83.081/1979".
IN SRP n. 3/2005	Diz a Instrução Normativa SRP n. 3/2005 que "considera--se preponderante a atividade econômica que ocupa, *na empresa*, o maior número de segurados empregados e trabalhadores avulsos, observado que: a) apurado *no estabelecimento*, na empresa ou no órgão do poder público, o mesmo número de segurados empregados e trabalhadores avulsos em atividades econômicas distintas, considerar-se-á como preponderante aquela que corresponder ao maior grau de risco; b) não serão considerados segurados empregados que prestam serviços em atividades-meio, para apuração do grau de risco, assim entendidas aquelas que auxiliam ou complementam indistintamente as diversas atividades econômicas da empresa, tais como serviços de administração geral, recepção, faturamento, cobrança, contabilidade, vigilância, dentre outros".
Caso simples	Num caso simples, se uma empresa mantém duas unidades no mesmo estabelecimento e CNPJ (escritório e área produtiva), prevalecerá a alíquota da atividade em que presta serviços o maior número de empregados. Na comum das hipóteses, se o escritório tem 20 colaboradores (risco leve) e 60 na parte fabril (risco grave), prevalecerá a taxa de 3% para toda a folha de pagamento da empresa. Ao contrário, se no escritório trabalham 80 pessoas e 20 na fábrica, a taxa dessa última será a do escritório (1%). Raciocínio legal que ignora que o risco do escritório difere da produção.
Outra hipótese	Numa outra hipótese, a que produza as divergências, caso sejam duas unidades situadas em estabelecimentos distintos, cada um deles com seu próprio CNPJ, o enquadramento se fará com base nos empregados em cada uma dessas unidades. Assim, considerando que não há produção no escritório, ali a alíquota será de 1%. Se houver alguma área não produtiva na fábrica e maior número de pessoas na produção, a taxa será de 3%. Para a RFB, a taxa será de 3% para toda a empresa.
Aposentadoria especial	Esse é um pensamento que conflita com a ideia da aposentadoria especial, pois quem trabalha no escritório

	de uma empresa que apresenta insalubridade ambiental não fará jus ao benefício; este somente será devido a quem opera na área industrial, como lembra *Antônio S. Polini* ("Seguro de Acidentes do Trabalho — SAT", disponível na Enciclopédia Jurídica Soibelman — in *Jus Navigandi*).
Enquadramento dos não empregados	A produção moderna implica a utilização de mão de obra própria e aquela proveniente de terceiros. O fenômeno da terceirização registra a presença de vários obreiros: a) autônomos; b) temporários; c) cooperados; e d) empresários, empregados ou outros segurados fornecidos por pessoas jurídicas etc. Num caso particular, serve-se de menores aprendizes e estagiários.
Visão legal	Quando a lei fala em cálculo da preponderância, ela se reporta aos "empregados e trabalhadores avulsos", possivelmente porque, na época de sua concepção, a prestação de serviços não era tão significativa. Possivelmente, fazendo uma distinção (não muito clara na legislação), exclui outros obreiros que não sejam os dois mencionados. Portanto, estão excluídos os terceiros desse cálculo, o que é uma extraordinária distorção, pois todos os que trabalham na produção estão sujeitos aos riscos ambientais.
ON INSS n. 2/1997	A Orientação Normativa INSS n. 2/1997 excluiu os trabalhadores que prestam serviços na atividade-meio da empresa (item 2.2.1), mas isso foi considerado ilegal no RESP n. 317.846/PR, relatado pela ministra *Eliana Calmon*, da 2ª Turma do STJ, in DJ de 9.5.2005.
Critério de enquadramento	Considerando-se a empresa com uma única unidade ou empresa com várias unidades (estabelecimentos), em cada uma delas o critério será o da preponderância do número de empregados dos diferentes setores ali presentes. No seu estabelecimento unitário, se essa divisão apresenta variados riscos (leve, médio e grave), o critério é o básico: o maior número de empregados em cada área de risco determina a taxa a ser fixada para todo esse estabelecimento. *Antônio S. Polini* arrolou seis

	acórdãos nessa linha de raciocínio ("SAT – Seguro de Acidentes do Trabalho", disponível na *internet* in Enciclopédia Jurídica Soibelman).
Opinião doutrinária	*Juliana Junqueira Coelho* e *André Mendes Moreira* filiam-se a mesma corrente dizendo que se há uma unidade individualizada até mesmo sem CNPJ, o entendimento tem validade ("Algumas ilegalidades da contribuição para o SAT — Seguro de Acidentes do Trabalho", São Paulo: Dialética, Revista RDDT n. 126, mar. 2006. p. 17/19).
FAP	Conforme o disposto no art. 202-A do RPS, na atual redação dada pelo Decreto n. 6.042/2007, o INSS procederá a verificação de três elementos definidores do FAP, que são a frequência, a gravidade e o custo, promovida por unidade definida no CNPJ, a ser confrontado com o CNAE da categoria econômica. Frequência de acidentes ocorridos em cada unidade configurada pelo CNPJ, portanto, estabelecimento. Gravidade da ocorrência, ou seja, tempo e duração da licença médica para efeitos de auxílio-doença ou aposentadoria por invalidez. Custo, o total das despesas desembolsadas pelo INSS com os benefícios e que dependem do salário de contribuição de cada segurado. Procedimento que estabelece uma distinção entre empresa e estabelecimento, confirmando as teses doutrinárias esposadas e o que vem pensando o Poder Judiciário federal. Com certeza, qualquer que seja o enquadramento encetado a partir de 1º.6.2007, sofrerá as consequências da redução que poderá chegar a 50% da taxa vigente ou majoração de até 100% durante 12 meses (*Prova e contraprova do nexo técnico previdenciário*. São Paulo: LTr, 2008. p. 96/100).
Conclusões finais	O enquadramento das atividades econômicas principais e secundárias desenvolvidas pelas empresas, para os efeitos da taxação do seguro de acidentes do trabalho, é promovido por estabelecimento, caracterizado ou não pelo CNPJ, observado o critério da preponderância do número de empregados ali ocupados nas diversas atividades submetidas aos graus de risco leve, médio e grave. Os segurados terceirizados, entre eles os menores aprendizes, estagiários, temporários e cooperados, empregados e até mesmo os empresários,

	sócios das pessoas jurídicas, não entram no cálculo do número de empregados que se presta para a determinação dos critérios da preponderância (rigorosamente um equívoco do legislador). Se todos os empregados desenvolvem atividades idênticas numa mesma unidade ou estabelecimento da empresa como uma totalidade, a alíquota deve ser as dessas atividades. Cada filial da empresa e também sua sede social terão de ser classificadas no CNAE-Fiscal, recomendando--se a consulta ao *Manual de Prevenção de Acidentes do Trabalho em Serviços de Manutenção*, uma cartilha divulgada pelo MTE, específica e adequada para a principal atividade desenvolvida. Não há periodicidade para a fixação do CNAE-Fiscal nem para as taxas de acidentes do trabalho, exceto se sobrevierem alterações no *layout* da empresa ou FAP diferentes de 1 (um) em razão da Lei n. 10.666/2003, hipótese em que anualmente, louvando-se na experiência de risco dos últimos 24 meses, o INSS estabelecerá uma nova alíquota do seguro de acidentes do trabalho.

41.8. Flexibilização do SAT

Visão sucinta	Consiste numa operação matemática que afeta a taxa do SAT da empresa a partir de dados numéricos, relativos à frequência, gravidade e custo dos benefícios acidentários ocorridos dentro de certo período básico de cálculo (dois anos), comparados com os mesmos elementos da atividade econômica. O FAP entrou em vigor em 1º.1.2010. Fiscalmente, após 90 dias da publicação do FAP (RPS, art. 202-A, § 6º).
Conceito de acidente	Para fins de definição das ocorrências que fazem do FAP, é preciso considerar o acidente do trabalho com vistas à concessão de benefícios acidentários. a) Propriamente dito — Ocorrência traumática, tradicional, ocorrida dentro do ambiente de trabalho ou fora dele (*in itinere*). b) Acidente *in itinere* — Sucedido no trajeto do empregado de sua residência para o local de trabalho e

	deste de volta à residência. Quem está fora da sede social a serviço da empresa considera-se acidente do trabalho típico. c) Doença profissional — Decorrente da profissão do segurado. d) Doença do trabalho — Incapacidade relacionada com o ambiente de trabalho.
Excluídos do conceito	São excluídos o acidente de qualquer natureza ou causa e as incapacidades que provenham de doenças excludentes (etária, degenerativa, hereditária, endêmica ou pregressa). Também não é considerado aquele que resulta em afastamento por mais de 15 dias, assimilado pela empresa (conhecido como quase-acidente).
Frequência da acidentalidade	Número de acidentes acontecidos dentro do período básico de cálculo, expresso em função dos benefícios concedidos pelo INSS.
Gravidade da ocorrência	Duração do benefício (DCB – DIB), mensurado em anos, meses e dias. Exemplo: um auxílio-doença por 90 dias.
Custo do benefício	Custo financeiro do benefício acidentário, ou seja, o período de manutenção multiplicado pelo valor mensal. Exemplo: auxílio-doença mantido por 90 dias e com renda mensal de R$ 1.000,00, portanto, R$ 3.000,00.
Benefícios envolvidos	Diferentemente da primeira versão normativa, os benefícios são exclusivamente os acidentários: auxílio-doença, aposentadoria por invalidez, auxílio-acidente e pensão por morte.
Período básico de cálculo	Inicialmente, o período básico de cálculo foi de 60 meses, mas a Resolução CNPS n. 1.305/2009 o reduziu para 24 meses. O primeiro ano de aplicação será de abril de 2007 a dezembro de 2008.
Definições dos elementos	A Resolução CNPS n. 1.308/2009 propicia algumas descrições dos elementos do cálculo: a) Evento — Benefício acidentário registrado no INSS ou apurado via CAT. b) Período-base — Período de 24 meses anterior ao início do exercício. c) Frequência — Número de registros de acidentes de trabalho dentro do período básico de cálculo.

	d) Gravidade — Índice da intensidade de cada ocorrência, correspondente a 0,5 para morte, para invalidez, 0,1 para auxílio-doença e 0,1 para auxílio-acidente.
	e) Custo — Despesa com o benefício e sua relação com as contribuições das empresas.
	f) Massa salarial — Soma dos valores salariais, incluindo o 13º salário, informada pela empresa junto ao CNIS.
	g) Vínculo empregatício — Soma do número de vínculos mensais em cada empresa com registro no CNIS.
	h) Data do Início do Benefício (DIB) — Primeiro dia do benefício.
	i) Data da Cessação do Benefício (DCB) — Último dia de vigência do benefício.
	j) Idade — Idade do segurado na DIB.
	k) Salário de benefício — Média dos 80 maiores salários de contribuição desde julho de 1994.
Operacional material	Uma vez apurado o FAP, que corresponde a um número inteiro e seus decimais (do tipo 1,52), ele será multiplicado pela alíquota de contribuição prevista no Anexo V do RPS, na redação do Decreto n. 6.042.2007, vigendo a partir do primeiro dia do exercício.
Exemplo prático	Exemplificativamente, se a taxa for 2,0%, o resultado será: 1,50 x 2,0 = 3,0%. Se o FAP for 0,50 e a alíquota 3,0%, ter-se-á: 0,50 x 3,0% = 1,50%. Diz a Resolução CNPS n. 1.308/2009 que no primeiro exercício o FAP encontrado será multiplicado por 0,75%. Nos dois exemplos acima, serão: 3,0% x 0,75 = 2,25% e 1,50% x 0,75 = 1,12%.
Contestação do contribuinte	Informada dos elementos do segmento econômico correspondente e apurados internamente os dados dos acidentes do trabalho no período básico de cálculo precedente, se não houver coincidência com os dados da DATAPREV, o contribuinte tem o direito de recorrer ao Conselho Administrativo de Recursos Fiscais do Ministério da Fazenda, no prazo da Lei n. 9.784/1999 e do Decreto n. 70.235/1972.
Observações gerais	Atendendo à antiquíssima reivindicação lógica, o MPS resolveu dar cumprimento à determinação da Lei n. 10.666/2003, buscando uma correlação entre o custo previdenciário de acidentes do trabalho e a contribuição

de cada empresa. Sem ser original, pois a determinação sempre fez parte da legislação infortunística de longa data, o art. 10 da Lei n. 10.666/2003 criou um mecanismo de cálculo da taxa do seguro de acidentes do trabalho (de 1%, 2% e 3%) que refletirá a disposição do empresariado de investir na prevenção acidentária.

De tal sorte que a empresa que diminuir os níveis de acidentalidade terá a alíquota de contribuição reduzida em até 50%. Ao contrário, se não lograr essa redução, poderá ter a alíquota aumentada em 100%. Destarte, 1% poderá chegar a 0,50% e 3% atingir 6%.

Em vez de fazer uma avaliação individual de cada empresa, o MPS preferiu configurar a redução ou aumento da acidentalidade por comparação de índices de cada empresa (CNPJ) com a da mesma atividade econômica (CNAE).

De modo bastante singelo (pois o cálculo do FAP é mais complexo), se a empresa "A" tem 10 acidentes e o segmento econômico experimenta 20 acidentes, enquanto uma empresa "B" tem 40 acidentes, tudo no mesmo período-base, é evidente que a primeira deve ser desonerada em 50% e a segunda onerada em 100%.

42. AFERIÇÃO INDIRETA

Aferição indireta	Quando autorizada pela lei, apuração da base de cálculo da contribuição por meio de procedimentos inéditos, fora do padrão usual, designados como instrumentos indiretos ou presumidos.
Garantia do contraditório	"Nos casos de levantamento por arbitramento, a existência do fundamento legal que ampara o procedimento, seja no relatório Fundamentado Legal do Débito — FLD ou no Relatório Fiscal — REFISC, garante o pleno exercício do contraditório e da ampla defesa, não gerando a nulidade do lançamento" (Enunciado CRPS n. 29).
Levantamento fiscal	A apuração do débito justificará o procedimento inédito, comprovando a produção física daquele empresário, a ausência de outra explicação para a falta de mão de obra formalizada, juntando aos autos as provas da relação entre empresa e produtividade regional, valor de mercado da remuneração dos segurados.
Clareza do processo	Tais cálculos têm de ser claríssimos, informando as fontes materiais e formais em que o Auditor Fiscal se abeberou para chegar às conclusões fiscais.
Fundamento legal	Para basear esse procedimento incomum, o Auditor Fiscal da RFB reproduzirá o art. 33, § 3º, do PCSS: "Ocorrendo recusa ou sonegação de qualquer documento ou informação, ou sua apresentação deficiente, a Secretaria da Receita Federal do Brasil pode, sem prejuízo da penalidade cabível, lançar de ofício a importância devida, cabendo à empresa ou ao segurado o ônus da prova em contrário".
Conceito de recusa	Recusar, vencido o prazo para a exibição dos documentos solicitados, possuindo-os o contribuinte, é negar-se a entregá-los sob qualquer razão. Pode ser direta (negativa verbal) ou por escrito ou indireta, mediante negaceios protelatórios, indicativos da negativa. A apresentação posterior altera o lançamento fiscal e pode aperfeiçoá-lo, mas não ilide a infração cometida.

Ideia de sonegação	Sonegar é não apresentá-los sob a alegação de não tê--los, possuindo-os ou não. Quer dizer escondê-los, subtraí-los, fazê-los desaparecer das vistas, muitas vezes afastando do local de trabalho os segurados não registrados.
Apresentação deficiente	Revelar parte dos documentos ou fatos, entregar menos, registrar abaixo do real, driblar valores, consignar inferiormente na contabilidade ou não lançar a quantia verdadeira.
Medida excepcional	Em virtude de sua excepcionalidade, essa modalidade de apuração do fato gerador reclama cuidados extremos por parte do agente fiscal; ela tem pressupostos, mecanismos da operação e claríssima descrição do *modus operandi*.
Relatório discriminativo	Adotado por ocasião da notificação e a ser acompanhado de um amplo e minucioso relatório e discriminativo, que não obste o direito constitucional de defesa.
Aspectos práticos da aferição indireta	Arredando o padrão de verificação habitual, baseado nas folhas de pagamento, livros de registro de empregado ou guias de recolhimento e registro da escrituração contábil, e permitindo a apuração da medida do fato gerador diretamente de comprovantes de caixa, ou de outros elementos indiretos, a lei e o regulamento teriam de circunscrever a extrapolação, havendo de impor uma exposição transparente de constatação.
Critérios lógicos	Reclama, ou melhor, impõe critérios lógicos sob pena de se chegar a resultado absurdo.
Cuidados do auditor fiscal	A natureza desse procedimento fiscal reclama precauções lógicas na verificação dos dados e especialmente na fixação da relação lógica entre os fatos e as conclusões, sendo indispensável descrever minuciosamente o raciocínio desenvolvido e os seus desdobramentos.
Natureza	Trata-se de procedimento privilegiadíssimo, devendo obviamente cercar-se de cautelas meticulosas para não incidir no arbítrio puro ou no excesso de exação fiscal e, por conseguinte, atribuir ao sujeito passivo obrigação inexistente.
Nulidade do lançamento	Um lançamento fiscal apenas apoiado na alusão ao fundamento legal é insubsistente e deve ser anulado, se

	não for acompanhado das demais exigências. Lançamento *ex officio* não se confunde com o habitual e padece de improcedência quando não cercado das recomendações mínimas.
Mérito da apuração	Cada uma das razões da aferição, isto é, os exercícios operados pelo lançador devem estar presentes e ser lógicos.
Contestação do contribuinte	O contribuinte pode impugnar o lançamento fiscal, abordando todos os elementos inusitados utilizados pela fiscalização, mostrando que não é igual aos demais fabricantes, que desfruta de tecnologia distinta, que contratou outros profissionais etc.
Documentos fiscais	"Estão sujeitos à fiscalização tributária ou previdenciária quaisquer livros comerciais, limitado o exame aos pontos objetos de investigação", podendo ser requerida a "exibição judicial de livros comerciais" (Súmula STF n. 439), como "medida preventiva" (Súmula STF n. 390), mas obviamente: "O exame de livros comerciais, em ação judicial, fica limitado às transações entre os litigantes" (Súmula STF n. 260).
Natureza jurídica	Aferição indireta é medida excepcional e rompe a regra jurídica instalada. Por isso, sua adoção precisa ser amplamente justificada na lei, refletindo situações reais. A construção civil é exemplo concreto de validade.
Contraditório	Diante da excepcionalidade prevalece o princípio do contraditório e ele pressupõe o mais amplo direito de defesa e oposição do alegado.
Princípio constitucional da legalidade	Somente a lei autoriza a obtenção da base de cálculo mediante elementos indicativos oblíquos. Inexiste apuração indireta por meio de decreto ou portaria ministerial. A regra universal, provinda de norma com caráter de lei complementar, é o CTN.
Pressupostos legais	Os pressupostos legais (regularidade do formalismo, compatibilidade de valores, apresentação de todas as atividades etc.) são imprescindíveis e demonstrados à sociedade.
Claridade do procedimento	O procedimento será claríssimo, indicando a capitulação legal e todos os raciocínios e as operações matemáticas utilizados, necessariamente transparentes.

43. DECADÊNCIA E PRESCRIÇÃO

Determinação sumular	"São inconstitucionais o parágrafo único do art. 5º do Decreto-lei n. 1.569/1977 e os arts. 45 e 46 da Lei n. 8.212/1991, que tratam de prescrição e decadência de crédito tributário" (Súmula Vinculante STF n. 8).
Distinções necessárias	Importa salientar a diferença didática entre a decadência e a prescrição previdenciárias, os seus prazos e como eles se contam em termos de exercícios fiscais.
Decadência	Em linhas bastante gerais, decadência é o prazo legal que a RFB dispõe para dar ciência ao contribuinte da existência de um débito fiscal e para constituir o lançamento que substanciará o crédito previdenciário.
Prescrição	Uma vez consolidado esse crédito previdenciário, inscrita a dívida fiscal, a mesma RFB tem mais cinco anos para processar a cobrança executiva.
Art. 45 do PCSS	Até que tivesse sido revogado pela LC n. 128/2008, o art. 45 do PCSS fixava a decadência previdenciária em 10 anos: "O direito de a Seguridade Social apurar e constituir seus créditos extingue-se após 10 (dez) anos contados: I — do primeiro dia do exercício seguinte àquele em que o crédito poderia ter sido constituído; e II — da data em que se tornar definitiva a decisão que houver anulado, por vício formal, a constituição de crédito anteriormente efetuada".
Art. 46 do PCSS	"O direito de cobrar os créditos da Seguridade Social, constituídos na forma do artigo anterior, prescreve em 10 (dez) anos" (PCSS, art. 46 — revogado).
Posição do CTN	Em seus arts. 172/173, pensando em tributos, desde 25.10.1966 o CTN fixa-se numa decadência e prescrição de apenas cinco anos. A modernidade organizacional da RFB permitiria que o fato gerador seja localizado, determinado e lançado no curto espaço de 60 meses.

Cômputo do quinquídio	Os cinco anos da decadência contam-se a partir do exercício anterior àquele em que está o aplicador da norma. Assim, em 2011, é possível exigir contribuições dos anos 2006/2010 e restam decaídas as competências contidas nos exercícios de dezembro de 2005 para trás.
Prorrogação do prazo	Nada prorroga esse prazo e, uma vez ultrapassado, não é possível exigirem-se contribuições por via de cobrança executiva sem prejuízo de serem realizadas por outras modalidades de cobrança (aliás, adotadas em relação aos contribuintes individuais).
Distinção constitucional	O STF olimpicamente ignorou *in fine* do art. 150, § 6º, de Lei Maior, que em algum momento fala em que "regule exclusivamente as matérias acima enumeradas ou o correspondente tributo ou *contribuição*, sem prejuízo do disposto no art. 155, § 2º, XII, *g*" (grifamos).
Natureza da contribuição	Se a decadência sempre foi mal estudada pelos especialistas no Direito Previdenciário, igual e triste destino coube à natureza jurídica da contribuição social. Todas as tentativas de considerá-la uma exação não tributária e, portanto, não submetida ao CTN, em termos de decadência, acabaram sem êxito.
Aplicação na Justiça do Trabalho	Antes de ser reformulado em 2005, o item I da Súmula TST n. 368 dizia: "A Justiça do Trabalho é competente para determinar o recolhimento das contribuições previdenciárias e fiscais provenientes das sentenças que proferir. A competência da Justiça do Trabalho para execução das contribuições previdenciárias alcança as parcelas integrantes do salário de contribuição, pagas em virtude de contrato de emprego reconhecido em juízo, ou decorrentes de anotação da Carteira de Trabalho e Previdência Social — CTPS, objeto de acordo homologado em juízo".

44. SERVIÇO PÚBLICO

RPPS	Regime Próprio de Previdência Social do servidor (art. 40 da CF, Lei n. 9.717/1998 e Lei n. 10.887/2004).
Noção de servidor	Trabalhador que presta serviços para a Administração Pública federal, distrital, estadual ou municipal.
Tipos de trabalhador	Servidor concursado, efetivado ou não, filiado a um RPPS.
Ocupante de cargo em comissão	O servidor ocupante de cargo em comissão é filiado ao RGPS e recebe benefício do INSS (CF, art. 40, § 13).
Cargo temporário	Também é filiado ao RGPS (CF, art. 40, § 13).
Empregado público	O servidor celetista é filiado ao RGPS (CF, art. 40, § 13).
Cargos eletivos	Agente público que presta serviços ao setor público em razão de eleição é filiado ao RGPS.
Regime próprio	Plano de benefícios municipal, estadual, distrital ou federal com estrutura própria (Lei n. 9.717/1998).
Nível do regime próprio	Cada ente da federação fixará limite máximo igual ao do RGPS, complementando-se o restante mediante fundo de pensão público (CF, art. 40, § 14).
Unicidade do regime próprio	Existirá somente um regime próprio e somente uma unidade gestora desse regime (CF, art. 40, § 20).
Servidor requisitado	A filiação e a contribuição operam conforme o tipo de requisição, se é com ou sem ônus.
Empresas estatais	Os celetistas que prestam serviços para a empresa pública, sociedade de economia mista e fundação filiam-se ao RGPS.
Contagem recíproca de tempo de serviço	O período de filiação ao RGPS e de contribuições para o INSS é computado no serviço público para os diversos fins (CF, art. 40, § 9º e arts. 94/99 do PBPS).

Tempo especial na contagem recíproca	Os entes políticos da federação e o INSS não consideram a conversão de tempo especial para o comum, exercitado no serviço público ou iniciativa privada, mas a Justiça Federal acolhe esse cômputo mediante Mandado de Injunção.
Limite de valor	Valor não precisado, mas fixado provisoriamente em R$ 19.115,19, depois R$ 24.500,00, mais tarde R$ 25.725,00 e, finalmente, R$ 28.059,29.
Limite das prestações	A aposentadoria ou a pensão não podem exceder a remuneração do servidor em atividade.
Aposentadoria por invalidez	Por invalidez permanente, com proventos integrais ao tempo de contribuição. No caso de acidente do trabalho, moléstia profissional ou doença grave, contagiosa ou incurável, será total.
Aposentadoria por tempo de contribuição	Com uma carência de 10 anos de efetivo exercício no serviço público, e cinco anos no cargo efetivo, aos 60 anos de idade e 35 de contribuição (homem) e 55 anos de idade e 30 de contribuição (mulher).
Aposentadoria por idade	Aos 65 anos de idade (homem) e 60 anos (mulher), proporcional ao tempo de contribuição.
Aposentadoria por idade compulsória	Aos 70 anos, para ambos os sexos, com valores proporcionais ao tempo de contribuição.
Aposentadoria especial	Prevista constitucionalmente, mas não regulamentada por lei ordinária (CF, art. 40, § 4º, I/III).
Salário--maternidade	A servidora federal faz jus à licença remunerada durante o período de gravidez (Lei n. 8.112/1990).
Salário-família	Benefício devido ao servidor ativo ou aposentado em razão de dependente (cônjuge, filhos e enteados até 21 anos, ou estudante até 24 anos, ou inválido e menor de 21 anos), autorizado judicialmente.
Auxílio-funeral	Benefício devido aos dependentes do servidor federal (art. 226 da Lei n. 8.112/1990).
Auxílio-reclusão	Devido aos dependentes do servidor, de valor variável: 2/3 da remuneração quando afastado por motivo de prisão em flagrante ou preventiva e 1/2 quando de condenação.
Prestações acidentárias	Direitos assegurados ao servidor em caso de acidente no serviço.
Auxílio-doença	Licença para tratamento de saúde.
Abono anual	Gratificação natalina (art. 194 da Lei n. 8.112/1990).

Auxílio--natalidade	Benefício devido ao servidor por nascimento de filho (art. 196 da Lei n. 8.112/1990).
Cálculo dos proventos	Com base nos salários de contribuição desde julho de 1994 (Lei n. 10.887/2004).
Atualização dos salários de contribuição	Em virtude da inflação, os vencimentos mensais que fazem parte do cálculo dos proventos serão atualizados na forma da lei (CF, art. 40, § 17).
Professor	Faz jus à aposentadoria por tempo de contribuição integral com 25 anos (mulher) e 30 anos (homem).
Acumulação de benefícios	Exceto nas hipóteses permitidas pela Carta Magna, não é possível acumular dois benefícios (CF, art. 40, § 6º).
Pensão por morte	Devida aos dependentes do servidor (CF, art. 40, § 7º).
Valor da pensão por morte	100% até o limite do RGPS e 70% da diferença entre a remuneração e esse teto dos trabalhadores da iniciativa privada (CF, art. 40, § 7º).
Paridade	Regra constitucional tradicional asseguratória da extensão de valores remuneratórios pagos dos ativos aos inativos.
Reajustamento	Assemelhado ao do RGPS (CF, art. 40, § 8º).
Tempo fictício	Vedado o cômputo (CF, art. 40, § 10).
Subsidiariedade do RGPS	Aplicação, do que couber, ao servidor público das regras do RGPS (CF, art. 40, § 12).
Contribuição dos inativos	Os servidores inativos e os pensionistas que receberem acima de determinado patamar contribuirão com 11% (Lei n. 10.887/2004).
Abono de permanência em serviço	O servidor que completar as exigências legais de um benefício do RPPS e desejar não se aposentar fica dispensado da contribuição previdenciária de 11% dos vencimentos (CF, art. 40, § 19).
Fator de redução	O servidor que desejar se aposentar antes de completar as idades mínimas sofrerá redução no valor dos benefícios, de 3,5% nos anos 2004/2005 e de 5% a partir de 1º.1.2006.
Direito adquirido	Quem preencheu os requisitos legais até 16.12.1998 e até 30.12.2003 não tem de atender às exigências estipuladas pelas ECs ns. 20/1998 e 41/2003.
Previdência complementar	Fundo de pensão para o servidor público para cobrir prestações acima do limite do RGPS (CF, art. 40, § 15).

Opção pela EFPC pública	Servidores admitidos antes da criação do fundo de pensão poderão optar pelo regime de complementação pública.
Fontes formais	Art. 40 da Carta Magna, ECs ns. 19/1998, 20/1998 e 41/2003, Leis ns. 9.717/1998 e 10.887/2004. ON SPS n. 1/2007. A Lei n. 8.112/1990 (servidor público federal) é citada como paradigma.

44.1. Órgãos públicos

Conceito	Previdenciariamente, entes dos governos federal, estadual, municipal e do DF, tidos como sendo empresas (PCSS, art. 15).
Razão da distinção	Esses órgãos públicos beneficiam-se de algumas presunções e privilégios fiscais.
Administração direta	Órgãos centrais e autárquicos (art. 4º do Decreto-lei n. 200/1967).
Administração indireta	Empresas públicas, sociedades de economia mista e fundações de direito público.
Empresa pública	Entidade dotada de personalidade jurídica de direito privado, com patrimônio próprio e capital exclusivo da União ou de suas entidades de Administração Indireta, criada por lei para desempenhar atividades de natureza empresarial que o governo seja levado a exercer por motivos de conveniência ou contingência administrativa, podendo tal entidade revestir-se de qualquer das formas admitidas em Direito (art. 5º, II, do Decreto-lei n. 200/1967).
Sociedade de economia mista	Entidade de personalidade jurídica de direito privado, criada por lei para o exercício de atividades de natureza mercantil, sob a forma de sociedade anônima, cujas ações com direito a voto pertencem, em sua maioria, à União ou à entidade da Administração Indireta (art. 5º, III, do Decreto-lei n. 200/1967).
Autarquia	Entidade governamental com autonomia.
Fundação	Entidade criada por lei, fazendo parte da Administração Direta e com natureza pública, regida pelo Código Civil.
Estatal	Designação genérica relativa à empresa da iniciativa privada em que o Estado tenha participação societária.

Ente paraestatal	Entendimento doutrinário segundo o qual são órgãos de controle do exercício profissional de certas categorias de trabalhadores, assinaladamente liberais, ou de profissões regulamentadas.
Regime próprio (RPPS)	Previdência social instituída pelo ente político para os seus servidores normalmente estatutários (Lei n. 9.717/1998).
Regime geral (RGPS)	Regime de Previdência Social dos trabalhadores da iniciativa privada, que abriga o servidor, caso não tenha regime próprio (Lei n. 8.213/1991).
Entes sem regime próprio	Quando o órgão público não tem um RPPS, os seus servidores são filiados ao RGPS (PBPS, art. 12).
Cargos em comissão	Os ocupantes de cargos em comissão, de livre nomeação, são filiados ao RGPS.
Retenções	Quando o órgão público contrata o autônomo, obriga-se a reter e a recolher os 11% da remuneração a ele paga (Lei n. 10.666/2003).
Regime único	Modalidade de regime jurídico instituído pela Carta Magna de 1988 (ou é só celetista ou só estatutário).
Regime especial	Regime criado em 1960 e extinto em 24.7.1991, para a concessão de algumas prestações (com contribuição de 4,8% + 4,8% = 9,6%).
Precário	Regime híbrido (estatutário + celetista) criado no Estado de São Paulo (Lei n. 500/1974).
Prestações	O servidor filiado ao RGPS tem direito a todas as prestações da Lei n. 8.213/1991.

44.2. Servidor público

Conceito	Trabalhador legalmente investido em cargo público que, empossado, presta serviços para os entes políticos da República.
Agente público	Quem, não sendo servidor *lato sensu*, exerce função pública, como os eleitos.
Entes políticos	A União, o Distrito Federal, os Estados e os Municípios.
Regime próprio	Previdência social prevista no art. 40 da Carta Magna, com a redação dada pelas ECs ns. 20/1998, 41/2003 e 47/2005.

Concurso público	Instituto técnico de Direito Administrativo mediante o qual os inscritos se submetem a provas ou à apresentação de títulos.
Nomeação	Ato solene em relação à pessoa concursada que é designada para um cargo, podendo ser em caráter efetivo ou em comissão.
Cargo	Conjunto de atribuições e responsabilidades previstas no órgão público, cometidas ao servidor.
Posse	Investido no cargo, assinatura no respectivo termo de posse.
Exercício	Desempenho das atribuições do cargo público ou da função de confiança.
Estabilidade	*Status* jurídico após três anos de efetivo exercício.
Estágio probatório	Período de três anos em que o servidor ainda não tem estabilidade.
Readaptação	Aproveitamento em outra função, compatível com as condições do servidor.
Reversão	Reaproveitamento do servidor do percipiente de aposentadoria por invalidez que recuperou a higidez.
Reintegração	Reinvestidura de quem fora afastado do serviço público.
Recondução	Retorno de quem havia sido inabilitado no estágio probatório.
Vacância	Exoneração, demissão, promoção, readaptação, aposentadoria, posse em outro cargo ou morte.
Licença	Período de afastamento daquele que o solicitou e obteve, com ou sem remuneração.
Disponibilidade	Tempo em que o servidor fica afastado do trabalho.
Requisição	Situação do servidor que deixa um ente político ou órgão da administração e presta serviços para outro ente político ou órgão.
Reassunção	Aposentado que volta ao trabalho no serviço público.
Aposentação	Situação do servidor que obteve uma aposentadoria.
Exoneração	Quem pediu demissão ou por não aprovação no estágio ou por falta de posse no prazo legal.
Demissão	Quem foi desligado a bem do serviço público.
Sindicância	Procedimento interno de apuração de falta.

Inquérito	Averiguação da responsabilidade do servidor sob sindicância.
Anistiado	Pessoa vítima de ações políticas (Lei n. 6.683/1979).
Ex-combatente	Quem serviu na Segunda Guerra Mundial.
Contribuição	11% da remuneração mensal.
Vencimentos	Retribuição pecuniária pelo exercício do cargo público.
Remuneração	Vencimento do cargo efetivo, acrescido das vantagens pecuniárias.
Proventos	Título atribuído ao valor da aposentadoria.
CRTS	Possibilidade de computar o tempo de serviço público com o privado para fins de prestações (Lei n. 6.226/1975).
Exercente de atividade privada	Além de servidor, quem presta serviços na iniciativa privada, filiando-se ao RGPS em relação a essa segunda atividade.
Acumulação	Permissão para médicos, professores e ocupantes de cargos técnicos de acumularem cargos, funções e aposentadorias.
Observações	Conceitos extraídos do Estatuto dos Servidores Públicos Civis da União — ESPCU (Lei n. 8.112/1990).
Fontes formais	Arts. 37/40 da Carta Magna; ECs ns. 20/1998, 41/2003 e 47/2005; Leis ns. 8.112/1990, 9.717/1998 e 10.887/2004; ON SPS n. 1/2007.

44.3. Aposentadoria especial do servidor

Conceito básico	Benefício semelhante ao dos arts. 57/58 do PBPS para o servidor público exposto a agentes nocivos.
Fundamento legal	Com a redação da EC n. 47/2005, a aposentadoria do servidor "cujas atividades sejam exercidas sob condições que prejudiquem a saúde ou a integridade física" deverá ser disciplinada por lei complementar (CF, art. 40, § 4º, III).
Remissão ao PBPS	O art. 40, § 12, da Carta Magna determina a remissão aos arts. 57/58 do PBPS que ditam sobre o prejuízo à saúde ou integridade física do trabalhador.
Servidores federais	Para os servidores da União, o tema é regulado no art. 188, § 2º, do ESPCU, reclamando *legis expecialis*.

Requisitos básicos	Qualidade de servidor, 10 anos de serviço público e cinco anos no cargo, exposição aos agentes nocivos por 25 anos e, atualmente, inclusão em decisão do STF no Mandado de Injunção.
Polos da relação jurídica	Servidor estatutário efetivo. Repartição pública para a qual presta serviços. Regime Próprio de Previdência Social (RPPS).
Servidores abrangidos	Servidor público da União, Estados, Distrito Federal e Municípios, ocupante de cargo efetivo (estatutário).
Requisitados	A concessão do benefício se dará no RPPS correspondente instituído pela repartição requisitada.
Disponibilidade	O tempo de disponibilidade somente será considerado como comum.
Natureza jurídica do benefício	Aposentadoria por tempo de serviço com tempo menor, de 25 anos, de exposição aos agentes deletérios da saúde ou da integridade física do servidor.
Contingência coberta	Risco permanente de acidentes do trabalho ou doenças ocupacionais (sem a ocorrência dos sinistros).
Conversão de tempo especial	Possibilidade de converter tempo especial público ou privado em tempo comum para os fins da aposentadoria por tempo de contribuição.
Fator de conversão	40%. Isto é, 10 anos valem 14 anos.
Mandado de Injunção	Atualmente, só beneficiados pelo Mandado de Injunção têm direito ao benefício.
Contagem recíproca	Cômputo do tempo de serviço especial ou comum prestado em outro órgão público e na iniciativa privada.
Tempo anterior a 1980	Adição do tempo de serviço especial exercido anteriormente à Lei n. 6.887/1980.
Múltipla atividade	Soma dos tempos de serviço especiais em duas ou mais atividades públicas constitucionalmente permitidas.
Agentes nocivos	Agentes físicos, químicos, biológicos, ergométricos e psicológicos e outros que venham a surgir.
Níveis de tolerância	Devem ser observados os diferentes limites de tolerância de cada um dos agentes.
Tecnologia de proteção	Em cada caso, a utilização de EPI, EPR ou EPC podem diminuir a ação deletéria dos agentes nocivos.

Períodos especiais	Atividade de exposição aos agentes nocivos, descansos, férias, licenças por afastamento acidentário, aposentadoria por invalidez acidentária, licença-gestante ou adotante e paternidade e certas ausências.
Data do início	Data da publicação da portaria de deferimento no Diário Oficial.
Condições gerais	Níveis de tolerância, habitualidade e permanência, utilização de tecnologia de proteção, iguais ao do RGPS.
LTCAT	Laudo técnico emitido pelo órgão público ou por terceiros autorizados, firmado por médicos ou engenheiros do trabalho.
PPP	Perfil Profissiográfico Previdenciário elaborado pelo setor de Recursos Humanos da repartição pública.
Documentos trabalhistas	PPRA, PGR, PCMSO, PCMAT e outros mais que possam informar as condições do trabalho ao longo do tempo.
Direito de categoria	Direito de certas pessoas ou ocupações, vigentes até 28.4.1995, com a presunção de exposição aos agentes nocivos.
Benefícios por incapacidade	Os períodos de licenças médicas e aposentadoria por invalidez acidentária devem ser considerados.
Volta ao trabalho	De regra, retorno vedado no serviço público, mas excepcionalmente permitido para certos servidores citados constitucionalmente, e em atividades não especiais.
Situação do professor	Aposentadoria específica, não identificável com a aposentadoria especial.
Custeio da repartição	Possível contribuição patronal do Estado para fazer frente aos custos da prestação e manter equilibrado o plano de benefícios.
Adicionais trabalhistas	Elementos indiciários da pretensão, sem automaticamente significar o direito à prestação.
Levantamento ambiental	Dossiê histórico preparado pela repartição pública a partir de dados escritos que permitam a emissão do LTCAT *a posteriori*.
Gerenciamento de riscos	Previsão das áreas ambientais e fora da sede do órgão público, com possibilidade de ocorrência de sinistros.
Mapeamento de sinistros	Registro de acontecimentos referentes aos acidentes laborais e às doenças ocupacionais no ambiente de trabalho.

Análise pericial do RPPS	Avaliação pericial operada por médico perito do RPPS a respeito das condições de trabalho durante os 25 anos e, em particular, do relatado no LTCAT.
Limite de idade	Não há mais previsão de limite de idade no RGPS, política possivelmente adotada no RPPS.
Utilização da analogia	As normas administrativas não podem ignorar o poder de convencimento da analogia ou da similitude quando constantes de demonstrações adequadas.
Habitualidade e permanência	Permanência significa toda a jornada de trabalho; habitualidade, todos os dias da semana.
Trabalho intermitente	A despeito do que dizem algumas normas administrativas, certos trabalhos intermitentes podem produzir as doenças ocupacionais tanto quanto os permanentes.
Abono de permanência	Quem se expôs durante os 25 anos de serviço aos agentes nocivos e não deseja a aposentadoria especial faz jus à dispensa da contribuição de 11% dos seus vencimentos.
Dano moral	O Estado é responsável por não ter regulamentação da aposentadoria especial do servidor desde 5.10.1988 e, se caracterizado um prejuízo moral ou material, caberá a ação judicial para haver a reparação.
Fontes formais	IN SPPS n. 1/2010 e ON MPOG n. 6/2010.

44.4. Previdência complementar do servidor

Conceito	Complementação dos benefícios devidos pelo Regime Próprio de Previdência Social relativos aos vencimentos que ultrapassarem R$ 3.916,20.
Alcance	Servidores federais, estaduais, municipais e distrital.
Base de cálculo da contribuição	Vencimentos acima do teto da Previdência e até R$ 28.059,29 (teto dos servidores).
Tipo de filiação	Ingresso facultativo.
Regime financeiro do plano de benefícios	Contribuição definida para as prestações de pagamento continuado e as imprevisíveis a serem disciplinadas por decreto (*sic*).
Órgãos supervisores	PREVIC e CNPC.

Contribuição	Fixada na lei criadora, possivelmente de 8,5%.
Prestações	Complementação de todas as prestações devidas pelos planos de benefícios dos RPPS.
Portabilidade	Acolhidas as contribuições de fundos de pensão privados.
Vesting	Segue as mesmas regras da LC n. 109/2001.
Autopatrocínio	É possível, conforme a LC n. 109/2001.
Natureza da EFPC	Natureza pública.
Continuidade filiativa	Admitida nos casos de cessão e afastamento do servidor.
Base da contribuição	Remuneração prevista no art. 4º, § 3º, da Lei n. 10.887/2004.
Contribuição extra	Espontaneamente o participante poderá acrescer contribuições ao seu capital acumulado.
Contribuição do participante	No caso da União foi fixada em 8,5% (Lei n. 12.618/2012).
Contribuição do patrocinador	Terá de ser igual a do participante (de regra, 8,5%).
Prestações não programadas	O art. 12, § 3º, da Lei n. 12.618/2012 possivelmente é inconstitucional ao delegar atribuição de fixar as prestações imprevisíveis à regulamentação infralegal.
Regime repressivo	Obedecerá ao Decreto n. 4.942/2003.
Fontes formais	Art. 40, §§ 14/16, da Carta Magna, LCs n. 108/2001 e 109/2001 e Leis ns. 10.887/2004 e 12.618/2012.

45. BENEFÍCIO DE PAGAMENTO CONTINUADO DA LOAS

Significado	Benefício assistenciário de pagamento continuado — sem contribuição da pessoa — devido aos deficientes ou idosos.
Valor	Desde 5.10.1988 é de um salário mínimo. Antes, era de 1/2 salário mínimo.
Idade mínima	Homem ou mulher com 65 anos de idade (Lei n. 10.741/2003). Na Lei n. 8.742/1993 era de 67 anos. A Lei n. 6.179/1974 exigia 70 anos.
Deficientes	Pessoas incapacitadas para o trabalho ou vida independente.
Apuração da deficiência	Quem alegar deficiência terá de submeter-se à perícia médica do INSS, que avaliará o nível da incapacidade.
Renda familiar	Cada membro da família só pode ter no máximo 1/4 do salário mínimo como renda pessoal (R$ 136,25 em 2011).
Benefício previdenciário	O requerente não pode receber prestação da Previdência Social ou de outro regime previdenciário.
Hemodiálise de Caruaru	Esse amparo pode ser recebido com a Pensão Hemodiálise de Caruaru (Lei n. 9.422/1996).
Atividade remunerada	O percipiente do benefício está impedido de exercer qualquer atividade remunerada.
Conceito de grupo familiar	Os mesmos dependentes para fins da pensão por morte: marido ou mulher, companheiros, filhos, enteados e tutelados, pais e irmãos não emancipados (art. 16 do PBPS).
Exclusividade	O benefício pode ser pago a mais de um membro da família, preenchidos os requisitos legais. Se alguém já está recebendo a LOAS, um salário mínimo será somado à renda familiar.
Conceito de família	Um conceito legal de família pode ser colhido no art. 20 da Lei n. 8.742/1993.

Data do início	Data de Entrada do Requerimento.
Cessação	Encerra-se: a) pela morte do titular (presumida ou ausência); b) descumprimento das condições econômico-financeiras; c) não comparecimento ao INSS; ou d) recuperação da capacidade para o trabalho.
Pensão por morte	Quando falece o percipiente do benefício, não deixa pensão por morte aos dependentes ou sucessores.
Devedor da prestação	Não há direito ao abono anual (décimo terceiro salário), por falta de amparo legal.
Miserabilidade	O INSS recebe, analisa o pedido e, se for o caso, o concede e o mantém. Na Justiça Federal, ele é o sujeito passivo da ação.
Direito subjetivo	Muitos juízes federais entendem que o critério de 1/4 não é único para determinação do direito ao benefício.
Revisão	Embora assistenciário, se a pessoa preenche os requisitos legais, há direito subjetivo ao benefício.
Doutrina	A cada dois anos o INSS promove o reexame das condições econômico-financeiras.
Documentos necessários	Diante do cenário nacional, os requisitos do benefício estão *sub judice* doutrinariamente, havendo muita discussão sobre sua natureza. a) Número de Identificação do Trabalhador — NIT ou Número de Inscrição como Contribuinte Individual; b) Cédula de identidade, carteira profissional ou Carteira de Trabalho e Previdência Social; c) Cadastro de Pessoa Física — CPF; d) Certidão de Nascimento ou de Casamento; e) Comprovante de rendimentos da família; f) Certidão de óbito (se viúva); e g) Requerimento de benefício assistencial. No caso do deficiente, procuração, tutela ou curatela.
Fontes formais	Arts. 203, V, e 230 da CF; Lei n. 6.179/1974; art. 20 da Lei n. 8.742/1993; art. 1º da Lei n. 9.720/1998; art. 34 da Lei n. 10.741/2003 (Estatuto do Idoso); Decreto n. 1.744/1995.

46. SEGURO-DESEMPREGO

Conceito	Benefício securitário, com características assistenciárias, devido a certo trabalhador desempregado (Lei n. 7.998/1990).
Auxílio--desemprego	Criação do art. 5º da Lei n. 4.923/1965, com recursos do Fundo de Assistência do Desempregado — FAD, com 2/3 da Conta "Emprego e Salários" (Lei n. 4.589/1964).
Emprego	Expressão jurídica que corresponde à existência da relação empregatícia (art. 3º da CLT).
Desemprego	Situação do empregado que perdeu o emprego e não logra recuperá-lo em pouco tempo.
Natureza do benefício	Prestação securitária, de matiz assistenciária, que substituiu o salário, de pagamento continuado e curta duração.
Temporalidade	O benefício perdura três, quatro ou cinco meses.
Deflagrabilidade	Direito subjetivo, ele deve ser requerido pelo Requerimento do Seguro-Desemprego.
Mensalidade	As prestações são mensais.
Pecuniaridade	O valor mensal é pago em dinheiro.
Juridicidade	Pode ser discutido administrativa ou judicialmente.
Pessoalidade	Direito pessoal do obreiro desempregado.
Renunciabilidade	Ninguém está obrigado a requerer o benefício.
Substitutividade	Ele substitui parte do salário do trabalhador.
Facultatividade	O requerimento da prestação é decisão do trabalhador.
Alimentaridade	Em razão do valor tem natureza alimentar.
Finalidade	Propiciar meios de subsistência ao desempregado.
Destinatários	Empregado urbano (Decreto-lei n. 5.452/1943). Trabalhador rural (Lei n. 5.889/1973). Temporário (Lei n. 6.019/1974). Doméstico (Lei n. 5.859/1972). Empregado público (Decreto--lei n. 5.452/1943). Pescador artesanal (Lei n. 8.287/1991).

Principais pessoas sem direito	Servidor público, avulso, autônomo, eventual, eclesiástico, empresário, segurado especial, facultativo, estagiário, bolsista, médico-residente, estudante, dona de casa, aposentado etc.
Fonte de financiamento	Contribuições do PIS-PASEP das LCs ns. 7 e 8/1970 (CF, art. 239).
Órgão pagador	MTE ou SINE, por intermédio da Empresa Brasileira de Correios e Telégrafos — EBCT.
Requisitos	Exigências legais temporais, subjetivas e empresariais do empregado, do doméstico e do pescador artesanal.
Requisitos temporais	a) Receber salário de pessoa física ou jurídica, pelo menos nos seis meses anteriores à data da dispensa. b) Ter sido empregado de pessoa física ou jurídica, pelo menos nos últimos 36 meses. c) Não ter auferido o benefício nos últimos 16 meses. d) Estar com o contrato rescindido há mais de seis dias.
Requisitos subjetivos	a) Estar desempregado. b) Não estar fluindo benefício previdenciário ou o próprio seguro-desemprego. c) Viver sem renda própria.
Requisito empresarial	A dispensa do trabalhador não ocorrer por justa causa.
Requisitos do doméstico	Ter sido doméstico, pelo menos por 15 meses dos últimos 24 meses; não estar recebendo benefício da Previdência Social e não possuir renda própria (Resolução CODEFAT n. 253/2000).
Valor da prestação	Varia conforme a média da remuneração: Até R$ 577,77 — 80% de R$ 350,00. De R$ 577,78 até R$ 963,04 — Média salarial menos 50% de R$ 577,77. Acima de R$ 963,04 — R$ 654,85 (Resolução CODEFAT n. 479/2006).
Valor mínimo	O salário mínimo: R$ 821,41.
Valor máximo	Em 2006, de R$ 1.163,76.
Valor do doméstico	Salário mínimo durante três meses (Resolução CODEFAT n. 253/2000).
Valor do pescador	Salário mínimo enquanto perdurar certas condições da pesca (Lei n. 8.287/1991).

Período de duração dos pagamentos	Varia conforme o tempo do emprego anterior. Três parcelas — vínculo de seis a 11 meses. Quatro parcelas — vínculo de 12 a 23 meses. Cinco parcelas — 24 ou mais meses como empregado (art. 2º, § 2º, I/III, da Lei n. 8.900/1994).
Aumento do período	Para "grupos específicos de segurados, a critério do CODEFAT", ele pode ser alargado (art. 2º, § 5º, da Lei n. 8.900/1994).
Data do início	Primeiro mês do desemprego, a contar da data da dispensa (art. 13 do RSD).
Data da cessação	Dá-se por cessação (no final das parcelas), suspensão e cancelamento.
Regras de acumulação	Não acumulável com benefício previdenciário, exceto auxílio-acidente ou pensão por morte (Lei n. 9.032/1995).
Decadência do direito	Silenciando a legislação, entende-se que seja de cinco anos o prazo para reclamar o benefício.
Cancelamento	Ocorre por vários motivos: a) contratação de novo emprego; b) obtenção de renda própria de qualquer natureza; c) recebimento de benefício previdenciário; d) percepção de outro seguro-desemprego; e e) morte do percipiente.
Desnecessidade de habilitação	Alguns dos requisitos foram dispensados, em razão de turbulências políticas (Leis ns. 8.438/1992, 8.562/1992, 8.669/1993 e 8.845/1994).
Documentos necessários	Comunicação de Dispensa — CD. Requerimento de Seguro-Desemprego (RSD).
Fontes formais	Arts. 7º, II, 201, III e 239 da Constituição Federal; Decreto-lei n. 2.284/1986 (fonte histórica); Leis ns. 7.998/1990 (LSD), 8.287/1991, 8.900/1994 e 9.032/1995; Decreto n. 92.608/1986 (RSD); Resoluções CODEFAT ns. 252/2000 e 253/2000; Portaria MT/SES n. 11/1986.

47. EMPREGADO, TEMPORÁRIO E AVULSO

Empregado	Quem presta serviços remunerados subordinadamente à empresa urbana ou rural (PCSS, art. 12, I, *a*).
Temporário	Provindo de empresa de trabalho temporário, quem trabalha para atender à necessidade transitória de substituição de pessoal regular e permanente ou acréscimo extraordinário de serviço da empresa contratante por 90 dias (PCSS, art. 12, I, *b*).
Avulso	Trabalhador que presta serviços a diversas empresas (normalmente armadores), sem vínculo empregatício, subordinado funcionalmente a entes controladores da mão de obra (PCSS, art. 12, VI).
Base de cálculo da contribuição	O salário de contribuição, que, fundamentalmente, é a remuneração (PCSS, art. 28, I).
Valor mínimo	A base de cálculo mínima é R$ 678,00.
Valor máximo	Limite do salário de contribuição (R$ 4.159,00).
Contribuição mínima	Se a remuneração, em razão da jornada reduzida de trabalho, for inferior ao salário mínimo, a contribuição será correspondente, menor que a mínima.
Alíquotas mensais	De R$ 678,00 até R$ 1.247,70 — 8,0% De R$ 1.247,71 até R$ 2.079,50 — 9,0% De R$ 2.079,51 até R$ 4.159,00 — 11,0%
Parte patronal da empresa	É de 20% da remuneração constante da folha de pagamento mensal, sem limite de valor, mais o SAT (de 1%, 2% ou 3%, conforme o risco leve, médio ou grave).
Presunção jurídica	A contribuição pessoal desses segurados é favorecida pela presunção *juris tantum*, de que foi descontada e recolhida ao FPAS, admissão jurídica não estendida ao contribuinte individual (PCSS, art. 33, § 5º).
Atrasados	Quando do pagamento de salários atrasados, se a empresa culpada não puder ou não quiser descontar a contribuição dos trabalhadores, ela assume esse ônus.

Alíquota do servidor	Em relação ao Regime Próprio de Previdência Social (RPPS) de cada ente político, de 11%.
Aposentado que volta ao trabalho	A mesma do trabalhador não aposentado, e sem restituição na forma do pecúlio, desde 15.4.1994 (PCSS, art. 12, § 4º).
Duas ou mais empresas	Se o segurado trabalha para duas ou mais empresas, observado o limite do salário de contribuição, as remunerações serão somadas, definindo-se a alíquota da adição a ser adotada por todas elas (PCSS, art. 12, § 2º).
Observância do máximo	Se um trabalhador recolhe com base no máximo do salário de contribuição, não haverá retenção em outra empresa que, entretanto, recolherá os 20% da parte patronal mais o SAT.
Registro no INSS	O valor mensal da contribuição efetuada, que faz parte da GFIP, consta do CNIS do INSS e pode ser consultado pelo segurado.
Anotação na CTPS	Para fins de controle, o valor da remuneração do trabalhador deve constar na CTPS.
Consequências da não retenção	Valores das contribuições dos trabalhadores não podem ser parcelados e, se descontados e não recolhidos, caracterizam o crime de apropriação indébita (Lei n. 9.983/2000).
Ações trabalhistas	A Justiça do Trabalho é quem retém a contribuição e a cobra da empresa (PCSS, art. 43).

48. AUTÔNOMO E EVENTUAL

Conceito de autônomo	Pessoa física que, habitualmente e por conta própria, exerce atividade profissional.
Conceito de eventual	Pessoa física que, subordinadamente, presta serviços ocasionais para as empresas ou às pessoas.
Distinção entre autônomo e eventual	O eventual trabalha por conta de terceiros sem o fazer habitual ou profissionalmente; caso contrário, seria um autônomo em início de carreira, trabalhador que não se subordina.
Distinção do empregado	De regra, o empregado é subordinado à empresa e o autônomo é independente.
Classificação previdenciária	São segurados obrigatórios desde a Lei n. 3.807/1960, e a partir da Lei n. 9.876/1999 são designados como contribuintes individuais.
Fato gerador da contribuição	Retribuição pelo exercício da atividade remunerada (para pessoas físicas ou jurídicas).
Base de cálculo	Remuneração dos serviços prestados. Até 31.3.2003 era o regime do salário-base. A partir de 1º.4.2003, os honorários da Lei n. 10.666/2003.
Alíquotas da contribuição	11% quando presta serviços para pessoa jurídica — 20% quando presta serviços para pessoa física.
Guia de recolhimento	GPS, no caso de retenção por parte de pessoa jurídica (11%), e carnê de pagamento, se quitada do próprio bolso (20%).
Retenção dos 11%	Trabalhando para pessoa jurídica, esta retém 11% da remuneração e a recolhe com a contribuição da empresa (20%).
Recolhimento dos 20%	É operada com base na remuneração auferida dos clientes, que são pessoas físicas.
SAT	Não há contribuição para o SAT nem faz jus aos benefícios acidentários.

Autônomo e empregado	Se a pessoa acumula as duas condições, caso a remuneração como empregado seja inferior ao limite do salário de contribuição, recolherá como autônomo, com base na diferença (se ela couber).
Duas vezes autônomo	Respeitado o limite do salário de contribuição, a base de cálculo é a soma das remunerações.
Décimo terceiro salário	Não há décima terceira contribuição para o autônomo ou para o eventual.
Contribuição mínima	11% x R$ 678,00 = R$ 74,58 20% x R$ 678,00 = R$ 135,60
Contribuição máxima	11% x R$ 4.159,00 = R$ 457,49 20% x R$ 4.159,00 = R$ 831,80
Contribuição trimestral	É permitida quando a base de cálculo é o salário mínimo.
Prova do tempo de serviço	Mediante documentos que comprovem o exercício profissional, como ISS, IR etc.
Natureza do vínculo com empresas	Trata-se de um contrato de prestação de serviços celebrado com a contratante dos seus serviços de natureza civil, regido pela Lei n. 10.406/2002 (Código Civil brasileiro).
Direito à aposentadoria especial	Em tese, faz jus a esse benefício, embora tenha enormes dificuldades em provar a exposição aos agentes nocivos físicos, químicos e biológicos, ergométricos e psicológicos.
Fontes formais	Art. 12, V, *h* (autônomo) e *g* (eventual) do PCSS.

48.1. Responsável fiscal pelas contribuições do autônomo

Primeiras considerações	Em cada caso, é preciso determinar o fiscalmente responsável pelas cotizações do contribuinte individual, em particular o autônomo. No caso do empresário, outro contribuinte individual, é a empresa.
Retenção da empresa	O § 4º do art. 30 diz que a empresa reterá 9% da remuneração paga ao autônomo e a recolherá com a parte patronal de 20% (PCSS, art. 22, III, na redação da Lei n. 9.876/1999).
Norma revogada	"Fica a empresa obrigada a arrecadar a contribuição do segurado contribuinte individual a seu serviço, descon-

	tando-a da respectiva remuneração, e a recolher o valor arrecadado com a contribuição a seu cargo até o dia 20 (vinte) do mês seguinte ao da competência, ou até o dia útil imediatamente anterior se não houver expediente bancário naquele dia" (art. 4º da Lei n. 10.666/2003).
Razões da preocupação	Essa contribuição interessa na medida em que eles contribuem para fazer jus aos benefícios previdenciários e, diferentemente do empregado (que também sofre retenção em seus salários, mas *ex vi legis* do art. 33, § 5º, do PCSS, tem essa dedução mensal e o recolhimento presumidamente operados pelo empregador), eles têm de provar ao INSS o recolhimento de suas contribuições.
Contribuintes individuais	Desde a Lei n. 9.876/1999 os autônomos são considerados contribuintes individuais, mas, a partir da criação do ex-IAPC, eles compareceram à legislação previdenciária, ora como facultativos e, desde a LOPS, como segurados obrigatórios (Lei n. 3.807/1960). Já eram verdadeiramente contribuintes individuais (até o Decreto-lei n. 959/1969), e a partir de 1º.10.1969, de uma forma ou de outra, passaram a gerar deveres fiscais patronais (quando prestavam serviços às empresas).
Espécies consideradas	O tratamento fiscal para o autônomo adota três modalidades: os que prestam serviços exclusivamente para pessoas físicas, exclusivamente para pessoas jurídicas e para pessoas físicas e jurídicas.
Quem presta serviços para pessoas físicas	Na condição de contribuinte de fato e de direito, ele será fiscalmente responsável pelo recolhimento mensal de 20% da remuneração auferida no mês de competência. Se não o fizer, arcará com as consequências previstas no PBPS relativas à inadimplência em si mesma e à mensuração do período de carência (ambas ideias anacrônicas e discutíveis em si mesmas em face da contributividade da Previdência Social).
Quem presta serviços para pessoas jurídicas	Toda vez que for remunerado por uma empresa, sofrerá retenção de 11% dos honorários até o teto; essa contribuição, com os 20% da empresa, será recolhida ao INSS. Retenção presumidamente feita e por ela o autônomo não é responsável.
Ausência de retenção	Se a empresa não deduziu esse valor, terá de recolhê-lo ao FPAS sob pena de ser fiscalizada pela RFB. O

	responsável pela retenção e pelo recolhimento é o contratante dos serviços (tomador da mão de obra).
Quem presta serviços para pessoas físicas e jurídicas	Combinam-se as duas obrigações anteriores. Observado o limite do salário de contribuição de R$ 3.691,74, em 2010, supondo-se que tenha recebido R$ 1.000,00 de pessoas físicas e R$ 2.000,00 de pessoas jurídicas, os recolhimentos serão: I — 20% de R$ 1.000,00, ou seja, R$ 200,00, a serem recolhidos no carnê de pagamento; e II — 11% de R$ 2.000,00, ou seja, R$ 220,00, a serem repassados pela contratante dos serviços (além do seu dever fiscal de pagar mais R$ 400,00).
Inadimplência empresarial	Ainda que o tomador dos serviços não retenha ou, se reteve, não recolheu as contribuições, o autônomo: a) manterá a qualidade de segurado; b) somará mensalidades para completar o período de carência; e c) adicionará tempo de contribuição.
Mútua inadimplência	Situação distinta diz respeito ao autônomo que presta serviços para pessoas físicas (quando não há retenção por parte do cliente) e pessoas jurídicas (quando o cliente deveria reter os 11%) e ambos, contratado e contratante, estão inadimplentes. Nesse caso, agirá bem quem considerar válido o direito ao benefício cifrando o salário de contribuição à remuneração referente ao serviço contratado por pessoa jurídica. A parte pessoal não recolhida *oportune tempore* dependerá de cada situação e do recolhimento *a posteriori*.
Decisões contrárias	Sem razão os acórdãos que atribuem responsabilidade fiscal ao autônomo que presta serviços para empresas. Estas estão obrigadas a reterem e a recolherem a contribuição desse segurado obrigatório e, para efeito dos benefícios, vale o disposto no art. 33, § 5º, do PCSS.
Fontes formais	O art. 21 do PCSS configura a alíquota e a base de cálculo desse contribuinte (20% de certo salário de contribuição). O art. 30, II, em decorrência do art. 4º da Lei n. 10.666/2003, diz que é seu dever "recolher sua contribuição por iniciativa própria até o dia 15 do mês seguinte ao da competência". Depois da Medida Provisória n. 447/2008, passou a ser dia 20 (Lei n.11.933/2009).

49. EMPRESÁRIO URBANO OU RURAL

Conceito	Titular de firma individual, sócio-gerente de limitada, diretor de sociedades anônimas, dirigentes de modo geral de instituições, associações, cooperativas etc.
Classificação previdenciária	Antes designados empresários, a partir da Lei n. 9.876/1999 são enquadrados como contribuintes individuais.
Tipos	Urbanos e rurais, operando na iniciativa privada e nas estatais, em órgãos colegiados ou não.
Titular de firma individual	Único proprietário da empresa de pequeno porte, cuja razão social é o seu nome.
Sócio-gerente	Sócio gestor, que exerce atividade na sociedade e é remunerado mediante o *pro labore*.
Sócio solidário	Membro da sociedade em nome coletivo (art. 315 do Código Comercial).
Sócio de indústria	Sócio que trabalha na sociedade de capital e indústria (arts. 317/324 do Código Comercial).
Sócio cotista	Sem trabalhar na sociedade limitada e sem ter *pro labore* não é segurado obrigatório.
Diretor de S.A.	Segurado obrigatório como contribuinte individual, antes designado como empresário.
Diretor não empregado	Se não for empregado, é segurado obrigatório na condição de contribuinte individual.
Síndico ou administrador	Quando remunerado pelo condomínio é contribuinte individual.
Dirigente sindical	O dirigente de sindicatos, federações e confederações, caso remunerado, é contribuinte individual.
Conselho de Administração	Na hipótese de haver remuneração, o conselheiro é segurado obrigatório.
Conselho Fiscal	Nessa condição, sem remuneração, os conselheiros não são segurados obrigatórios.
Diretor de cooperativa	Entendida como uma associação, se o diretor for remunerado é contribuinte individual.

Dirigente de fundações	Se esses dirigentes são remunerados classificam-se como contribuintes individuais.
Dirigente de associações	Dirigente, de modo geral, é segurado obrigatório, caso aufira remuneração.
Órgão colegiado	O órgão colegiado é classificado como equiparado às diretorias e, nessas condições, os conselheiros são segurados obrigatórios, se remunerados.
Órgãos jurisdicionais	Dada a proximidade com o serviço público, a situação de cada um desses órgãos varia, normalmente abriga contribuintes individuais.
Órgãos de controle profissional	O membro remunerado da diretoria dos órgãos de controle do exercício profissional é segurado obrigatório como contribuinte individual.
Empresário rural	Basicamente, o produtor rural pessoa física e pessoa jurídica, diretor da agroindústria e, em *lato sensu*, o segurado especial.
Empresário de direito	Aquele que presta serviço para empresa formalizada junto dos órgãos públicos.
Empresário de fato	Quem presta serviços caracterizados de administrador sem formalmente oficializar o empreendimento nos órgãos públicos.
Distinção da empresa	O empresário, pessoalmente considerado, não se confunde com a sociedade da qual ele faz parte.
Fato gerador	Remuneração auferida em razão do trabalho, não se confundindo com os lucros que são distribuídos.
Base de cálculo	Valor da remuneração até o teto.
Alíquota	11% retido da remuneração.
Contribuição da empresa	20% da remuneração sem limite de valor.
Direito à aposentadoria especial	Embora não impossível, é difícil de ser realizada, em face das dificuldades de provar todos os aspectos da atividade insalubre.
Empresário e autônomo	Segue as regras do autônomo e empregado, somente recolhendo se o salário for inferior ao limite do salário de contribuição.
Duas vezes empresário	Observado o limite do salário de contribuição, recolhe pela soma das remunerações.
Fontes formais	Código Comercial e Código Civil; Decreto n. 3.708/1919 (sociedade limitada); Lei n. 6.404/1976 (SA); art. 12, V, *f*, do PCSS.

50. ECLESIÁSTICO

Conceito doutrinário	Pessoa ordenada ou não, devidamente diplomada pela autoridade religiosa competente, que consagra sua vida a Deus e ao próximo, dedicando-se à doutrina, celebração e cultos religiosos.
Conceito legal	Ministro de confissão religiosa e o membro de ordens, congregações ou institutos de vida consagrada, incluídas as companhias (Parecer CJ/MPAS n. 33/1981).
Exemplos de eclesiásticos	Na Igreja Católica, núncio apostólico, cardeal, arcebispo, bispo, padre, frei e freira. Na igreja não católica, o pastor e o bispo.
Classificação previdenciária	Embora devessem ter enquadramento distinto porque não recebem remuneração no sentido jurídico laboral, são entendidos como contribuintes individuais desde a Lei n. 9.876/1999.
Facultativos	Até o advento da Lei n. 6.696/1979 foram considerados segurados facultativos.
Relações com a Igreja	No exercício do seu mister religioso, eles não são empresários, autônomos nem empregados, exceto se acumularem a função de professores de escola da Igreja.
Retenção da Lei n. 10.666/2003	A Igreja, quando entrega valores ao eclesiástico, sem caráter remuneratório, não retém os 11% nem recolhe os 20% patronais.
Valor pago ao seminarista	Não é remuneratório (PCSS, art. 22, § 13).
Fato gerador da contribuição	Simplesmente o fato de ser ministro religioso.
Base de cálculo	Valor declarado pelo eclesiástico, que varia de R$ 678,00 até R$ 4.159,00.
Base de cálculo até 31.3.2003	Regime do salário-base, então igual à dos autônomos ou empresários (art. 29 do PCSS).

Alíquota	Sempre de 20%.
Sujeito passivo da obrigação fiscal	O próprio eclesiástico.
Base de cálculo mínima e máxima	A mesma dos contribuintes individuais: R$ 678,00 e R$ 4.159,00.
Guia de recolhimento	Carnê de pagamento do contribuinte individual.
Benefícios	Todas as prestações compatíveis com a condição de contribuinte individual.
Fontes formais	Art. 143, § 2º, da Constituição Federal; Lei n. 6.696/1979; arts. 12, I, do PCSS e 11 do PBPS; Portaria MPAS n. 1.984/1980.

51. EMPREGADO DOMÉSTICO

Conceito	Pessoa física que presta serviços de natureza não econômica à pessoa ou à família no âmbito residencial destas (ou fora dele).
Base de cálculo	O salário de contribuição é a remuneração anotada na CTPS (comportando prova em contrário de ser maior ou menor).
Alíquotas do segurado	8,0% — até R$ 1.247,70; 9,0% — entre R$ 1.247,71 até R$ 2.079,50; 11,0% — entre R$ 2.079,51 até R$ 4.159,00.
Taxa do empregador	Em qualquer caso, limitado a R$ 4.159,00, é de 12% do salário de contribuição do trabalhador.
Dois empregos	Se o segurado presta serviços para dois patrões domésticos, respeitado o limite, os salários serão adicionados, adotada a taxa da soma.
Meia jornada	Trabalhando somente quatro horas e recebendo R$ 272,50, essa será a base de cálculo da contribuição.
Valor mínimo	Para quem tem jornada normal é: Doméstico — R$ 678,00 x 8,0% = R$ 54,24. Empregador — R$ 678,00 x 12,0% = R$ 81,36.
Limite do salário de contribuição	Para o trabalhador e o patrão, é de R$ 4.159,00, não importando se o doméstico ganhe por mês valor superior a esse.
Salário *in natura*	Somente a habitação pode ser descontada do salário do trabalhador.
Valor não anotado na CTPS	Se o patrão não registrar o valor real dos salários, ainda assim a obrigação fiscal existe; esse doméstico poderá reclamar na Justiça do Trabalho.
Férias anuais	Sobre as férias há incidência normal da contribuição.
Férias indenizadas	Sem incidência de contribuição.

Aviso-prévio	Há incidência de contribuição se for o gozado, não havendo caso seja o indenizado.
Décimo terceiro salário	Segue a regra dos demais segurados, havendo incidência em separado do mês de dezembro de cada ano.
Guia de recolhimento	É o carnê de pagamento, igual ao dos contribuintes individuais (empresário, eclesiástico e autônomo).
Número de inscrição	É o Número de Identificação do Trabalhador — NIT, número próprio obtido junto do INSS.
Prazo do vencimento	A contribuição mensal vence no dia 15 do mês seguinte ao mês de competência. Março é pago até 15 de abril sem os acréscimos legais.
Acréscimos legais	Segue a regra dos demais segurados, com juros e multa automática.
Propriedade do carnê	Ainda que possa ficar momentaneamente nas mãos do empregador, o carnê é documento pessoal do doméstico.
Responsável fiscal	O empregador doméstico (patrão) é responsável pelo pagamento das contribuições.
Observação	Como o atual carnê de pagamento não tem espaço específico para registrar a base de cálculo, ela deveria ser escrita em algum lugar na guia de recolhimento.
Numeração dos carnês	Para poder guardá-los em ordem, importa numerar os carnês, assinalando na sua capa os meses de pagamento contidos.
Diarista	É tido como autônomo.
Fonte formal	Lei n. 5.859/1972.

52. SEGURADO ESPECIAL

Conceito	Pequeno produtor rural produzindo sozinho ou com a família no regime de economia familiar (PCSS, art. 12, VII).
Regime de economia familiar	Reunião de parentes, pais e filhos que exploram a atividade rural para obter os meios de subsistência (PCSS, art. 12, § 1º).
Data do início da filiação	Desde 24.7.1991, está contemplado no PCSS (custeio) e no PBPS (benefícios).
Natureza da filiação	Cada um dos membros da família é segurado obrigatório.
Filiação facultativa	Além de contribuição obrigatória, geralmente pequena, ao mesmo tempo ele pode contribuir como facultativo (PCSS, art. 25, § 1º).
Fato gerador da contribuição	É a produção rural quando vendida para adquirentes (PCSS, art. 25).
Base de cálculo	Valor da receita bruta da comercialização do produto rural (PCSS, art. 25, I/II).
Produto rural	Bem não industrializado proveniente da agricultura ou pecuária (PCSS, art. 25, § 3º).
Alíquota de contribuição	As taxas são: 2,0% + 0,1% (SAT) = 2,1% (PCSS, art. 25, I/II).
Contribuinte de fato	Sendo descontado em 2,1% do valor da nota fiscal, quem de fato paga a contribuição é o segurado especial.
Contribuinte de direito	Retendo a contribuição do segurado especial quando do ato da comercialização, o fiscalmente responsável é o adquirente do produto rural.
Mensalidade da contribuição	A contribuição depende do momento da venda e é considerada anualmente.
Prova da retenção	Além da nota fiscal, o segurado especial deve guardar a prova de que foi descontado pelo adquirente.
Venda a consumidor	Quando o segurado especial vende diretamente para o consumidor, em domicílio, não há desconto.

Exportação	Na hipótese de diretamente exportar o produto rural não há retenção.
Venda não mercantil	Inexiste incidência da contribuição se o produto rural se destinar à reprodução, criação, plantio, reflorestamento etc.
Pesquisa científica	Produtos destinados à pesquisa científica não sofrem incidência (PCSS, art. 25, § 4º — revogado).
Existência de colaborador	Faz parte do conceito de segurado especial a contratação eventual de colaborador (PCSS, art. 12, VII).
Direitos previdenciários	O segurado especial faz jus a todos os benefícios compatíveis com sua situação atípica.
Fontes formais	Previsto no art. 195, § 8º, da Constituição Federal; Lei n. 11.941/2009; ON SPPS n. 1/2007.

53. CONTRIBUINTE FACULTATIVO

Conceito	Quem não seja segurado obrigatório de qualquer regime de Previdência Social, que manifeste a vontade de filiar-se ao RGPS e, depois de inscrito, faça pelo menos a primeira contribuição.
Histórico	A partir de 1º.11.1991 substituiu o contribuinte em dobro, que havia sido criado em 1940 e que provinha do MONGERAL (Lei de 18.1.1835).
Universo dos filiáveis	Maior de 16 anos. Desempregado ou inativado. Dona de casa. Estudante não ocupado profissionalmente. Síndico de condomínio ou administrador condominial até fevereiro de 1997. Conselheiro tutelar. Estagiário da Lei n. 11.788/2008 e bolsista. Quem exerceu cargo eletivo até janeiro de 1998. Ocupante de cargo de ministro de Estado, secretário Estadual, Distrital ou Municipal, até fevereiro de 2000.
Inscrição	Simplificada, a ser promovida junto ao INSS.
Identificação	Com o Número de Identificação do Trabalhador — NIT.
Primeira contribuição	Para aperfeiçoar a relação jurídica e demonstrar a disposição de se filiar, terá de quitar a primeira contribuição referente ao mês anterior da decisão.
Mês inicial de pagamento	Do dia 1º até o dia 15, o segurado terá de escolher esse mês ou o anterior, sem poder retroagir e pagar atrasados (contornaria o risco).
Filiação	A filiação decorrente surge ao mesmo tempo da inscrição.
Contribuições	Mensalmente, o facultativo fará o recolhimento como um contribuinte individual.

Guia de recolhimento	O mesmo carnê de pagamento dos contribuintes individuais que prestam serviços para pessoas físicas.
Fato gerador	Vontade de se filiar à Previdência Social.
Base de cálculo	Qualquer valor mensal, de escolha da pessoa, variando de R$ 678,00 (mínimo) a R$ 4.159,00 (máximo).
Alíquota	20% (vinte por cento).
Valor mínimo e máximo	20% x R$ 678,00 = R$ 135,60 (mínima); 20% x R$ 4.159,00 = R$ 831,80 (máxima).
Código do recolhimento	É o 1406, que não deve ser confundido com o Código 1007 dos contribuintes individuais.
Perda da qualidade de segurado	Para quem cessou as contribuições, a perda da qualidade ocorrerá sete meses + 15 dias a contar da cessação dos pagamentos.
Pagamento de atrasados	Períodos de inadimplência (não recolhimento) inferiores ao de manutenção da qualidade devem ser obrigatoriamente recolhidos.
Vencimento da contribuição	Desde julho de 1992, a contribuição vence no dia 15 do mês subsequente ao que se referir (PCSS, art. 30, II).
Arrependimento eficaz	Até o dia 15 de cada mês, arrependendo-se do valor menor que aportou, o segurado poderá complementar o montante.
Segurado especial	Além da contribuição obrigatória, o segurado especial pode contribuir facultativamente.
Servidor público	Em determinação discutível doutrinariamente, e possivelmente sem eficácia (não regulamentada), a Constituição Federal veda ao servidor a possibilidade de contribuir como facultativo (CF, art. 201, § 5º).
Benefícios disponíveis	Todos os compatíveis com a condição de alguém que não exerce atividade profissional.
Acréscimos legais	No recolhimento de contribuições "incidirão os juros e multa de mora a partir do primeiro dia útil subsequente ao do vencimento do trimestre civil" (art. 489, § 4º, da IN SRP n. 3/2005).
Restituição e compensação	Ambas as modalidades de devolução das contribuições indevidas são legais e possíveis.
Contribuições trimestrais	Conforme o valor, o facultativo pode recolher a cada três meses.
Transformação em autônomo	Se o facultativo vier a trabalhar formalmente, ele se transformará em autônomo ou até empresário.

Militar e congressistas	Ambos podem continuar a recolher contribuições depois de deixarem a atividade.
Regime Especial de Inclusão dos Informais (REII)	Querendo relacionar-se com a Previdência Social pelo mínimo, uma pessoa pode contribuir com 11% do salário mínimo (11% x R$ 545,00 = R$ 59,95) e obter prestações mínimas, com exceção da aposentadoria por tempo de contribuição. Se desejar esta última ou pretender computar o tempo de contribuição para o serviço público, mediante a contagem recíproca, deverá recolher mais 9% mensais (LC n. 123/2006 e Decreto n. 6.042/2007).
Fontes formais	Art. 201, § 5º, da Constituição Federal; arts. 14 da Lei n. 8.212/1991 e 13 da Lei n. 8.213/1991; Lei Complementar n. 123/2006; Decreto n. 6.042/2007; arts. 5º e 71 da IN RFB n. 791/2009.

54. SERVIDOR SEM REGIME PRÓPRIO

Significado	Um regime jurídico de previdência próprio dos servidores, expressão inadequada na medida em que todos os regimes são próprios.
Regime próprio	Significa a existência de uma entidade de direito público que administra os benefícios previdenciários do servidor (Leis ns. 9.717/1998 e 10.887/2004).
Criação e extinção	Um RPPS pode ser instituído e extinto em cada ente da República.
Fonte de implantação	Um regime próprio deve ser criado por lei ordinária do ente político.
Filiação do servidor	Se não existe um regime próprio de Previdência Social o servidor é filiado ao RGPS.
Contribuição	Diferentemente dos 11%, o servidor recolherá como se fosse um trabalhador da iniciativa privada.
Benefícios previstos	Nessas condições, o servidor fará jus aos benefícios previstos na Lei n. 8.213/1991.
Aposentadoria especial	Tal servidor, ao lado do trabalhador, fará jus a uma aposentadoria especial dos arts. 57/58 do PBPS.
Cargo em comissão	Mesmo que haja regime próprio, é filiado ao RGPS, por disposição expressa da lei.
Cargo temporário	Também é filiado ao RGPS.
Empregado público	Quando regido pela CLT identifica-se com o trabalhador da iniciativa privada.
Deveres dos entes da República	Há quem entenda que, inexistindo regime próprio, a repartição pública é diretamente responsável pelos benefícios previdenciários.
Questões polêmicas	Esse regime particular dos servidores sem regime próprio suscita muitas questões constitucionais, como o limite das contribuições e dos benefícios, contribuição dos inativos, aposentadoria compulsória etc.

55. RETENÇÃO DO CONTRIBUINTE INDIVIDUAL

Conceito	Dedução operada na remuneração paga ao trabalhador, valor a ser recolhido ao INSS com o da empresa.
Guia de recolhimento	Guia de Recolhimento da Previdência Social — GPS, com menção na GFIP.
Registro	O valor da remuneração constante da GFIP.
Segurados incluídos na obrigação	Tendo em vista as situações particulares do eventual (categoria em extinção) e do eclesiástico (geralmente não presta serviços para empresas), são os empresários e os autônomos.
Conceito de empresário	Titular de firma individual, sócio-gerente na sociedade limitada, diretor na sociedade anônima e dirigente nas demais entidades.
Conceito de autônomo	Pessoa física que habitualmente e por conta própria trabalha para pessoas físicas e empresas.
Autônomo que trabalha apenas para pessoas físicas	Sem trabalhar para pessoas jurídicas, não sofrerá a retenção de 11%, devendo contribuir, mediante o carnê de pagamento, com 20% da remuneração auferida das pessoas físicas.
Fato gerador	Trabalho prestado para a empresa (pessoa jurídica).
Base de cálculo	Remuneração auferida em razão do trabalho e paga mediante Recibo de Pagamento a Autônomo.
Alíquota	11% da remuneração até o limite do salário de contribuição.
Parte patronal	Além da retenção dos 11% do segurado, a contratante recolherá 20% da remuneração sem limite de valor.
Inclusão de valores não remuneratórios	Nesse cálculo, somente a remuneração deve ser considerada, desprezando-se os valores relativos a materiais aplicados quando da prestação dos serviços.
Recibo de pagamento	Não só o empresário como o autônomo darão quitação do recebimento mediante recibo específico (até para confirmar o recolhimento por parte da empresa), uma variante do antigo RPA.

Autônomo que trabalha para pessoas físicas e jurídicas	Respeitado o limite do salário de contribuição, sofrerá retenção de 11% da remuneração paga a ele pela pessoa jurídica e aportará 20% da remuneração paga por uma pessoa física pelo carnê de recolhimento.
Cálculo da aposentadoria	A renda mensal inicial será calculada com base na remuneração que sofreu a retenção de 11% ou que provocou o recolhimento dos 20% no carnê de recolhimento.
Presunção de recolhimento da contribuição	A empresa contratante dos serviços deve fazer a retenção e promover o recolhimento; o segurado deve fiscalizar esse procedimento, consultando o CNIS (PCSS, art. 33, § 5º).
Controle dos recolhimentos	Os valores retidos pelas pessoas jurídicas, mediante GPS e GFIP, são informados ao INSS e registrados no CNIS. Pela *internet*, o segurado pode acompanhar os pagamentos operados ou não pela empresa, porque o INSS neles se baseará para fins de benefícios.
Fonte formal	Lei n. 10.666/2003.

56. ESTÁGIO PROFISSIONAL

Conceito de estagiário	Pessoa se educando e aperfeiçoando os seus conhecimentos teóricos com a experiência laboral exercida na empresa, sob um contrato duplamente monitorado.
Frequência no curso	Estudar significa frequentar um curso compatível com o trabalho; *ipso facto*, não é reconhecido o estágio num estabelecimento de algum autodidata habilitado ou ali demonstrando sua experiência.
Noção de bolsista	A palavra "bolsista" quer dizer aquele que recebe bolsa de estudos, *in casu*, que não seja aquela fornecida pelas escolas, mas as propiciadas pela empresa.
Distinção	Distingue-se o empregado celetista que recebe alguma bolsa educacional de quem tem um contrato de estágio profissional da Lei n. 11.788/2008 e também do médico-residente ou estagiário de Direito.
Requisitos necessários	Falta a esse estudante trabalhador a relação de emprego e a remuneração. Detendo relação de emprego é porque aufere remuneração. Não será empregado caso não preencha os requisitos do art. 3º da CLT, deixando de cumprir o que determina o art. 3º da Lei n. 11.788/2008.
Relação de emprego	Se o contratado sob os auspícios da Lei n. 11.788/2008 não cumpre as suas condições, ele poderá ser classificado como autônomo ou, na hipótese mais comum, como empregado.
Remuneração laboral	O PCSS entende que a bolsa de estudo não faz parte do salário de contribuição (PCSS, art. 28, § 9º, *t/u*).
Enquadramento previdenciário	O estagiário não é segurado obrigatório, mas ele pode se filiar como facultativo.
Seguro obrigatório	Nos casos de estágio facultativo, a empresa é obrigada a fazer um seguro de vida.
Bolsa de estudos	A norma legal não entende a bolsa de estudos como remuneração. Respeitadas suas características técnicas (estar embutida num contrato de estágio), ela não é porque a lei assim não deseja.

Férias	O estagiário tem direito a um período de repouso anual.
Duração do contrato	No máximo, perdurará por dois anos.
Vínculo empregatício	Atendidos todos os pressupostos da lei vigente, não há relação de emprego.
Remuneração	Cada empresa fixará um valor da bolsa de estudos.
Entes supervisores	São profissionais da escola e da empresa que acompanharão o desenvolvimento do estágio.
Supervisão educacional	Promovida no estabelecimento de ensino pelo professor orientador.
Supervisão profissional	Promovida na empresa pelo superior hierárquico.

57. VOLTA AO TRABALHO

Significado	Concedido um benefício de pagamento continuado, cogita-se de o segurado continuar trabalhando na mesma empresa ou retornar ao labor profissional em outro empreendimento.
Benefícios que permitem	Alguns benefícios naturalmente admitem o retorno (aposentadoria por idade e por tempo de contribuição), mas existem os que impedem (geralmente por incapacidade).
Benefícios que vedam	Dois benefícios por incapacidade não programados, auxílio-doença e aposentadoria por invalidez, e um programado, a aposentadoria especial.
Destino das contribuições	No regime de repartição simples adotado pelo RGPS, a contribuição dos aposentados destina-se ao fundo geral do FPAS.
Aposentadoria por invalidez	O percipiente do benefício que trabalhar tem o benefício suspenso e, se não se afastar do serviço, ela será cancelada.
Auxílio-doença	Igual se passa com o auxílio-doença.
Auxílio-acidente	É o único benefício por incapacidade de pagamento continuado que admite a volta ao trabalho.
Aposentadoria do professor	O professor poderá voltar ao trabalho, se obtiver a aposentadoria constitucional, mas não na rara hipótese da aposentadoria especial vigente até 30.6.1981.
Aposentadoria especial	Quem obteve a aposentadoria especial está impedido de trabalhar em atividade insalubre.
Consequências práticas e jurídicas	Quando a lei obsta a volta ao trabalho e isso vem a acontecer, o segurado se sujeita às sanções previdenciárias legais. Em alguns casos, terá de devolver as mensalidades indevidas.
Cômputo das contribuições	Atualmente, as contribuições vertidas após a concessão de benefício não se prestam para revisão de cálculo da renda mensal inicial (PBPS, art. 18, § 2º).

Pecúlio	Desde 15.4.1994 não existe mais o pecúlio.
Desaposentação	Tal contribuição *a posteriori* presta-se apenas na hipótese da desaposentação.
Restabelecimento da prestação	A volta ao trabalho implica suspensão do benefício; deixando esse labor, restabelece-se a prestação do segurado.
Abono de permanência em serviço	Enquanto existiu o benefício, o percipiente do abono de permanência em serviço não proibia o segurado de trabalhar (não era substituidor dos salários).
Cessação da invalidez	À evidência, *a fortiori*, quem tem o acréscimo de 25% do art. 45 do PBPS não pode retornar ao trabalho.

58. MENOR APRENDIZ

Visão doutrinária	Menor aprendiz é o jovem que está aprendendo uma profissão, principalmente um ofício, admitido em empresas privadas, escolas técnicas ou cursos profissionalizantes, com ou sem remuneração. Nossa legislação, a doutrina e as decisões judiciais não cuidam do autônomo ou empresário menor de idade.
Distinção do empregado	*A priori* não se confunde com o empregado; falta-lhe a capacidade jurídica laboral para tanto, mas em caráter excepcional o vínculo empregatício poderá ser reconhecido para fins trabalhistas e previdenciários.
Tipos de designações	A expressão "menor aprendiz" é um gênero que compreende várias figuras de menores de idade trabalhando, entre os quais aluno bolsista, operário aprendiz, aluno aprendiz, empregado aprendiz, operário aluno e menor assistido (Decreto-lei n. 2.318/1986) e até mesmo um menor aprendiz no serviço público (art. 268 da Lei n. 1.711/1952), sem falar no menor trabalhador (CLT, art. 428).
Guardas-mirins	Fora dessa legislação comum, os exemplos indicativos de garotos que prestam serviços são ainda maiores, geralmente referidos como guardas-mirins.
Idade mínima	Desde a EC n. 20/1998, para a Carta Magna vigente, a idade mínima para trabalhar é de 16 anos, exceto na condição de menor aprendiz, com idade mínima de 14 anos (CF, art. 7º, XXXIII).
Menoridade trabalhista	Na norma trabalhista consolidada é de 14 anos (CLT, art. 431). Pensando-se na proteção especial, é preciso ter 18 anos (arts. 402/441 da CLT).
Estagiários	No dizer da Lei n. 11.180/2005 é de 14 a 24 anos.
Destinação dos serviços	Além de outras, uma das características fundamentais que distingue o menor aprendiz dos demais obreiros é a destinação jurídica do seu trabalho: é preciso que suas

	tarefas voltem-se para o aprendizado, crescimento profissional, busca de aprender um ofício. De modo geral, guarda-mirim, vigilante-mirim, polícia-mirim, legionário e patrulheiro estão aprendendo o exercício de uma atividade.
Vínculo empregatício	Conforme cada circunstância a ser apreciada pelo aplicador da norma, dá-se de haver um vínculo empregatício, o que transformará o menor aprendiz em um empregado (e até em autônomo).
Presença da remuneração	Comprovada a remuneração, subsiste um vínculo empregatício (Parecer CJ/MPAS n. 2.893/2002). Presente a subordinação funcional, o salário mensal e os serviços destinarem-se à empresa, tem-se a figura do empregado.
Cômputo do tempo de serviço	O cômputo do tempo de serviço desses trabalhadores precoces é questão ainda polêmica, mas, de modo geral, é aceita a contagem por parte da Justiça Federal. A alegação do INSS de que tal trabalho do menor é vedado não lhe retira a condição de suporte da filiação na condição de segurado obrigatório.
Prova convincente	Evidentemente, nesses casos, a prova do exercício da atividade tem de ser robusta, exaustiva e indiscutível, o que nem sempre é possível em face do tempo passado.
Remuneração escolar	Diante do silêncio normativo, a ideia é uma construção doutrinária e jurisprudencial, indo do excesso à escassez. Para alguns autores, a concessão da moradia, a alimentação, o fardamento, o material escolar e o vestuário, fornecidos por quem os admite, são suficientes para caracterizar a remuneração, mas as decisões judiciais não têm uniformidade. De modo geral, sempre se aceitou a bolsa de estudo, caso do auxílio financeiro do ITA.
Filiação ao RGPS	De acordo com a IN INSS n. 20/2007, os menores contratados pelas empresas são empregados. Essa contratação presume o registro na CTPS e na LRE e sua definição como submetidos à CLT, fora da condição de menores aprendizes.
Aprendiz ferroviário	Tradicionalmente, as ferrovias admitiam menores de idade que pretendessem fazer carreira de ferroviários. Uma das exigências do contrato celebrado com as

	estradas de ferro é que o menor, depois de formado na escola, permanecesse trabalhando nessa empresa de transporte. Em alguns casos, a Justiça Federal vem mandando computar o tempo de serviço, ainda que ausente o cumprimento dessa condição.
Cursos profissionais	É aceito o estudo nos cursos em escolas industriais ou técnicas da rede federal de ensino, bem como em escolas equiparadas (colégios ou escolas agrícolas), desde que tenha havido retribuição pecuniária à conta do Orçamento da União (IN INSS n. 20/2007, art. 113, II). Os cursos nas escolas do Grupo S são reconhecidos quando presente alguma remuneração.

59. EX-COMBATENTE

Conceito	Integrante da Força Expedicionária Brasileira (FEB) que participou da guerra na Itália entre 1944/1945. Participante efetivo de missões de vigilância e segurança do litoral. Quem foi integrado na Força Aérea Brasileira — FAB em serviços de comboios e patrulhamentos de 1942/1945.
Excluídos	Participante das Forças Armadas britânicas não é considerado ex-combatente.
Prova da condição	Certidão fornecida pelos ministérios militares.
Aposentadoria	Devida ao segurado que contar com 25 anos de serviço efetivo.
Valor da RMI	100% do salário de benefício.
Acumulação	Pode ser computado com a pensão especial da Lei n. 8.059/1990.
Múltipla atividade	As mesmas regras do art. 32 do PBPS.
Integralidade dos proventos	Conforme o Parecer CJ/MPS n. 3.052/2003, não equivale à remuneração da atividade.
Pensão por morte	Direito dos dependentes e renda mensal inicial assemelhada ao do RGPS.
Reajustamentos	Os concedidos com base nas Leis ns. 1.756/1952 e 4.297/1963, e na variação integral do INPC.
Divergências doutrinárias e jurisprudenciais	O direito adquirido e a limitação dos benefícios constituem-se em área polêmica, com seriíssimas divergências oficiais, doutrinárias e jurisprudenciais.
ADCT	O art. 53 diz que: "Ao ex-combatente que tenha efetivamente participado de operações bélicas durante a Segunda Guerra Mundial, nos termos da Lei n. 5.315, de 12 de setembro de 1967, serão assegurados os seguintes direitos: "II — pensão especial correspondente

	à deixada por segundo-tenente das Forças Armadas, que poderá ser requerida a qualquer tempo, *sendo inacumulável com quaisquer rendimentos recebidos dos cofres públicos, exceto os benefícios previdenciários*, ressalvado o direito de opção" (grifamos).
Súmula AGU n. 7/2001	"A aposentadoria de servidor público tem natureza de benefício previdenciário e pode ser recebida cumulativamente com a pensão especial prevista no art. 53, inciso II, do Ato das Disposições Constitucionais Transitórias, devida a ex-combatente (no caso de militar, desde que haja sido licenciado do serviço ativo e com isso retornado à vida civil definitivamente – art. 1º da Lei n. 5.315, de 12.9.1967)".
Norma de superdireito	Jamais uma norma jurídica estabeleceu norma de superdireito que disciplinasse a matéria envolvendo os trabalhadores da iniciativa privada com os servidores civis e militares nem entre os regimes próprios. Nada se positivou sobre as prestações assistenciárias e previdenciárias. Nem entre as prestações securitárias e as sem esse cunho social. A percepção de qualquer vantagem acumulada com o seguro-desemprego tem de ser buscada em leis especiais. O art. 124 do PBPS diz respeito tão somente aos benefícios da Previdência Social.

60. CESSÃO DE MÃO DE OBRA

Significado fiscal	Dever fiscal da empresa contratante de mão de obra fornecida por terceiros, de antecipar-lhes o recolhimento da contribuição quando da realização do contrato de fornecimento de trabalhadores.
Fato gerador	Oferecimento de mão de obra por parte da contratada à contratante, decorrente de relação negocial.
Base de cálculo	Valor da mão de obra constante de nota fiscal, fatura ou recibo de prestação de serviços (isto é, cessão de mão de obra).
Valores incluídos	Tão somente o *quantum* referente à cessão da mão de obra, portanto, excluído o montante dos materiais empregados.
Alíquota	11% (onze por cento).
Dever de recolher	Promovida a retenção, a empresa contratante tem a obrigação fiscal de recolher a contribuição retida.
Presunção do recolhimento	Diante do contrato realizado, presume-se que a contratante retenha os 11%; se não o fizer, assumirá o encargo de fazê-lo por conta própria.
Rol de contratos possíveis	Para os fins da retenção, entre uma contratante e uma contratada, basicamente são possíveis os seguintes contratos: a) prestação de serviços; b) empreitada; e c) cessão de mão de obra (PCSS, art. 31).
Prestação de serviços	É aquele em que a contratada trabalha para a contratante sem que esse profissional prestador de serviços se subordine ao beneficiário do seu esforço, ainda que a tarefa seja realizada na sede da contratante.
Empreitada	Contrato de prestação de serviços relacionado com um resultado, portanto, sem continuidade (PCSS, art. 31, § 4º, III).

Conceito legal de cessão de mão de obra	Colocação à disposição do contratante, em suas dependências ou nas de terceiros, de segurados que realizem serviços contínuos, relacionados ou não com a atividade-fim da empresa (PCSS, art. 31, § 3º).
Cessão de mão de obra	Vínculo jurídico em que o contratado cede pessoal que se subordina ao contratante, quando da realização dos trabalhos.
Trabalho temporário	Cessão de mão de obra em regime de trabalho temporário está incluída na obrigação dos 11% (PCSS, art. 31, § 4º, IV).
Credor dos 11%	A contribuição retida pelo contratante e recolhida ao INSS pela GPS é crédito do contratado, promovida em seu nome, aproveitando contabilmente como despesa operacional.
Restituição do valor a maior	Quando não for possível a compensação, a contratada terá de requerer a restituição de contribuições (PCSS, art. 31, § 2º).
Compensação do valor a maior	Se os 11% superarem as obrigações da contratada, ela fará jus à devolução do valor por parte do INSS mediante compensação (PCSS, art. 31, § 1º).
Destaque do valor retido	O documento fiscal deverá destacar expressamente o valor retido (PCSS, art. 31, § 1º).
Nota fiscal indistinta	Se o documento fiscal (nota fiscal, fatura ou recibo) não distinguir o valor dos materiais empregados, o total será tido como mão de obra.
Prestação de serviços	Quando se tratar do verdadeiro contrato de prestação de serviços, não há o dever de reter os 11% da nota fiscal, fatura ou recibo.
Prazo para o recolhimento	É o mesmo das empresas, até o dia 20 do mês subsequente ao da emissão do documento fiscal (nota fiscal, fatura ou recibo).
Folha de pagamento	O cedente de mão de obra deverá elaborar folha de pagamento distinta para cada contratante (PCSS, art. 31, § 5º).
Lista das atividades	A IN n. 203/1999 tem lista das atividades incluídas e excluídas do dever, também o art. 219 do RPS.
Solidariedade	Não há a figura da solidariedade exacional nem substituição e, sim, a da antecipação fiscal.

Observação doutrinária	Especialmente por causa da diversidade da relação entre o custo operacional e o valor cobrado na nota fiscal, especialmente na construção civil, em muitos casos os 11% superam a contribuição devida em razão da folha de pagamento, gerando créditos previdenciários vultosos que se somam mensalmente diante da demora em serem recuperados (restituição e compensação). A legislação deveria disciplinar esse cenário desgastante, para que as empresas não fiquem com esse capital retido.
Fontes formais	Art. 31 do PCSS, na redação dada pela Lei n. 9.711/1998; art. 219 do Decreto n. 3.048/1999 (RPS). Aconselha-se a leitura do § 2º do art. 219 do RPS.

61. SALÁRIO-BASE

Conceito	Conjunto de regras fiscais que disciplinaram a base de cálculo dos contribuintes individuais até 31.3.2003.
Lei introdutora	Criação da Lei n. 5.890/1973, iniciada em 1º.9.1973 (substituiu o regime do salário de inscrição vigente até 31.8.1973).
Data da extinção	O regime desapareceu no dia 1º.4.2003 (Lei n. 10.666/2003).
Importância da matéria	O PBC dos benefícios, começando em julho de 1994, releva examinar a regularidade dos pagamentos até março de 2003 (Lei n. 9.876/1999).
Segurados abrangidos	Empresário, autônomo, eventual e eclesiástico e, mais recentemente, o facultativo.
Natureza do salário-base	Ficção fiscal determinante da base de cálculo que exacionalmente submeteu os contribuintes, de 1º.9.1973 até 31.3.2003.
Vínculo com a remuneração	O valor do salário-base não guardava qualquer relação com o *pro labore* do empresário, honorário do autônomo, renda do eclesiástico ou vontade do facultativo.
Escala de salário-base	Escala de valores com 10 classes, em que a mínima (Classe I) era o salário mínimo e a máxima (Classe X), o limite do salário de contribuição.
Classe mínima do liberal	Para os profissionais liberais, era a Classe II, ou seja, 2/10 do limite do salário de contribuição.
Conceito de enquadramento	De modo geral, posição jurídica do contribuinte na escala de salários-base (expressada com o recolhimento).
Enquadramento inicial	Primeiro enquadramento promovido pelo contribuinte (ou por alguém autorizado no seu lugar), mediante o recolhimento.
Enquadramento pelo tempo de filiação	O ingresso na escala de salário-base era determinado pelo tempo de filiação do segurado até a data em que foi promovido o enquadramento.

Impossibilidade de enquadramento	Inocorrência do enquadramento em virtude de o contribuinte individual ser empregado e receber salário pelo limite do salário de contribuição.
Enquadramento parcial	Escolha de valor permitido pela diferença entre o limite do salário de contribuição e o salário como empregado.
Enquadramento pela média	A partir de 1º.11.1991 (com o PCSS), a média dos últimos seis salários de contribuição do segurado, antes de se tornar contribuinte individual, determinava a escolha da classe.
Permanência	Enquadrado, não desejando progredir na escala, após cumprir o seu interstício, era a posição assumida pelo segurado.
Interstício	Tempo mínimo que o segurado tinha de permanecer numa classe para ascender à classe superior seguinte (eram 12, 24, 36 e 60 meses).
Progressão	Cumprido o interstício, direito subjetivo do segurado de ascender para a classe superior imediata.
Regressão	Possibilidade jurídica de o segurado descer para qualquer classe abaixo daquela em que se postava.
Permanência em classe regredida	Direito de o segurado ficar na classe para a qual havia regredido (situação em que não cumpria interstícios).
Retorno	Quem regrediu poderia voltar à classe superior (ou intermediária) de onde regredira.
Compressão	Quantia não constante da escala, em razão da compressão operada pela presença da remuneração como empregado (ou seja, de modo geral, diferença entre o limite do salário de contribuição e o salário).
Prevalência da vontade	Na área de custeio, em inúmeros momentos, dentro do dever exacional, subsistia a volição do contribuinte escolher esta ou aquela classe.
Ausência da vontade	Quando não fosse possível apreender a vontade do segurado (por exemplo, pela sua morte), a posição era fixada pela volição do legislador (a que resultasse na melhor proteção).
Recolhimentos atrasados	O INSS não acolhia pagamentos de meses atrasados com progressão ou regressão, aceitando apenas os valores permanecidos.

Convalidação do indevido	Aceitação dos recolhimentos indevidos, contra a lei, efetuados até 23.12.2004 (ON SPS n. 5/2004).
Interpretação da ON SPS n. 5/2004	Consentânea com a contributividade da Previdência Social, reforçada a partir da EC n. 20/1998, o salário-base será interpretado extensivamente.
Fontes formais	Lei n. 5.890/1973; arts. 29 do PCSS (até 31.3.2003) e 215 do Decreto n. 3.048/1999 (RPS); Lei n. 9.876/1999 e Decreto n. 3.265/1999; Lei n. 10.666/2003; ON SPS n. 5/2004.

62. INDENIZAÇÃO DE TEMPO DE SERVIÇO

Fonte formal vigente	"O contribuinte individual que pretenda contar como tempo de contribuição, para fins de obtenção de benefício no Regime Geral de Previdência Social ou de contagem recíproca do tempo de contribuição, período de atividade remunerada alcançada pela decadência deverá indenizar o INSS" (PCSS, *caput* do art. 45-A).
Valor da contribuição	"O valor da indenização a que se refere o *caput* desse artigo e o § 1º do art. 55 da Lei n. 8.213, de 24 de julho de 1991, corresponderá a 20% (vinte por cento):
	I — da média aritmética simples dos maiores salários de contribuição, reajustados, correspondentes a 80% (oitenta por cento) de todo o período contributivo decorrido desde a competência julho de 1994;
	II — da remuneração sobre a qual incidem as contribuições para o regime próprio de Previdência Social a que estiver filiado o interessado, no caso de indenização para fins da contagem recíproca de que tratam os arts. 94 e 99 da Lei n. 8.213, de 24 de julho de 1991, observado o limite máximo previsto no art. 28 e o disposto em regulamento" (PCSS, § 1º, do art. 45-A).
Juros e multa	"Sobre os valores apurados na forma do § 1º deste artigo incidirão juros moratórios de 0,5% (cinco décimos por cento) ao mês, capitalizados anualmente, limitados ao percentual máximo de 50% (cinquenta por cento), e multa de 10% (dez por cento)" (PCSS, art. 45-A, § 2º).
Contribuinte individual	São os designados na lei, entre outros: autônomo, eventual, eclesiástico, empresário e outros mais.
Tempo de contribuição	É o tempo de filiação ao RGPS, não incluído o de servidor (que será aproveitado com a CTC).
Contagem recíproca	Recolhidas as contribuições, as mensalidades se prestarão à contagem recíproca de tempo de serviço.

Atividade remunerada	O tempo considerado é o de filiação, o referente à atividade remunerada, consequentemente excluído o tempo que poderia ter sido recolhido como facultativo.
Distinção entre RGPS e REII	Esse tempo de serviço de filiação ao RGPS não se confunde com o do REII da LC n. 123/2006.
Decadência	Tendo em vista a decadência que cobre 2006 até 2011, são os períodos anteriores à primeira data.
Situação do servidor	No entender do INSS, o servidor, cujos vencimentos serão superiores, recolherá 20% de R$ 3.691,74.
Indenizar o INSS	Inadvertidamente, a lei usa a palavra "indenização" tentando substituir a natureza dessa contribuição. Verdadeiramente o segurado não casou prejuízo ao INSS e não precisa repará-lo; se tivesse de fazê-lo, seria civilmente, e não com contribuições.
Natureza jurídica da exigibilidade administrativa	Esse comando legal é nitidamente contrário ao princípio da vigência da lei ao tempo dos fatos, arrosta frontalmente o ato jurídico perfeito e, por isso, é inconstitucional. Oferecida como faculdade, com vistas à simplificação da prova do recolhimento, em cada caso o segurado poderia ter interesse na solução, mas, obrigatória, ela consubstancia a irretroatividade exacional vedada pela ciência do Direito.

63. SOCIEDADE COOPERATIVA

Conceito	Empresa não mercantil, que congrega o esforço profissional ou econômico de pessoas associadas, constituída formalmente para intermediá-las junto do mercado, sem objetivos lucrativos (Lei n. 5.764/1971).
Ato cooperado	Ato distinto do comercial, laboral ou civil, inerente ao cooperativismo, quando cumpridas as regras de constituição desse empreendimento específico.
Cooperativa de trabalho	Associação de trabalhadores, normalmente tidos como autônomos, que prestam serviços em nome da cooperativa que intermedia a mão de obra.
Cooperativa de produção	Reunião de produtores em que seus associados contribuem com serviços laborativos ou profissionais para a produção em conjunto de bens, e quando a cooperativa detiver por qualquer forma os meios de produção (art. 1º, § 3º, da Lei n. 10.666/2003).
Cooperativa de consumo	Associação de pessoas que oferta mercadorias ou serviços aos seus filiados sem objetivo de lucro (de pouco interesse para a Previdência Social).
Natureza econômica da atividade	O escopo das cooperativas é a congregação de empenhos, unindo pessoas, buscando a intermediação entre o produto de bens ou serviços e os consumidores, sem finalidade comercial.
Obrigações patronais	Em relação ao seu pessoal administrativo, todas as cooperativas são empresas, devendo observar todos os deveres fiscais habituais (PCSS, art. 15).
Enquadramento do cooperado	Na cooperativa de trabalho, o cooperado tem sido entendido como autônomo desde a Portaria SPS n. 2/1979.
Relação empregatícia	A rigor, por expressa determinação legal, não há relação de emprego entre um cooperado e uma cooperativa.
Contribuição do autônomo	Recolher 15% da mão de obra contida em nota fiscal ou fatura de prestação de serviços (art. 22, IV, do PCSS).

Obrigação de inscrição	A cooperativa deverá promover a inscrição dos seus associados (art. 4º, § 2º, da Lei n. 10.666/2003).
Aposentadoria especial	Recolher 9%, 7% ou 5% do valor da nota fiscal ou fatura de prestação de serviços, se cooperativa de trabalho.
Aposentadoria especial	Recolher 2%, 4% ou 6% do valor da nota fiscal ou fatura de prestação de serviços, se cooperativa de produção.
Instituição formal, regular e legítima	A organização de cooperativas de trabalho deve partir da ideia de que somente as atividades verdadeiramente terceirizáveis podem ser objetos do cooperativismo, de tal sorte que além de cumprir estritamente a Lei n. 5.764/1971, os instituidores não devem se esquecer de que, uma vez desvirtuadas, elas podem ser desconstituídas pelas autoridades.
Fontes formais	Arts. 5º, XVIII, 146, III, c e 174, § 2º, da Carta Magna; Leis ns. 5.764/1971, 9.876/1999 e 10.666/2003.

64. ASSOCIAÇÃO DESPORTIVA

Conceito	Clubes de futebol profissional filiados à federação estadual, ainda que mantenham outras atividades esportivas (Lei n. 9.615/1998).
Entidade promotora	A federação, a confederação, a liga responsável pela organização do evento (Parecer CJ/MPAS n. 3.425/2005).
Patrocinadora	Quem contrata com os clubes recursos, a título de patrocínio, licenciamento de uso de marcas e símbolos, publicidade, propaganda e transmissão dos jogos.
Substituição da parte patronal	Em vez de recolher os 20% da folha de pagamento (de todas as empresas), esses clubes contribuem com base na renda bruta dos espetáculos futebolísticos e de outras rendas.
Conceito de renda bruta	A auferida, a qualquer título, nos espetáculos desportivos de qualquer modalidade, devendo constar em boletins financeiros emitidos pelas federações, confederações ou ligas, não sendo admitida qualquer dedução, compreendendo toda e qualquer receita auferida no espetáculo, tal como a venda de ingressos, recebimento com doações, sorteios, bingos, *shows* etc. (art. 321, parágrafo único, da IN SRP n. 3/2005).
Fato gerador	Ocorrência do espetáculo esportivo futebolístico profissional e a presença do patrocínio.
Alíquota	5% (cinco por cento).
Sujeito passivo da obrigação	A entidade promotora do esporte: federação, confederação ou liga e a empresa patrocinadora.
Responsabilidade de auxiliares prestadores de serviços	Em relação aos árbitros, delegados, fiscais e mão de obra utilizada no espetáculo, é a federação, a confederação ou a liga (quer sejam contribuintes individuais, ou seja, prestadores de serviços).
Prazo para recolhimento	A contribuição retida dos clubes deve ser recolhida até dois dias úteis após a realização do evento.

Prazo para recolhimento da patrocinadora	Até o dia 20 do mês seguinte; portanto, prazo igual ao das demais contribuições patronais das empresas.
Contribuição dos trabalhadores	Os jogadores e demais empregados do clube sofrem a dedução habitual dos demais trabalhadores (8%, 9% e 11%).
Obrigação do clube	As associações têm o dever de comunicar à entidade promotora do espetáculo todos os dados do fato gerador.
Retenção dos 11% de autônomos	Os prestadores de serviço ao clube que operarem fora da área do jogo de futebol, caso dos autônomos, sofrem a retenção dos 11% da Lei n. 10.666/2003.
Cessão de mão de obra	As associações desportivas são empresas e tudo o que não disser respeito ao futebol segue as regras das demais empresas.
SAT	A contribuição do Seguro de Acidente do Trabalho está incluída nos 5% da renda bruta.
Aposentadoria especial	Não há a contribuição dos 6%, que restará incluída nos 5% da renda bruta.
Remuneração dos dirigentes da associação	Caso os dirigentes das associações desportivas sejam remunerados, eles também serão tidos como contribuintes individuais.
Demais associações desportivas	As associações desportivas que não pratiquem o futebol contribuirão da mesma forma que as demais empresas da iniciativa privada.
Presunção da retenção dos 5%	Se a entidade promotora do espetáculo não promover a retenção do devido ao INSS, arcará com essa obrigação fiscal (PCSS, art. 33, § 5º).
Acréscimos legais	Em razão da demora no recolhimento das contribuições, os obrigados sujeitam-se a três ônus fiscais: a) Atualização monetária, conforme a legislação da época do fato gerador (RPS, 239, I). b) Juros de mora de caráter irrelevável, incidente sobre o valor atualizado, de: 1% no mês do vencimento; taxa SELIC nos meses intermediários; e 1% no mês do pagamento (RPS, art. 239, II). c) Multa variável de caráter irrelevável (RPS, art. 239, III, *a/c*).
Fontes formais	Leis ns. 5.939/1973, 6.252/1976 (conf. 6.252 — não condiz), 6.269/1975, 6.354/1976, 7.787/1989, 8.641/1993, 9.615/1998; Decreto n. 77.210/1976; arts. 22, §§ 6º/11, do PCSS e 230/330 da IN SRP n. 3/2005 (revogada); Formulações IAPAS/SAF ns. 9/1980, 34/1980 e 16/1981.

65. ENTIDADE BENEFICENTE DE ASSISTÊNCIA SOCIAL

Conceito	Entidade beneficente formalmente reconhecida como empreendimento voltado para a assistência social de carentes, com prestação gratuita de benefícios e serviços a quem deles necessitar.
Isenção	A despeito de autores entenderem ser uma forma de imunidade, a maioria consagrou a ideia de uma isenção.
Alíquotas isentadas	— 20% da folha de pagamento dos empregados. — 1%, 2% ou 3% do seguro de acidente do trabalho. — 6% da contribuição para a aposentadoria especial. — 2% do COFINS. — 10% do CSLL.
Alíquotas devidas	— Recolherá: a) contribuição deduzida dos empregados; b) 20% relativos aos autônomos (Lei n.10.666/2003); c) contribuições de terceiros; d) contribuição do produtor rural pessoa física ou do segurado especial; e e) 11% da nota fiscal de cessão de mão de obra (Lei n. 9.711/1998).
Condições	— Reconhecimento como sendo de utilidade pública federal, estadual e municipal. — Possuir o registro do certificado CEAS de EBAS, fornecido pelo CNSS. — Promover assistência social beneficente em favor de pessoas carentes. — Não remunerar administradores de modo geral. — Aplicar integralmente o resultado nos seus objetivos. — Manter-se em dia com as contribuições sociais.

Unidades da EBAS	O benefício fiscal estende-se a todas as unidades mantidas pela EBAS, sob o mesmo CNPJ, inclusive relativamente às obras de construção civil.
Pedido de isenção	Opera-se mediante pedido formal de isenção fiscal, com a juntada de todos os documentos que comprovem a filantropia.
Ente definidor	Promovido pelo INSS, quando a EBAS deixar de atender aos requisitos legais do art. 55 do PCSS.
Lei n. 11.196/2005	Não se deve confundir as Entidades Beneficentes de Assistência Social (EBAS) com as entidades de ensino superior com caráter econômico e fins lucrativos, que gozam da anistia provisória, de cinco anos da parte patronal (20%), nos termos da Lei n. 11.196/2005, caso forneçam bolsas de estudos a certos estudantes.
Fontes formais	Arts. 150, III, c e § 6º e 195, § 7º, da Carta Magna; Lei n. 3.577/1959 e Decreto-lei n. 1.572/1977; arts. 176/179 da Lei n. 5.172/1966 (CTN), 55 do PCSS, 206/210 do Decreto n. 3.048/1999 (RPS) e 299/329 da IN SRF n. 3/2005.

66. TERCEIROS E FUNDOS

Conceito	"Terceiros", que inclui o Grupo dos "S", são empresas criadas por lei, resultantes da intervenção no domínio econômico, voltadas para o aperfeiçoamento profissional dos trabalhadores (SENAI, SENAC, SENAR, SEST, SENAT), lazer (SESC, SESI), desenvolvimento (SEBRAE) e para outros empenhos.
Financiamento	Os serviços prestados por essas entidades são custeados por contribuições sociais das empresas vinculadas à Previdência Social e, em certos casos, pagamentos dos usuários.
Base de cálculo	De modo geral, a base de cálculo é a mesma da contribuição do INSS (salário de contribuição sem teto).
Alíquotas de contribuição	SENAI, SENAT — 1,0% SENAC — 1,5% SESI, SESC, SEST — 1,5% SENAR — 0,2% (segurado especial e pessoa física) e 0,25% (pessoa jurídica) DPC, SESCOOP — 2,5% INCRA — 0,2% SEBRAE — 0,6% Salário-educação e fundo aeroviário — 2,5%
Custo	3,5% do valor arrecadado.
SENAI	Serviço Nacional da Aprendizagem Industrial — Decreto-lei n. 4.048/1942.
SENAC	Serviço Nacional da Aprendizagem Comercial — Decreto-lei n. 8.621/1946.
SESI	Serviço Social da Indústria — Decreto-lei n. 9.403/1946.
SESC	Serviço Social do Comércio — Decreto-lei n. 9.853/1946.
SEST	Serviço Nacional dos Transportes.

SENAT	Serviço Nacional de Aprendizagem do Transporte.
SENAR	Serviço Nacional de Aprendizagem Rural — Lei n. 8.315/1991 e Decreto n. 566/1992.
SEBRAE	Serviço Brasileiro de Apoio às Micro e Pequenas Empresas.
SESCOOP	Serviço Nacional de Aprendizagem do Cooperativismo.
INCRA	Instituto Nacional de Colonização e Reforma Agrária — Decreto-lei n. 1.110/1970.
DPC	Diretoria de Portos e Costas — Decreto-lei n. 6.246/1944 e Lei n. 5.461/1968. Conf. n. da lei.
Salário--educação	Fundo Nacional do Desenvolvimento Econômico (FNDE) — Decreto-lei n. 1.422/1975.
Fundo aeroviário	Decreto-lei n. 1.305/1974.
Fontes formais	Arts. 149 e 240 da Carta Magna e 94 do PCSS.

67. SIMPLES NACIONAL

O que é?	Estatuto Nacional da Microempresa e da Empresa de Pequeno Porte. Modalidade específica de substituição da parte patronal da contribuição de empresas de pequeno porte, tidas como aquelas com faturamento anual até determinado valor.
Definição	Sociedade registrada no registro de Empresas Mercantis ou no registro Civil de Pessoas Jurídicas com faturamento até certo valor da receita bruta anual. Empresário, aquele que aufere renda bruta anual de até R$ 36.000,00 (arts. 970 e 1.179 do Código Civil).
Valor do faturamento	Receita de até R$ 240.000,00 (microempresa). Receita de R$ 240.000,00 até R$ 2.400.000,00 (empresa de pequeno porte).
Receita bruta	Produto da venda de bens e serviços nas operações por conta própria, preço dos serviços prestados e o resultado nas operações em conta alheia, não incluídas as vendas canceladas e os descontos incondicionais concedidos.
Regime unificado de exações	I — Imposto sobre a Receita da Pessoa Jurídica — IRPJ; II — Imposto sobre Produtos Industrializados — IPI; III — Contribuição Social sobre o Lucro Líquido — CSLL; IV — Contribuição para o COFINS; V — Contribuição para o PIS/PASEP; VI — Parte patronal da contribuição para a seguridade social; VII — Imposto ICMS; VIII — Imposto Sobre Serviços de Qualquer Natureza — ISS.
Exações não excluídas	I — Contribuição descontada do trabalhador; II — Depósitos do FGTS;

	III — Contribuição do CPMF; IV — Contribuição do empresário contribuinte individual.
Hipóteses de exclusão	I — Falta de comunicação da exclusão obrigatória; II — Embaraço à fiscalização, no exame dos papéis; III — Embaraço físico à fiscalização; IV — Constituição por interposta pessoa; V — Infração reiterada à LC n. 123/2006; VI — Declaração de inaptidão da Lei n. 9.430/1996; VII — Comercialização de contrabando ou descaminho; VIII — Falta de escrituração do livro-caixa; IX — Despesas superiores a 20% dos ingressos; X — Aquisição de mercadorias superior a 80% dos ingressos.
Órgãos competentes para a fiscalização	Secretaria da Receita Federal. Secretaria da Fazenda. Secretaria de Finanças do Estado. Secretaria de Finanças do Distrito Federal. Secretaria Municipal.
Acréscimos legais	Juros e multa de mora.
Comentário doutrinário	Tanto o Simples quanto o Supersimples (designado oficialmente como Simples Nacional) fazem parte de uma política do governo federal de desonerar a folha de pagamento das contribuições sociais, substituindo a exação por outras modalidades de hipóteses de incidência e de alíquotas, pressupondo que isso promoverá a formalização do mercado de trabalho (matéria amplamente batida no Congresso Nacional quando da aprovação da Super-receita).

Receita Bruta em R$	Comércio	Indústria	Serviços e Locação
Até 120.000,00	1,80%	1,80%	2,42%
De 120.000,01 a 240.000,00	2,17%	2,17%	3,26%
De 240.000,01 a 360.000,00	2,71%	2,71%	4,07%
De 360.000,01 a 480.000,00	2,99%	2,99%	4,47%

Receita Bruta em R$	Comércio	Indústria	Serviços e Locação
De 480.000,01 a 600.000,00	3,02%	3,02%	4,52%
De 600.000,01 a 720.000,00	3,28%	3,28%	4,92%
De 720.000,01 a 840.000,00	3,30%	3,30%	4,97%
De 840.000,01 a 960.000,00	3,35%	3,35%	5,03%
De 960.000,01 a 1.080.000,00	3,57%	3,57%	5,37%
De 1.080.000,01 a 1.200.000,00	3,60%	3,62%	5,42%
De 1.200.000,01 a 1.320.000,00	3,94%	3,94%	5,98%
De 1.320.000,01 a 1.440.000,00	3,99%	3,99%	6,09%
De 1.440.000,01 a 1.560.000,00	4,01%	4,01%	6,19%
De 1.560.000,01 a 1.680.000,00	4,05%	4,05%	6,30%
De 1.680.000,01 a 1.800.000,00	4,08%	4,08%	6,40%
De 1.800.000,01 a 1.920.000,00	4,44%	4,44%	7,41%
De 1.920.000,01 a 2.040.000,00	4,49%	4,49%	7,50%
De 2.040.000,01 a 2.160.000,00	4,52%	4,52%	7,60%
De 2.160.000,01 a 2.280.000,00	4,56%	4,56%	7,71%
De 2.280.000,01 a 2.400.000,00	4,60%	4,60%	7,83%

67.1. Retenção do Simples

Fundamento constitucional	"A União, os Estados, o Distrito Federal e os Municípios dispensarão às microempresas e às empresas de pequeno porte, assim definidas em lei, tratamento jurídico diferenciado, visando a incentivá-las pela simplificação de suas obrigações administrativas, tributárias, previdenciárias e creditícias, ou pela eliminação ou redução destas por meio de lei" (CF, art. 179).
Tratamento diferenciado	Norma constitucional: A "definição de tratamento diferenciado e favorecido para as microempresas e para as empresas de pequeno porte, inclusive regimes especiais ou simplificados no caso do imposto previsto no art. 155, II, das contribuições previstas no art. 195, I e §§ 12 e 13, e da contribuição a que se refere o art. 239" (CF, art. 146, III, d).
Norma legal vigente	"A empresa contratante de serviços executados mediante cessão de mão de obra, inclusive em regime

	de trabalho temporário, deverá reter 11% (onze por cento) do valor bruto da nota fiscal ou fatura de prestação de serviços e recolher, em nome da empresa cedente da mão de obra, a importância retida até o dia 20 (vinte) do mês subsequente ao da emissão da respectiva nota fiscal ou fatura, ou até o dia útil imediatamente anterior se não houver expediente bancário naquele dia, observado o disposto no § 5º do art. 33 desta Lei" (art. 31 do PCSS na redação da Lei n. 11.933/2009).
Obrigação das empresas	Conforme esse mecanismo exacional, desde 1º.2.1999 as empresas reterão 11% do total da nota fiscal, fatura ou recibo e recolherão até o dia 20 do mês subsequente o montante correspondente ao FPAS, em nome do fornecedor dos segurados que, de regra, na condição de segurados obrigatórios do RGPS, trabalham na sede da contratante (item 53 da ODS/DAF n. 203/1999).
Dispensa da parte patronal	As empresas optantes pelo Simples Nacional não estão obrigadas aos mencionados 20% das folhas de pagamento dos empregados, previstos no art. 22 do PCSS; como adiantado, elas substituem esse percentual pelas alíquotas fixadas nos diferentes anexos da LC n. 123/2006.
Incompatibilidade dos valores da retenção	À evidência, esse mecanismo de incidência da contribuição e da arrecadação quando referente ao Simples Nacional seria incompatível com o regime de antecipação exacional previsto do art. 31 do PCSS, *ex vi* da Lei n. 9.711/1998 e ofenderia o princípio da proporcionalidade. Pois os 11% seriam bem maiores que a soma dos 8%, 9% ou 11% dos seus empregados (obrigação previdenciária exacional incidente sobre a folha de pagamento persistente no Simples Nacional). Porém, mais do que isso, que é simplesmente factual, aquele percentual legal diria respeito apenas e tão somente à parte patronal.
Silêncio normativo	Excetuada a menção aos serviços gerais de "construção de imóveis e obras de engenharia em geral, inclusive sob a forma de subempreitada" (aludidos nos incisos do seu art. 18, § 5º), a LC n. 123/2006 não tratou especificamente do assunto (dispensa da retenção dos 11% das empresas Simples Nacional) e gerou dúvidas entre os aplicadores.

Súmula STJ n. 425	"A retenção da contribuição para a seguridade social do tomador do serviço não se aplica às empresas optantes pelo Simples."
Posição da Receita Federal do Brasil	Sem embargo da Súmula STJ n. 425, é possível que a RFB impugne a não retenção e reclame as contribuições (a despeito de a própria empresa Simples Nacional ter recolhido oportunamente as contribuições devidas com base na legislação que as distingue), abrindo-se a oportunidade para a contestação administrativa e judicial (Portaria MPS n. 323/2007, Decreto n. 70.235/1972 e Lei n. 9.784/1999).

67.2. Microempresário individual

Conceito básico	O Microempresarial Individual — MEI é o "empresário individual a que se refere o art. 966 da Lei n. 10.406, de 10 de janeiro de 2002 — Código Civil, que tenha auferido receita bruta, no ano-calendário anterior, de até R$ 36.000,00 (trinta e seis mil reais), optante pelo Simples Nacional e que não esteja impedido de optar pela sistemática prevista neste artigo" (LC n. 128/2008, art. 18-A, § 1º).
Conceito civilista	O Código Civil diz que é empresário "quem exerce profissionalmente atividade econômica organizada para a produção ou a circulação de bens ou de serviços". O parágrafo único exclui algumas atividades (art. 966).
Excluídos do regime fiscal	Não pode ser MEI o empresário: I — cuja atividade seja tributada pelos anexos IV (prestadora de serviços) ou V da lei complementar, salvo autorização relativa a exercício de atividade isolada na forma regulamentada pelo comitê gestor; II — que possua mais de um estabelecimento; III — que participe de outra empresa como titular, sócio ou administrador; IV — que contrate empregado recebendo acima do salário mínimo ou empregados (art. 18, § 4º, I/IV). V — aufira renda mensal bruta anual superior a R$ 36.000,00.

Distinções necessárias	A partir da LC n. 123/2006 são três regimes previdenciários a serem considerados: a) Regime do MEI, no bojo do REII; b) Simples Nacional; e c) RGPS. Cada um deles com características próprias. Se o empresário ultrapassar os R$ 36.000,00 e não chegar a R$ 43.200,00, deixará o regime do MEI e ingressará no Simples Nacional. Descumpridas as regras desses dois últimos regimes, ele será vinculado ao RGPS.
Vigência do regime	O regime fiscal do MEI iniciou-se no dia 1º de julho de 2009. Esse é o primeiro mês de competência. O ano-calendário que presta para o cálculo será o ano de 2008.
Alíquotas e base de cálculo	O empresário que optar por esse regime fiscal terá as seguintes obrigações fiscais principais: a) contribuição pessoal — 11% do salário mínimo (11% x R$ 678,00 = R$ 74,58). Desejando a aposentadoria por tempo de contribuição deverá complementar com 9%, que dá R$ 61,02. O total mensal chega a R$ 135,60; b) contribuição patronal — contratando empregado, recolherá 3% do valor (que somente pode ser o salário mínimo ou o piso salarial da categoria).
Retenção dos 11% da remuneração	O tomador de mão de obra que contratar os serviços de um MEI é obrigado a reter 11% do valor da nota fiscal (Lei n. 9.711/1998), considerando-o contribuinte individual para os efeitos da Lei n. 10.666/2003. De regra, o MEI está dispensado da emissão desse documento, mas se prestar serviços para pessoa jurídica será obrigado a emiti-la. Mas somente quando se tratar de cessão de mão de obra relativa a "serviços de hidráulica, eletricidade, pintura, alvenaria, carpintaria e de manutenção ou reparo de veículos". Logo, caso esse valor ultrapasse a contribuição previdenciária do MEI, ele fará jus a um crédito a ser restituído ou compensado. No mês, sempre que emitir uma nota fiscal superior a R$ 678,00, esse crédito emergirá, propondo-se a restituição e a compensação.

MEI com empregado	Não perde a condição de MEI o empresário que admitir um empregado cujo salário não ultrapasse um salário mínimo (art. 18-C). Deverá reter os 8% e recolhê-los ao FPAS como as demais empresas vinculadas ao RGPS e devendo prestar "informações relativas ao segurado a seu serviço" (parágrafo único, II). Nesse caso, sujeitar-se-á às várias informações do art. 32 do PCSS a serem prestadas à Previdência Social e à RFB. Em relação ao salário mínimo, essa contribuição patronal mensal será de R$ 43,60.
Benefícios previdenciários	O empresário que optar por esse regime fiscal fará jus a todos os benefícios previstos no PBPS compatíveis com a condição de empresário, exceto a aposentadoria por tempo de contribuição. Todos eles no valor do salário mínimo. Caso pretenda aquele último benefício terá de recolher a diferença (9%). Pensando em prestações superiores a R$ 678,00, ele deverá deixar o regime fiscal do MEI e ingressar no Simples Nacional ou RGPS.
Tempo de serviço	O seu tempo de serviço dentro do REII (inicialmente não se cogita de tempo de contribuição), caso ele resolva complementar a contribuição de 9% e transformá-lo em tempo de contribuição, produzirá efeitos assim que efetuado o pagamento. Em relação aos benefícios programados (aposentadoria especial, por idade e tempo de contribuição), se não tomar essa providência somente fará jus à aposentadoria por idade aos 65 anos (homem) e 60 anos (mulher).
Fiscalização do MEI	O art. 33 da LC n. 123/2006 fala na fiscalização da empresa que optou pelo Simples Nacional, não mencionando os MEI. Admitindo a figura de um consórcio de optantes pelo Simples Nacional, a norma se silencia quanto a uma reunião de microempresário individual (art. 56).
Regime do empregado	A norma não deixa muito clara a situação do empregado no MEI, devendo-se entender que ele está contido no RGPS e assim faz jus a todas as prestações possíveis. A presença desse empregado (que lembra aquele contratado por entidade beneficente de assistência ou clubes de futebol profissional — que têm a parte patronal dispensada ou substituída) evidencia lacunas normativas deixadas pelo legislador.

> Partindo-se dessa obrigação fiscal e da equiparação ao empregado comum, filiado ao RGPS, mesmo ausente a contribuição patronal de 20%, tem-se que ele tem direito a todos os benefícios, inclusive a aposentadoria por tempo de contribuição. Dá-se como exemplo a contribuição dos clubes de futebol e das entidades beneficentes de assistência social, substituída no primeiro caso e ausente na segunda hipótese.
>
> O legislador deveria aclarar as dispensas de contribuição e elucidar aspectos como a contribuição do SAT da aposentadoria especial. Possivelmente embutidas na parte patronal do MEI (3%).

68. REGIME ESPECIAL DE INCLUSÃO DOS INFORMAIS

Disposição constitucional	A Carta Magna prevê um regime previdenciário distinto do RGPS, o REII (CF, art. 201, §§ 12/13).
Regimes nacionais	O sistema nacional de Previdência Social de direito público conhece dois grandes grupos de regimes: a) RGPS e b) RPPS, regime dos 26 Estados, DF e 5.565 Municípios (Leis ns. 9.717/1998 e 10.887/2004).
Segmento complementar	Em matéria de direito privado, complementando as prestações básicas, são três segmentos: a) previdência fechada; b) previdência associativa; e c) previdência aberta (LCs ns. 108/2001 e 109/2001).
RGPS	O RGPS compreende um conjunto de regras sobre filiação, inscrição, contribuições e prestações, alguns regimes especiais (e alguns segmentos contributivos particulares). A par dele o recente REII, que pretende abarcar os trabalhadores da informalidade. Não se confunde com o Simples Nacional (das microempresas e empresas de pequeno porte), um regime fiscal distinto dentro do RGPS.
Regime especial	O REII funciona como um círculo estanque circunvizinho de um círculo maior (RGPS), dos que acabam se formalizando, especialmente, com o plano de benefícios de renda mensal mínima. Quem pretender receber uma prestação de R$ 545,00 e não pensar na aposentadoria por tempo de contribuição (concepção do RGPS e dos RPPS) se inscreverá no REII.
Regras de comunicação	A comunicação entre o REII e o RGPS ou os RPPS não está bem definida na legislação. De antemão, sabe-se que se um trabalhador filiado ao REII pretender ingressar no serviço público e ali computar o tempo de contribuição, primeiro terá de ingressar no RGPS, ou seja, acrescer

	9% do salário de contribuição de todas as mensalidades do período que desejar portar mediante a contagem recíproca de tempo de serviço.
Ingresso no RGPS	Também, se ele desejar se aposentar com um valor superior ao salário mínimo, terá de fazer a mesma complementação. Tal procedimento o faz deixar o REII e ingressar no RGPS.
Alíquota de contribuição	Foi estabelecida uma alíquota de 11%, incidente sobre o salário mínimo. Tecnicamente, ela seria suficiente para cobrir todas as prestações de risco imprevisível e a aposentadoria por idade. Teoricamente, suscita um contrassenso, que consiste em saber que os cerca de 10 milhões de filiados ao RGPS com direito ao salário mínimo geram uma contribuição de 8% + 20% = 28%.
Base de cálculo	Ela é única: o salário mínimo. Não se imagina que a pessoa exerce dupla ou tripla atividade informal; se isso acontecer à filiação, a inscrição e a contribuição continuarão únicas.
Acréscimos legais	Quem pagar contribuições em atraso arcará com os juros de 0,5% e multa de 10%.
Benefícios previstos	Com exceção da aposentadoria por tempo de contribuição, a despeito da pequena contribuição estão à disposição do filiado ao REII todas as demais prestações do RGPS, ainda que não haja contribuição específica, fará jus às prestações acidentárias.
Aposentadoria por tempo de contribuição	Caso o filiado ao REII pretenda transformar o seu tempo de serviço em tempo de contribuição e assim fazer jus à aposentadoria por tempo de contribuição, ele deverá complementar a contribuição mensal de 11% do salário mínimo com 9% da mesma base de cálculo, preteritamente (pelo tempo que escolher). E recolhendo 20% desde quando decidir, para a frente. Ficará assemelhado a um segurado do RGPS que sempre pagou pelo salário mínimo. Assemelhado, mas não igual, porque a sua renda mensal inicial não terá cálculo nem aplicação do fator previdenciário, supondo-se que ela ocorra após 35 anos de contribuição (homem) e 30 anos de contribuição (mulher).
Aposentadoria especial	Ao falar em "exclusão do direito ao benefício da aposentadoria por tempo de contribuição", que lembra

	o art. 18 do PBPS, fica a impressão de que esse filiado ao REII, se demonstrar os pressupostos legais, terá direito à aposentadoria especial e à do professor. Claro, sempre com renda mensal de um salário mínimo.
Microempresário	A LC n. 128/2008 criou a figura do MEI, um trabalhador assemelhado ao titular de firma individual do Direito Comercial, cuja renda bruta não supere R$ 36.000,00 anuais e com certas características próprias.
Fontes formais	Esse REII foi regulamentado pela Lei n. 11.430/2006 e Decreto n. 6.042/2007 (art. 199-A do RPS) e entrou em vigor em 12.2.2007. A LC n. 123/2006 alterou o art. 21 do PCSS, acrescendo-lhe os §§ 2º/3º. De certa forma está presente na LC n. 128/2008, quando regulamenta o MEI.

69. CONTRIBUIÇÃO PROVISÓRIA DE MOVIMENTAÇÃO FINANCEIRA

Conceito	Fonte formal da seguridade social extinta, que sucedeu o IPMF — Imposto Provisório sobre a Movimentação Financeira.
Fato gerador	Movimentação financeira e, de modo geral, a transmissão de valores.
Alíquotas	0,38% (zero vírgula trinta e oito por cento).
Sujeito passivo	Titulares das contas correntes bancárias.
Dispensados da contribuição	— Contas de entes políticos, autarquias e fundações; — Lançamento equivocado e estornado; — Lançamento da própria contribuição; — Saques do FGTS e do PIS-PASEP; — Seguro-desemprego; — Contas das entidades beneficentes de assistência social.
Arrecadador	Secretaria da Receita Federal do Brasil.
Acréscimos	I — Juros Selic. II — Multa da Lei n. 8.981/1995.
Parcelamento	Não existia.
Destinação	Fundo Nacional de Saúde.
Novo tributo	No final de 2011, o Governo Federal cogitava a criação de um tributo distinto do CPMF para custear despesas com a assistência à saúde.
Fontes formais	EC n. 12/1996; Leis ns. 9.311/1996 e 9.539/1997.

70. EXAÇÃO RURAL

Tipos de contribuintes	Na atividade rural, são dois grupos de sujeitos passivos distintos: a) contribuinte de fato (produtor), sempre uma empresa rural e b) contribuinte de direito (adquirente), normalmente um empreendimento tido como urbano, mas também o rural.
Contribuintes de fato	Seis personalidades, a maioria delas constituída de contribuintes individuais: 1) autônomo (o propriamente dito); 2) equiparados a autônomo (o produtor rural pessoa física e o garimpeiro); 3) segurado especial; 4) condomínio horizontal; 5) produtor rural pessoa jurídica; e 6) agroindustrial.
Contribuintes de direito	São quatro pessoas: 7) importador ou consumidor pela agroindústria e o próprio produtor; 8) adquirente; 9) cooperativa; e 10) consignatário.
Situação do arrendante	Não responde o arrendante da propriedade, o consumidor final e o importador ou o exportador (do mesmo grupo econômico), e está isento quem produz para reprodução, pesquisa ou finalidade educativa e para simples consumição. Nem mesmo quem cede a terra em comodato, mas sê-lo-á, certamente, o comodatário.
Fato gerador	Translação física formal do domínio de um bem, compreendendo o crédito jurídico ou o contábil, e a

	quitação pertinente à comercialização e à consignação, bem como a entrega material à cooperativa e, nesse último caso, posteriormente à alienação, o fornecimento de sobras, retornos, bonificações ou incentivos. Em particular, a transformação da matéria-prima na agroindústria; a troca física, no escambo e na compensação; a quitação, no pagamento de qualquer obrigação (até mesmo com o INSS); no leilão, a arrematação.
Tipos de operações	Principais meios: a) comercialização; b) consignação; c) intermediação; d) transformação; e) escambo; f) dação em pagamento; g) arrematação; h) armazenagem; i) produção integrada; j) parceria rural; e k) venda futura.
Base de cálculo	a) Valor comercial — o constante da nota fiscal, quando compatível com o volume, adotado na transação, consignação e no ato da entrega à cooperativa. Também designado como receita bruta da empresa em relação à comercialização. Receita bruta, com valor devido ou creditado pela comercialização, ou seja, a operação de venda ou consignação, ou entrega na cooperativa, podendo ser resultante de permuta, compensação, dação em pagamento, ressarcimento ou indenização, representando preço ou seu complemento. b) Inclusão do ICMS — Ordem de Serviço INSS/DAF n. 146/1996: "A integração ou não do Imposto de Circulação de Mercadorias e Serviços na base de cálculo da contribuição depende de quem suportar o encargo financeiro dele decorrente" (item 43).

c) Preço de mercado — O preço de mercado era adotado na agroindústria, nas formas de escambo e na dação em pagamento. Costuma ser entendido como o da cotação do dia do aperfeiçoamento do fato gerador na localidade do evento.

d) Montante da arrematação — Arrematação consiste em aquisição de bem em leilão ou praça, por importância igual, superior ou inferior ao de mercado. A base de cálculo é o próprio valor da arrematação. Quem recolhe é o arrematante.

e) Mercadoria sinistrada — O valor do prêmio de seguro do produto sinistrado. Definida a hipótese de incidência — e não parece ser o caso —, a base de cálculo deveria ser a importância segurada e não o prêmio.

f) Nível da obrigação quitada — A esse respeito, é o preço de mercado. Para o INSS deve ser o da obrigação quitada, se do documento não constar a quantidade do produto.

g) *Quantum* indeterminado — Quando a documentação não indicar a quantidade da produção dada em pagamento, ressarcimento, indenização e/ou compensação, tomar-se-á, como base de cálculo da contribuição, o valor da obrigação quitada.

h) Nível futuro — "Na comercialização com preço a fixar, a contribuição será devida, nas competências e nas proporções dos pagamentos, inclusive a título de adiantamentos, ou dos créditos efetuados" (item 40).

i) Falha nos documentos — "No caso de divergência de valores entre os elementos acima e mencionados, prevalecerá o valor mais elevado" (subitem 44.1). "Não sendo possível identificar o mês ou meses de comercialização, o valor apurado será rateado entre todos os meses do ano" (subitem 44.2).

Surpreendendo, diz o item 45: "Na impossibilidade de se apurar, no produtor rural pessoa física, o valor da produção vendida, por qualquer documento e/ou pelos elementos já mencionados, o seu valor será calculado multiplicando-se o número de módulos rurais explorados constante do Certificado de Cadastro do INCRA, por 6 (seis) vezes o limite máximo do salário de contribuição

	relativo ao último mês do ano-base, e sobre o montante apurado, exigidas as contribuições correspondentes".
	j) Aferição indireta — "Se a fiscalização constatar, no exame da escrituração contábil e/ou de outros documentos, que a empresa não registra o movimento real, em volume ou valores, das aquisições de produção rural e/ou de matéria-prima, da produção própria, industrializada, apurará as contribuições devidas por aferição indireta" (item 46).
	No seu art. 33, o PCSS outorga ao INSS o poder extraordinário de determinar a base de cálculo da exação previdenciária por meio da apuração com base em elementos indiciários designada impropriamente de aferição indireta (§ 3º), com fulcro na área construída da obra de construção civil (§ 4º) e em razão da inabilitação ou incompatibilidade da contabilidade (§ 5º), em operações delicadas e a merecer todos os cuidados.
Isenção da contribuição	Diz o § 4º do art. 25 do PCSS: "Não integra a base de cálculo dessa contribuição a produção rural destinada ao plantio ou reflorestamento, nem sobre o produto animal destinado à reprodução ou criação pecuária ou granjeira e a utilização como cobaias para fins de pesquisas científicas, quando vendido pelo próprio produtor e quem a utilize diretamente com essas finalidades, e no caso de produto vegetal, por pessoa ou entidade que, registrada no Ministério da Agricultura, do Abastecimento e da Reforma Agrária, se dedique ao comércio de sementes e mudas no País" (revogado pela Lei n. 11.718/2008).
Alíquotas históricas e vigentes	a) Do segurado especial — De 1º.11.1991 até 31.3.1993, era de 3%. De 1º.4.1993 até 30.6.1994, passou a ser de 2% + 0,1% = 2,1%. De 1º.7.1994 até 12.1.1997, ascendeu para 2,2% + 0,1% = 2,3%. A partir de 13.1.1997, uniformizou-se em 2,5% + 0,1% = 2,6%. Desde 11.12.1997, de 2,1% (Lei n. 9.528/1997 e Decreto n. 4.032/2001).
	b) Produtor rural pessoa física — De 1º.11.1991 até 31.3.1993, recolhia pela folha de pagamento (2,3%). De 1º.4.1993 até 11.1.1997, era de 2% + 0,1% = 2,1% + 0,1% (SENAR) = 2,2%. A partir de 13.1.1997, uniformizou-se em 2,5% + 0,1% = 2,6% + 0,1% (SENAR) = 2,7%. Desde 11.12.1997, de 2,1% (Lei n. 9.528/1997 e Decreto n. 4.032/2001).

	c) Produtor rural pessoa jurídica — De 1º.11.1991 até 31.7.1994, recolhia pela folha de pagamento (2,3%). A partir de 1º.8.1994, era de 2,5% + 0,1% = 2,6% + 0,1 (SENAR) = 2,7%. d) Contribuintes individuais rurais — De 1º.11.1991 até 31.7.1996, o produtor rural e o garimpeiro postados nas Classes I a III recolhiam à base de 10% do salário-base e de 20% das Classes IV a X. A partir de 1º.8.1996, todas as classes sujeitaram-se a 20%. A contar do mês de abril de 2003, a base de cálculo será a remuneração.
Indústria rurícola	O conceito buscado de longa data. Para o ETR: "considera--se indústria rural, para os efeitos desta Lei, a atividade industrial exercida em qualquer estabelecimento rural não compreendido na CLT". Aparentemente, é o primeiro tratamento da matéria-prima rural sem significar a transformação própria da industrialização.

70.1. Atividade rural

Conceito	Pessoas e segurados regidos por legislação específica do Direito Agrário, em matéria de filiação, contribuição e benefícios previdenciários.
Empresário rural	Titular de firma individual, sócio ou diretor de sociedade anônima de empreendimento rural (PCSS, 12, V, *f*).
Previdência Social rural	Proteção securitária relativa ao trabalhador rural, incluída no PBPS em 1991.
Trabalhador rural	Toda pessoa física que, em propriedade rural ou prédio rústico, presta serviços de natureza não eventual a empregador rural, sob a dependência deste e mediante salário (art. 3º da Lei n. 5.889/1973).
Trabalhador rural sujeito ao regime urbano	Figura de obreiro rural com direitos próprios do segurado regido pela CLT, conceito praticamente desaparecido com o PBPS, com direitos previdenciários urbanos.
Artesanato rural	Modalidade de atividade tradicional rústica, de regra manual, gerando uma produção de pequena escala e comercializada pelo próprio trabalhador.
Segurado especial	Pequeno proprietário, pescador artesanal e o assemelhado, trabalhando individualmente ou em regime familiar, sem o concurso de empregados ou com ajuda eventual de terceiros (PCSS, art. 12, VII).

Indústria rudimentar	Processo de transformação da matéria-prima próxima da industrialização, normalmente designada como beneficiamento (PCSS, art. 25, § 3º).
Empregador rural pessoa física	Exploração rural de menor porte, cuja contribuição é retida quando da comercialização de sua produção e recolhida pelo adquirente (PCSS, art. 25).
Produtor rural pessoa jurídica	Exploração da agricultura ou da pecuária em maior escala (PCSS, art. 22). Normalmente, com empregados, autônomos e outros auxiliares.
Pescador artesanal	Pequeno produtor, trabalhando individualmente ou em regime de economia familiar, que faça da pesca sua profissão habitual ou meio principal de vida (PCSS, art. 12, VII).
Pesca e caça esportiva	Atividade lúdica e não econômica, sem interesse para a Previdência Social, quando o resultado da atividade esportiva não for comercializado.
Cata e coleta	Modalidade de meio de subsistência em que a pessoa apreende os produtos do mar ou colhe bens agrícolas e pecuários que não produziu (plantou ou criou).
Agroindústria	Empresa rural que processa a própria matéria-prima e a adquirida de terceiros (PCSS, art. 22-A).
Indústria rural	Aquela que, operando a primeira transformação do produto agrário, altera a sua natureza, retirando-lhe a condição de matéria-prima (art. 5º do Decreto n. 73.626/1974).
Consórcio simplificado rural	Reunião de produtores rurais pessoas físicas para fins de contratação de mão de obra que lhes preste serviços (PCSS, art. 25-A).
Pesquisa científica	Área das empresas privadas ou estabelecimentos voltados para a pesquisa (PCSS, art. 25, § 4º).
Colônia penitenciária	Cultivo, normalmente de produtos hortifrutigranjeiros, para a subsistência dos reeducandos (Lei n. 7.210/1984).
Cooperativa	Reunião de produtores rurais (PCSS, art. 15).
Atividade escolar	Estudo da exploração rural com o objetivo educacional e sem finalidade mercantil (PCSS, art. 25, § 4º).
Intermediário da produção	Pessoa que se incumbe do plantio e da criação, visando ao aperfeiçoamento de produtos dos mundos animal e vegetal (incluindo reflorestamento), destinados à reprodução (PCSS, art. 25, § 4º).

Produto rural	Bem de origem vegetal ou animal sem ter sofrido transformação industrial de sua essência, ainda que tenha acolhido processo de beneficiamento.
Contribuinte de fato	Quem realmente paga a contribuição, diretamente ou sofrendo a retenção por parte do adquirente.
Contribuinte de direito	Quem arrecada e recolhe a contribuição do produtor rural; se não o fez, pagará do próprio bolso.
Adquirentes de produtos rurais	Pessoas físicas e jurídicas, nacionais e estrangeiras, de direito público e privado, adquirem diretamente ou por intermédio de terceiros, os produtos rurais: — Consumidores. — Supermercados. — Mercados. — Entrepostos. — Replantadores. — Cultivadores. — Pesquisadores. — Empresas estrangeiras sediadas no exterior. — Pessoas jurídicas para consumir.

71. RURÍCOLA DE CURTA PERMANÊNCIA

Introdução do novo segurado	Além de produzir modificações na NPTR (Lei n. 5.889/1973), a Lei n. 11.718/2008, entre outras disposições sobre diferentes aspectos previdenciários da figura do trabalhador rural e segurado especial, regulamentou um tipo de segurado que já foi chamado de boia-fria e deverá ser conhecido como rurícola de curta permanência.
Conceito	Considera-se rurícola de curta permanência quem presta serviços subordinados, mediante remuneração, por prazo determinado, a um produtor rural. Embora o art. 14-A, § 2º, da NPTR fale que a filiação desse obreiro automaticamente decorra de sua inclusão na GFIP, na verdade, esse estado jurídico provém do exercício da atividade rural, que é a base material e o suporte da sua filiação.
Inscrição	A inscrição, um anacronismo da legislação previdenciária, deriva da emissão da GFIP. Com o registro na CTPS (art. 14-A, § 3º, I), dá-se também a inscrição. Se o produtor rural preencher a CTPS e deixar de emitir a GFIP, a anotação na CTPS bastará para convencer o INSS da inscrição.
Prazo máximo	Numa redação precária, o § 1º do aludido art. 14-A diz que o prazo máximo da contratação de curta permanência é de dois meses. Regulamentou indiretamente dizendo que se superá-lo (os dois meses), o contrato se torna por prazo indeterminado. Nesse caso, ele será um empregado do produtor rural. Outra vez o legislador foi tíbio: "observando-se a legislação aplicável".
Contribuição previdenciária	A contribuição pessoal a ser retida do trabalhador é de 8%, vislumbrando-se aí que ele receba uma remuneração pequena, aquela submetida aos 8% de todos os segurados do RGPS.
Contribuição patronal	Como não dispensou expressamente a contratante da parte patronal da contribuição previdenciária (20% +

	SAT), entende-se que essa obrigação permanece. A base de cálculo da contribuição é a remuneração paga ao trabalhador (presumidamente pequena).
Não emissão da GFIP	O § 6º dispõe-se sobre descumprimento da lei (em termos de emissão da GFIP) e suas consequências. Ele diz: "A não inclusão do trabalhador na GFIP pressupõe a inexistência de contratação na forma deste artigo, sem prejuízo de comprovação, por qualquer meio admitido em direito, da existência da relação jurídica diversa".
Ausência da GFIP	Excedeu-se o legislador ao afirmar que se não emitir a GFIP desnatura a relação jurídica, quando se sabe que aspectos formais não têm esse poder. Se um produtor rural contratar esse tipo de obreiro (nos exatos termos da lei) e não emitir a GFIP, no máximo sujeitar-se-á às punições previstas no PCSS e nem por isso, necessariamente, ele se torna um empregado.
Anualidade da contratação	Imagina-se que a contratação desse rurícola só possa acontecer uma vez por ano pelo mesmo empregador. O que impede que ele opere para outro empregador e, assim, teoricamente, trabalhar todo o ano, com seis contratos de dois meses. A fiscalização do MTE tem de tomar cuidados com a possibilidade de vínculo com empresa do mesmo grupo econômico.
Direitos previdenciários	Esse antigo "boia-fria", um obreiro rural vinculado ao RGPS em razão do princípio constitucional da equivalência urbano-rural, tem direito a todos os benefícios previdenciários possíveis. Especialmente os acidentários, que dispensam o período de carência.
Natureza do vínculo	Só não é empregado porque a Lei n. 11.718/2008 não quer. Mas ele tem todos os direitos do trabalhador rural permanente (art. 14-A, § 8º), e um deles é o FGTS (Lei n. 8.036/1990).

72. AGROINDÚSTRIA

Agricultura	Atividade tradicional de exploração da terra, também conhecida como lavoura, que inclui o preparo do solo, a semeadura ou o plantio, os cuidados e a colheita, contida no reino vegetal.
Artesanato	Modalidade rústica de transformação da matéria-prima rurícola, quase sempre comercializada diretamente pelo produtor.
Indústria rudimentar	Forma incipiente de transformação da matéria-prima rural que não chega aos padrões da industrialização.
Agroindústria	Empresa industrial de transformação de matéria-prima própria ou de terceiros (usina de açúcar, frigoríficos etc.).
Indústria	Atividade sofisticada de transformação da matéria-prima rural (ou não) mediante os processos que incluem maquinários.
Excluídos do conceito	Sociedade cooperativa rural, piscicultura, carcinicultura, suinocultura e avicultura (Lei n. 10.256/2001), florestamento e reflorestamento (Lei n. 10.684/2003).
Particularidade fiscal	Distingue-se da indústria e do produtor rural pessoa jurídica em função da modalidade de contribuição da parte patronal, substituída por nova base de cálculo.
Fato gerador	Produção industrial própria ou de terceiros.
Base de cálculo	Receita bruta da comercialização do produto rural, valor constante da nota fiscal.
Alíquotas sobre o valor do faturamento	São três: 2,5% — Custeio das prestações comuns. 0,1% — Para as prestações acidentárias e aposentadoria especial (arts. 57/58 do PBBS). 0,25% — Para o SENAR.
Contribuição profissional	Os empregados sujeitam-se à mesma alíquota dos empregados urbanos: 7,65%, 8,75%, 9,0% e 11,0%.

Presunção do desconto	As contribuições são presumivelmente retidas pelo adquirente dos produtos (PCSS, art. 33, § 5º), que as devem recolher.
Natureza dos contribuintes envolvidos	O produtor rural da matéria-prima adquirida pela agroindústria é contribuinte de fato e a agroindústria, um contribuinte de direito.
Prazo para o recolhimento	O mesmo das empresas urbanas: dia 2 do mês seguinte (mês de competência).
Retenção dos 11% dos autônomos	Como empresa vinculada ao RGPS, sujeita-se aos procedimentos da retenção e recolhimento dos 11% dos empresários e autônomos, além dos 20% patronais calculados sobre a remuneração ou 15%, se for uma cooperativa.
Cessão de mão de obra	Se contratar terceiros, reterá 11% do valor da nota fiscal, fatura ou recibo, como as demais empresas contratantes de mão de obra (art. 31 do PCSS e Lei n. 9.711/1998).
Prestação de serviços aterceiros	Quando a agroindústria prestar serviços a terceiros, fiscalmente ela deve seguir as regras das demais empresas urbanas.
Fontes formais	Art. 22-A do PCSS; Lei n. 10.256/2001.

73. CONSÓRCIO SIMPLIFICADO RURAL

Conceito	Empreendimento rural atípico resultante da união jurídica de produtores rurais pessoas físicas, para efeitos fiscais.
Particularidade fiscal	As contribuições usuais (urbanas) da parte patronal são substituídas pela incidente sobre a receita bruta.
Classificação jurídica	Para fins fiscais, o consórcio simplificado é tido como produtor rural pessoa física.
Fato gerador	Contratação de mão de obra.
Base de cálculo	Receita bruta da comercialização do produto rural, valor constante da nota fiscal.
Alíquotas	2,5% — Destinado ao custeio das prestações comuns. 0,1% — Para as prestações acidentárias e da aposentadoria especial. 0,25% — Para o SENAR.
Contribuição profissional	A mesma dos demais trabalhadores empregados: 8%, 9% e 11%.
Presunção do desconto	Também se aplica a presunção do desconto da contribuição retida (PCSS, art. 33, § 5º).
Prazo para o recolhimento	O mesmo das empresas urbanas: dia 20 do mês seguinte (mês de competência).
Retenção dos autônomos	A mesma das demais empresas: 11% da remuneração percebida.
Observação	Essa figura jurídica é uma tentativa de evitar o fornecimento de mão de obra mediante empreiteiros despreparados para isso e improvisados.
Fontes formais	Arts. 22-B e 25-A do PCSS e Lei n. 10.256/2001.

74. SOLIDARIEDADE FISCAL

Conceito	Substituição legal da responsabilidade fiscal de um contribuinte por outro.
Benefício de ordem	Possibilidade de o credor da obrigação (RFB) escolher de quem inicia a cobrança da contribuição.
Responsabilidade original	Conforme o caso, a lei indica quem é o responsável pelo dever fiscal, designado como contribuinte de direito.
Corresponsabilidade	Na figura da corresponsabilidade, duas pessoas respondem pelo ônus fiscal (PCSS, art. 30, VI).
Construção civil	Se o construtor não recolheu as contribuições relativas à obra erigida, o proprietário será corresponsável.
Grupo econômico	As empresas que integram grupo econômico de qualquer natureza respondem entre si, solidariamente, pelas obrigações decorrentes (PCSS, art. 30, IX).
Exclusão da responsabilidade	O adquirente de prédio ou unidade imobiliária que realizar a operação com empresa de comercialização ou incorporador de imóveis exclui-se da responsabilidade solidária (PCSS, art. 30, VII).
Contribuinte de fato	É aquele que desembolsa o valor da contribuição.
Contribuinte de direito	Responsável pela contribuição, descontada ou não do contribuinte de fato.
Sucessor	Pessoa que, segundo o Código Comercial, responde pelo débito do sucedido.

75. ÔNUS DA IGREJA

Significado	Deveres fiscais da Igreja em relação àqueles que lhes prestam serviço.
Conceito mínimo de ministros	Os ministros da Igreja geralmente:
	a) são indivíduos vocacionados: atendem ao chamado divino, dedicam e consagram suas vidas à missão de pregar o evangelho cristão a todas as pessoas, concitando-as a aceitar Jesus como salvador;
	b) em sua maioria, formados por faculdades ou seminários de Teologia, com preparo técnico humanístico de nível superior;
	c) para abraçar a carreira recebem "chamado" espiritual da Igreja, a aceitação constituindo-se num solene voto tácito de consagração da vida e existência à nobre missão de salvar almas, consistindo nisso o objetivo essencial da Igreja mantenedora;
	d) são investidos em sua missão sagrada, pelos atos formalíssimos (sagração), credenciais e licenças, restando habilitados ao exercício de suas funções;
	e) são mantidos pela Igreja, com recursos oriundos de dízimos e ofertas proporcionados pelos fiéis;
	f) pela natureza eminentemente espiritual de suas ocupações não estabelecem vínculo empregatício com a Igreja; e
	g) estão filiados obrigatoriamente à Previdência Social desde 9.10.1979, e recolhem contribuições na condição de eclesiásticos, sob esse aspecto equiparados ao autônomo (Lei n. 6.696/1979).
Parte patronal	Com vigência a contar de 1º.5.1996, dizia o art. 1º da LC n. 84/1996: "Para a manutenção da Seguridade Social, ficam instituídas as seguintes contribuições sociais:

	I — a cargo das empresas e pessoas jurídicas, inclusive cooperativas, no valor de quinze por cento do total das remunerações ou retribuições por elas pagas ou creditadas no decorrer do mês, pelos serviços que lhes prestem, sem vínculo empregatício, os segurados empresários, trabalhadores autônomos, avulsos e *demais pessoas físicas*" (grifos nossos). Regulamentando-a, rezava *in fine* do Decreto n. 1.826/1996: "... por segurados empresários, trabalhadores autônomos *e equiparados*, avulsos e demais pessoas físicas" (grifos nossos).
Orientação Normativa INSS n. 6/1996	Cuidando da possibilidade de a menção a "pessoas físicas" ou "equiparados" serem os eclesiásticos, a ON INSS n. 6/1996, em seu subitem 1.4, diz: "Não se aplica, ainda, o disposto neste item ao ministro de confissão religiosa, no tocante aos valores recebidos em face do trabalho religioso, tendo em vista não existir contrato de trabalho ou de prestação de serviços entre este e a instituição que o congrega".
Ordem de Serviço INSS/DAF n. 151/1996	A OS INSS/DAF n. 151/1996, em seu subitem 1.4, determinou a incidência de contribuição sobre a remuneração ou a retribuição: "A contribuição de que trata este ato incide sobre os valores recebidos por ministro de confissão religiosa, desde que estes se constituam em remuneração ou retribuição (contraprestação) por serviços prestados à entidade religiosa".
Orientação Normativa n. 8/1997	Por seu turno, a ON n. 8/1997 configura em seu item 13.23: "Sobre a remuneração paga a ministro de confissão religiosa, na condição de equiparado a autônomo, incidirá a contribuição de que trata o inciso II do art. 25 do ROCSS", sem mais esclarecimentos sobre estar falando da verba de representação ou da remuneração devida por encargos profanos do religioso.
Art. 25 do ROCSS	Aquele último comando, por sua vez, preceitua: "quinze por cento sobre o total das importâncias pagas ou creditadas no decorrer do mês aos segurados empresários, trabalhadores autônomos e equiparados, avulsos e demais pessoas físicas, pelos serviços prestados sem vínculo empregatício".

Posição administrativa	A Coordenadoria-Geral de Arrecadação e Fiscalização do INSS, em resposta à consulta da Associação da Igreja Metodista, esclareceu: "Permanece, entretanto, o entendimento de que ministros de confissão religiosa que se dedicam exclusivamente à atividade religiosa não serão objetos das disposições da Lei Complementar n. 84".
	Acrescentou no final da resposta: "Por outro lado, na situação descrita por V. S.a. — nomeações para servirem em escolas, ou exercício de outras atividades paralelas ao ministério pastoral, fica caracterizada a prestação de serviços remunerados à entidade religiosa, mencionada no subitem 1.4 da Ordem de Serviço INSS/DAF n. 151" (Ofício INSS/DAF/AFAR n. 87, de 5.3.1997).
Noção de eclesiástico	Em várias ocasiões tivemos a oportunidade de nos manifestar sobre a natureza do vínculo amoroso celebrado entre o eclesiástico e a Igreja, quando se tratar de ministro de confissão religiosa ocupado em seus afazeres canônicos e ser a mantenedora entidade caracterizada como Igreja ("Eclesiásticos: os mais recentes segurados obrigatórios", in *Revista LTr* n. 44/55).
	Também já o fizeram *Arnaldo Süssekind* e *Ives Gandra da Silva Martins* ("Previdência Social. Entidades religiosas. Equiparação aos autônomos, dos Ministros de Confissão Religiosa", in RPS n. 140/534), todos os dois na mesma linha de haver um elo atípico em comparação com o jacente na relação societária (empresário), civil (autônomo) ou laboral (empregado).
	Previdenciariamente, eclesiástico é pessoa titulada consagrada pela autoridade religiosa competente. Detentor da perenidade inerente à sua condição de vocacionado para o ofício da fé, à catequese e aos ensinamentos e práticas dos preceitos divinos, mantém-se a serviço dos homens e de Deus (*Comentários à Lei Básica da Previdência Social*. 8. ed. São Paulo: LTr, 2009. tomo II, p. 97/98).
	Seu vínculo é diferenciado quando comparado com outros liames do mundo do trabalho. Seu compromisso é voto solene, não podendo ser cotejado com a vontade presente do ajuste laboral.
	Não trabalha para a Igreja, e sim para todos os fiéis.

	Por sua vez, garantimos: "Nas relações estabelecidas com pessoas físicas ou jurídicas com quem possa estar envolvido, o vínculo é completamente diferente, pois o eclesiástico obedece e reverencia a Deus e presta serviços à comunidade de fiéis, sem qualquer retribuição por isso, enquanto o autônomo necessariamente trabalha para indivíduo ou empresa, mediante remuneração sinalagmática. O mister religioso não é remunerável nem remunerado, mas o labor do autônomo é retribuível e, no mais das vezes, retribuído" ("A Igreja em face da Lei n. 8.212/91", in RPS n. 135/108).
Parecer da Consultoria Jurídica	No Parecer PG/PCCAR n. 026/1996, firmado pela dra. *Adriana Maria de Freitas Tapety,* aprovado pelo consultor geral do INSS, dr. *Germano Campos Câmara,* e pelo procurador-geral, dr. *José Weber Holanda Alves*, diz-se: "11. Ora, o trabalho do colaborador, no âmbito da Entidade Religiosa, possui características nas quais o legislador não quis imiscuir-se. Ainda segundo *Martinez*, a preocupação do legislador ao 'equiparar parece ter sido a de não estabelecer nenhum vínculo jurídico — relação de emprego ou locação de serviço, conforme a melhor doutrina — entre o clérigo e a entidade religiosa'" (*O Salário-Base na Previdência Social*. São Paulo: LTr, 1986. p. 93). Acresce o parecerista: "12. Entendemos que não é o fato de os ministros de confissão religiosa obedecerem a horários, ou realizarem outras atividades, desde que sem fins comerciais, no âmbito da entidade religiosa, que os caracterizaria como empregados, regidos necessariamente pela CLT. Os deveres ou atividades lícitas exercidas pelos membros da ordem religiosa, com o objetivo ou finalidade de tais atividades, isto é, verificar se existem finalidades, comerciais ou lucrativas, ou se inexiste a onerosidade. Tire-se como exemplo 'a diaconisa que presta serviços em hospitais, asilos, abrigos, maternidades, ou escolas públicas ou particulares, em função dos votos religiosos que professa, ausente a onerosidade, não é empregada dessas entidades. É, sim, enquadrada como eclesiástica'" (*Martinez*, ob. cit., p. 97).
Análise da lei complementar	Da análise perfunctória do *in fine* do art. 1º da LC, especialmente na parte assinalada anteriormente, resta estar o legislador atento para, na ordem ali presente, falar do contrato de trabalho (quando cita um vínculo

	empregatício), de união societária (alusão ao empresário), da locação de serviços (referência ao autônomo), da cessão de mão de obra pelo sindicato (menção ao avulso), e de outros contratos civis (citação do eventual, indicado como "pessoas físicas"), em todos os casos, vinculados esses ajustes laborais *lato sensu* a dois claríssimos entes: 1) remuneração ou retribuição e 2) por serviços prestados. Para a definição do fato gerador da obrigação fiscal instituída na LC n. 84/1996, devem estar presentes: a) dador de serviços; b) trabalhador definido como segurado obrigatório; c) subsistência do contrato de prestação de serviços; d) ocorrência de retribuição vinculada sinalagmaticamente como contrapartida pelo labor exercitado; e e) destinar-se a ocupação juridicamente ao mencionado ofertante dos serviços.
Relação entre a Igreja e o religioso	A Igreja enseja atividade ao eclesiástico e ele resta definido como segurado obrigatório, resultando atendidas as duas primeiras premissas. Entretanto, não professa a fé e não catequiza os crentes para a Igreja, e sim busca a crença e a salvação das ovelhas para elas mesmas. Inexiste contrato civil, comercial ou laboral, tão somente ministério *religioso*, vale dizer, *re-ligação* a Deus. Já sustentamos: "O elo religioso com a Igreja é amoroso, espiritual, canônico; o liame do autônomo com a empresa é econômico, profissional, jurídico. Num caso, secular, e no outro, leigo. Pertencem a domínios distintos" ("Contribuição Previdenciária sobre retribuições a Empresários, Autônomos, Avulsos etc. — Comentários à Lei Complementar n. 84/96", in *Revista Dialética de Direito Tributário* n. 6/88).
Verba de representação	O pagamento, com a natureza jurídica de verba de representação, não é remuneração nem retribuição. Padres e pastores, rabinos, mentores e ministros religiosos (estes últimos, no sentido de membros de Ordens, Congregações e Companhias de Serviço no domínio do catolicismo) não cobram pelos sacramentos ministrados nem pela salvação operada ou não. Os dízimos recebidos pela Igreja não têm caráter retributivo.

Valores *in natura*	Os valores *in natura*, aludidos no art. 201, § 11, da CF, apenas dizem respeito ao empregado. A nuclearidade desse pagamento foi objeto de incisivo pronunciamento da Assessoria Jurídica do MPAS, quando *Marcelo Pimentel* manifestou-se contra decisão do CRPS, por ter tais pagamentos como remuneratórios, principalmente se apenas *in natura*: "Dizer que o religioso recebe salário *in natura* é aberrantemente destituído do mais remoto fundamento legal" (Parecer CJ/MPAS n. 440/72, in Proc. MTPS n. 129.822/1970). Desvirtuada a natureza própria de sua missão religiosa, sobrevêm trabalho, pagamento e relação econômica, impondo-se a contribuição, caso do colportor ("Colportor: autônomo ou equiparado a autônomo", in *Informativo Dinâmico IOB*, p. 1.046, set. 1983).
Equiparado a autônomo	Buscando arrebanhar o eclesiástico, operando *contra legem*, o Decreto n. 1.926/1996 incluiu os equiparados a autônomo. Extrapolando a lei, não podia fazê-lo e, sob esse aspecto, deve ser juridicamente ignorado. O legislador não quis incluir o equiparado; ele não o ignora e por isso o silêncio não é omissão, e sim normativo. O Poder Executivo talvez tenha pensado nas "pessoas físicas", pois tal vala comum aceita qualquer indivíduo, mas só podem ser as remuneráveis ou retribuíveis, e o eclesiástico não é nem um nem outro. Melhor a ON INSS n. 6/1996, acostando-se à doutrina segundo a qual não existe contrato de trabalho ou de prestação de serviços entre o eclesiástico e a entidade mantenedora. Muito menos societário. Correta também a OS INSS/DAF n. 152/1996, ao fixar a hipótese de incidência, se existente remuneração ou retribuição por serviços prestados. Certamente não estava aludindo à verba de representação ínsita ao religioso.
Lei n. 9.876/1999	Com a Lei n. 9.876/1999 foram equiparados aos contribuintes individuais, a partir de 29.11.1999.
Orientação Normativa n. 8/1997	Equivocada, porém, a ON n. 8/1997, ao textualmente referir-se ao eclesiástico na condição de equiparado ao autônomo, na linha do Decreto n. 1.926/1996, e

	reportando-se ao art. 25, II, do Decreto n. 2.173/1997 (subitem 13.23), exceto se estava se referindo, em particular, à remuneração devida a quem presta serviços à Igreja, e esse não é o caso do eclesiástico. De modo geral, podendo sê-lo quando trabalha laboralmente para a instituição (dando aulas em seminário, vendendo livros na rua ou ocupado em serviços burocráticos não religiosos). Diversos dispositivos do PCSS dão conta da obrigação de aposentado trabalhando estar obrigado à contribuição.
Plano de custeio	Dizia o art. 28, § 9º, na redação dada pela Lei n. 9.032/1995: "O aposentado por idade ou por tempo de serviço pelo Regime Geral de Previdência Social — RGPS, que estiver exercendo ou que voltar a exercer atividade abrangida por este Regime e sujeito a salário-base, deverá enquadrar-se na classe cujo valor seja o mais próximo de sua remuneração". Tal contribuição, à vista do disposto na Lei n. 8.870/1994, não mais é capitalizada para fins de pecúlio.
Observações finais	A Igreja não está obrigada a recolher a contribuição de 15% prevista na LC n. 84/1996 nem a de 20% da Lei n. 9.876/1999, em relação à verba de representação fornecida ao eclesiástico, quando ele exclusivamente exercita o ministério religioso.

76. CONSTRUÇÃO CIVIL

Conceito doutrinário	Área da legislação previdenciária que disciplina as relações próprias das obrigações dos proprietários de obras de construção civil.
Conceito técnico de construção civil	Técnica industrial primária em que a matéria-prima é transformada ou não, utilizada geralmente por agregação química, acolhendo outros métodos, presa ao solo ou subsolo, empregando materiais e processos consagrados ou convencionados, conduzindo a bem imóvel destinado à residência, trabalho, educação, recreio, culto, esporte, movimentação de pessoas, sua proteção e outros fins, bem como as operações capazes de conservar o resultado.
Conceito legal	Obra — toda construção, reforma, fabricação, recuperação ou ampliação, realizada por execução direta ou indireta (Lei n. 8.666/1993) ou a construção, a demolição, a reforma, a ampliação de edificação ou qualquer outra benfeitoria agregada ao solo ou ao subsolo (art. 413, I, da IN SRP n. 3/2005).
Obras incluídas	Residencial, industrial, comercial, rural, guarda, transporte, obras de arte, uso coletivo, apoio e saneamento.
Atividades excluídas	Atividade específica, aquela em que o vulto da mão de obra é inexpressivo diante do emprego de equipamentos sofisticados.
Elementos pré-preparados	Tratamento fiscal particular quando da presença de elementos pré-fabricados ou pré-moldados nas obras de construção civil.
Tipos de atividades profissionais	As principais são: estudo, projeto e elaboração da planta, preparação do solo, demolição, alvenaria, recuperação, reforma, ampliação, conservação ou reparos, acabamento e instalação de materiais.

Pessoas físicas e jurídicas envolvidas com a relação	Proprietário — Titular do terreno em que é erigida a obra.
	Dono da obra — Quem constrói em espaço de terceiros.
	Posseiro — Ocupante da área não proprietário.
	Promitente comprador — Celebrante de contrato de compromisso de venda e compra e ainda não proprietário.
	Cessionário de direitos — Quem explora a propriedade sem ser o titular.
	Usufrutuário e usuário — Destinatário jurídico de uma construção, ainda sem ser o seu dono.
	Condomínio — Reunião de pessoas que constroem residências ou escritórios (edifício vertical e até horizontal).
	Condômino — Titular de uma parte ideal do condomínio.
	Administrador — Aquele apenas responsável pela administração da construção.
	Incorporador — Pessoa que se encarrega de todas as atividades inerentes a uma construção (art. 29 da Lei n. 4.591/1964).
	Construtora — Empresa que constrói, também conhecida como empreiteira ou subempreiteira.
	Cooperativa de trabalho — Associação de profissionais da construção civil (Lei n. 5.764/1971).
	Engenheiro — Administrador técnico da obra, usualmente sem responsabilidade fiscal.
	Arquiteto — Profissional incumbido da idealização do projeto por ele elaborado.
	Aplicador de materiais — Empresa que coloca materiais de acabamento, ou não, vendidos ao proprietário da obra.
Construção civil particular	Designação tradicional atribuída ao erguimento de residência destinada à moradia do proprietário que diretamente contrata a mão de obra ou outra finalidade.
Responsável fiscal	O proprietário, se ele próprio contratar os profissionais da construção civil ou um construtor.
Solidariedade fiscal	Caso o construtor não tenha recolhido as contribuições, o proprietário será um corresponsável (PCSS, art. 30, VI).
Elisão da responsabilidade	Adquirente de prédio ou unidade imobiliária que realiza a operação com empresa de comercialização ou a

	incorporadora de imóveis, ficando estes solidariamente responsáveis com o construtor (PCSS, art. 30, VII).
Benefício de ordem	O INSS está legalmente autorizado a cobrar do construtor ou do proprietário (PCSS, art. 30, VI).
Cálculo da mão de obra	Normalmente a mão de obra de construção civil é a constante das folhas de pagamento da pessoa fiscalmente responsável (proprietário ou construtor). Na ausência desses elementos, a mão de obra é apurada com base no CUB — Custo Unitário Básico, fornecido mensalmente pelo SINDUSCON — Sindicato da Indústria da Construção Civil (arts. 433/455 da IN SRP n. 3/2005).
Redutor de 50%	No caso de quintal; *playground*; quadra esportiva ou poliesportiva; garagem, abrigo para veículo e pilotis; quiosque, área destinada à churrasqueira; jardim; piscina pré-fabricada de fibra; telheiro; estacionamento térreo e terraço sem paredes externas e divisórias internas; varanda ou sacada; área coberta sobre as bombas; área descoberta destinada à circulação ou ao estacionamento de veículos nos postos de gasolina (art. 449, I/XIII, da IN SRP n. 3/2005).
Aferição indireta	Na falta de contabilidade regular, subsistindo dúvidas referentes à relação entre o vulto e o tipo da obra, a mão de obra presente e os recolhimentos efetuados, o INSS aferirá a mão de obra total e exigirá as contribuições devidas (PCSS, arts. 30, VI e 33, § 4º).
Prova em contrário	Na Defesa Prévia ou no Recurso de Apelação, notificado para recolher contribuições ou diferenças, o devedor poderá demonstrar que a base de cálculo real é inferior à aferida pela RFB.
Recolhimento da contribuição	É igual ao das demais empresas, no caso do proprietário construtor, mediante inscrição própria da obra do proprietário.
Definição de empreiteiro	Quem efetivamente erige a obra, normalmente por inteiro, contratando subempreiteiro (ou não).
Definição de subempreiteiro	Empresa que se encarrega de parte da obra (alvenaria, hidráulica, eletricidade, pintura, acabamento, jardinagem etc.).
Prestadores de serviços	Pessoas, normalmente ocupadas no acabamento, que fazem as instalações finais, fornecendo materiais.

Tipos de contratos	Simples administração civil (com engenheiro ou arquiteto), incorporação, empreitada total ou parcial, subempreitada, a preço de custo, cessão de mão de obra, atividade específica e aplicação de materiais.
Empreitada total	Avença que prevê a entrega total da construção.
Empreitada parcial	Avença em que alguém se encarrega de apenas uma parte da obra.
Matrícula das obras	O proprietário deve providenciar uma inscrição para cada unidade (CEI), por meio da qual serão feitos os recolhimentos.
Prova da regularidade da situação	Recolhidas as contribuições devidas, o INSS expedirá a Certidão Negativa de Débito — CND (PCSS, arts. 47/48).
Regime de mutirão	Inexistência de contribuição do proprietário de obra residencial unifamiliar destinada ao uso próprio, de tipo econômico, construída sem a presença de mão de obra (PCSS, arts. 30, VIII e 462/463 da IN SRP n. 3/2005).
Fiscalização do INSS	Espontaneamente ou por solicitação do interessado (em busca da CND), o INSS fiscaliza as obras de construção civil (PCSS, art. 33, §§ 3º/6º).
Elementos de fiscalização	Comprovação da propriedade, matrícula da obra, planta baixa ou croquis, alvará de construção, alvará de habitabilidade, contratos de mão de obra, documentos trabalhistas, registros contábeis e guias de recolhimento.
Fontes formais	Decretos-lei ns. 66/1966, 1.958/1982, 1.963/1982 e 2.038/1983; arts. 30, VI/VII, do PCSS, 220/221 do RPS, 413/482 da IN SRP n. 3/2005.

77. ACRÉSCIMOS LEGAIS

Conceito	Fontes de custeio da seguridade social, importâncias devidas em razão da mora ou do comportamento do contribuinte.
Tipos de acréscimos	São quatro: a) juros de mora; b) multa automática; c) multa fiscal; e d) atualização monetária.
Valor original	Montante da contribuição previsto na lei para quem a recolhe até a data do vencimento.
Cálculo dos juros	São aferidos em percentuais do montante original e em razão dos meses decorridos desde o início da inadimplência.
Cálculo da multa automática	Depende do tempo decorrido e do comportamento formal do contribuinte.
Cálculo da multa fiscal	A multa fiscal tem *quantum* arbitrado conforme o tipo de infração (PCSS, art. 92 e PBPS, art. 133).
Juros de mora	Juros do Sistema Especial de Liquidação e de Custódia — SELIC (Lei n. 9.065/1995).
Multa automática	Pagamento de valor não incluído em NFLD (PCSS, art. 35, I, *a/c*). Revogado. Pagamento do valor incluído na NFLD (PCSS, art. 35, II, *a/d*). Revogado. Pagamento após a inscrição da dívida fiscal (PCSS, art. 35, III, *a/d*). Revogado.
Valor não incluído em NFLD	8% dentro do mês do vencimento. 14% no mês seguinte ao do vencimento. 20% a partir do segundo mês seguinte ao do vencimento.

Valor incluído em NFLD	24% em até 15 dias do recebimento da notificação. 30% após o 15º dia do recebimento da notificação. 40% após a apresentação de recurso. 50% após o 15º dia da ciência da decisão do CRPS.
Valor inscrito na dívida ativa	60% quando não tenha sido parcelado. 70% se houve parcelamento. 80% após o ajuizamento da execução fiscal, sem parcelamento. 100% após o ajuizamento da execução fiscal, com parcelamento (PCSS, art. 35, III, *a/d*).
Parcelamento	Acréscimo de 20% sobre a multa de mora e os juros SELIC.
GFIP	Se os valores constarem da GFIP, a multa será reduzida em 50%.
Correção monetária	Foi extinta pela Lei n. 8.218/1991 e, na verdade, na prática, está embutida nos juros SELIC.
Perdão	Às vezes, o legislador dispensa parte dos juros ou reduz a multa.
Juros da LC n. 123/2006 do Regime Especial	Quem pagou apenas 11% e, depois, desejou complementar os 9% para fazer jus à aposentadoria por tempo de contribuição, recolherá os atrasados com 0,5% de juros (Decreto n. 6.042/2007).
Multa da LC n. 123/2006	No caso acima, a multa é sempre de 10% do valor dos 9% (Decreto n. 6.042/2007).
Fontes formais	Arts. 27, I, 34/35, 92 do PCSS e 133 do PBPS.

78. ACORDO DE PARCELAMENTO

Conceito	Contrato escrito celebrado entre os contribuintes e a RFB, mediante o qual certos débitos apurados, confessados, totalizados (incluídos em NFLD ou não) e sua quitação são feitos mediante parcelas mensais.
Valores não parceláveis	Não podem ser incluídas no parcelamento as contribuições descontadas (PCSS, art. 38, § 1º).
Quem não pode parcelar	Os contribuintes que praticaram ilicitudes contra a seguridade social, caracterizadas como crimes que faziam parte do art. 95 do PCSS (desde a Lei n. 9.983/2000, contemplados no Código Penal), não logram parcelar os débitos (PCSS, art. 38, § 3º).
COFINS e CSLL	As contribuições do art. 23, I/II, do PCSS são parceladas junto da Secretaria da Receita Federal do Brasil.
Unicidade	Os parcelamentos são únicos (sem prejuízo do reparcelamento).
Juros	Os juros próprios do parcelamento são os da SELIC.
Primeira parcela	Somente após o pagamento da primeira parcela será deferido o parcelamento (Lei n. 9.528/1997).
Descumprimento	Descumpridas as regras do parcelamento a dívida será inscrita.
Dever dos entes políticos	São obrigados a incluírem cláusula sobre retenção no Fundo de Participação dos Estados ou no Fundo de Participação dos Municípios (Lei n. 9.639/1998).
Falência	As empresas em regime de falência não podem parcelar os seus débitos (Lei n. 9.711/1998).
Fontes formais	Art. 38 do PCSS; Leis ns. 9.528/1997, 9.639/1998 e 9.711/1998.

79. DEVOLUÇÃO DE CONTRIBUIÇÕES

Descrição	Direito do contribuinte que efetuou recolhimentos indevidos ou a maior ao FPAS de tê-los de volta (e que não se confunde com a pretensão ao reembolso).
Valores compensáveis	Somente as contribuições (in)devidas à seguridade social e atualmente arrecadadas pela RFB (Lei n. 11.457/2007).
Valores restituíveis	Contribuições previdenciárias e as devidas às entidades e fundos.
Valores reembolsáveis	Valores relativos ao salário-família e ao salário-maternidade.
Alcance dos montantes	São as contribuições normais, atualização monetária, juros, multas automáticas e fiscais, recolhidas a maior.
Espécies de devolução	O gênero compreende a restituição, a compensação, o reembolso e a devolução de benefícios.
Restituição	Devolução requerida e processada formalmente pela RFB.
Compensação	Retenção de valores nos recolhimentos *a posteriori* das contribuições previdenciárias.
Reembolso	Valores recolhidos relativos ao salário-família e ao salário-maternidade.
Devolução de benefícios	Pagamento de mensalidades indevidamente retidas dos benefícios.
Prazo decadencial	Legalmente, de cinco anos, mas algumas decisões judiciais às vezes o fixam em 10 anos (por semelhança com o antigo prazo de decadência).
Cessão de mão de obra	Mecanismo distinto em relação ao crédito das empresas fornecedoras de mão de obra que tiveram retidos 11% da nota fiscal por parte das empresas contratantes de cada estabelecimento (Lei n. 9.711/1998). Devolução mediante os atos formais de restituição normalmente demorada ou de compensação.

Retenção mensal de 30%	Percentual máximo mensal permitido para a compensação (e que já foi de 25%), após a dedução do salário-família e do salário-maternidade (art. 194 da IN SRP n. 3/2005). Para a cessão de mão de obra não há observância desse percentual (art. 204 da IN SRP n. 3/2005). Os saldos são compensados nos recolhimentos posteriores.
Titular do direito	Quem efetuou os pagamentos: empregado, doméstico avulso, segurado especial, contribuinte individual, produtor rural pessoa física e associação desportiva.
Condições mínimas	Principais exigências: a) estar em dia; b) ter débitos apurados quitados; c) atualização do acordo de pagamento; d) referir-se a valores não decaídos; e e) compensação em valores subsequentes ao período das contribuições devolvidas.
Construção civil	Segue regras próprias.
Repasse	A inexistência do repasse ao consumidor continua polêmica na doutrina e na jurisprudência (Parecer CJ/MPAS n. 2.090/2000).
Valores recolhidos fora do INSS	Não há restituição de valores recolhidos fora da linha de arrecadação do INSS, caso de pagamentos na Justiça do Trabalho, impondo-se o pedido de restituição.
Atualização monetária	Enquanto subsistente, impõe-se a atualização monetária dos valores mensais e, depois de 1996, a SELIC.
Compensações indevidas	Compensações indevidas devem ser recolhidas em GPS, com atualização monetária, juros e multa.
Pagamento indevido	É o recolhimento a maior decorrente de má aplicação da norma ou erro de cálculo.
Autorizador da devolução	APS do INSS, a SRP e a RFB.
Opção pela restituição	Em várias hipóteses, em vez da compensação, o contribuinte poderá optar pela restituição que observar aspectos formais e deve ser requerido.
Rito sumário	Pequenos valores podem ser requeridos em caráter informal.

Operação concomitante	Transação do crédito do contribuinte com os seus débitos.
Pessoas físicas	Podem requerer diretamente, especialmente no caso do salário-família ou do salário-maternidade (art. 199 da IN SRP n. 3/2005).
Pressuposto fiscal da devolução	Basicamente, que o contribuinte esteja em dia com as contribuições mensais, inclusive com aquelas decorrentes do acordo de parcelamento.
Prazo de decadência do direito à devolução	Cinco anos, contados: I — do pagamento indevido; II — da decisão condenatória; e III — do prazo para a retenção da Lei n. 9.711/1998.
Acréscimos legais	O montante será devolvido conforme os critérios da época do recolhimento, com juros SELIC desde 1º.1.1996 (RPS, art. 247, § 2º).
Compensação indevida	Sobrevindo, o contribuinte deverá efetuar o pagamento com correção monetária (se for o caso), juros e multa de mora.
Depósito judicial	A garantia de instância, de 30%, quando era exigida, era devolvida ao contribuinte.
Rito sumário	Tratando-se de erro matemático, o procedimento administrativo segue o rito sumário.
Guarda de documentos	Quem encaminhar os processos de devolução deve guardar por 10 anos os documentos fiscais.
Empregado	Somente o próprio segurado prejudicado poderá pretender a restituição (RPS, art. 249, parágrafo único).
Dependentes	Também têm direito à eventual devolução e contribuições vertidas pelo segurado.
Operação concomitante	Espécie de compensação jurídica em que o sujeito passivo liquida o crédito do INSS (art. 218 da IN SRP n. 3/2005).
Terceiros	Quando juntos com pagamentos indevidos ao FPAS, o INSS instruirá o pedido de restituição, fará o pagamento ao interessado e se compensará junto das entidades ou fundos (RPS, art. 250, § 1º).
Contribuição exclusiva de terceiros	As restituições devem ser requeridas diretamente aos terceiros e fundos, com informações prestadas pela SRF (art. 202, § 2º). Quando agrupados com pagamentos indevidos ao INSS, a SRF instruirá o pedido de restituição.
Fontes formais	Arts. 89 do PCSS, 247/254 do RPS, 192/202 (modo geral) e 203/211 (cessão de mão de obra) da IN SRP n. 3/2005.

80. CERTIDÃO NEGATIVA DE DÉBITO

Conceito	Documento expedido pelo INSS em que declara estar a empresa fiscalmente regular com a Previdência Social (PCSS, art. 47).
Direito subjetivo	Quem está recolhendo regularmente as suas contribuições mensais faz jus à CND.
Exigência de CND	Quando da contratação com o poder público. Na alienação ou oneração de bem imóvel ou direito a ele referente. Na alienação ou oneração de valor superior a Cr$ 2.500.000,00 (valor de 1991), incorporado ao ativo da empresa. No registro ou arquivo de ato relativo à baixa ou redução de capital de empresa (Lei n. 9.528/1997). Na averbação de obra de construção civil (PCSS art. 47, I, *a/d* e II).
Alcance	A regularidade fiscal da empresa diz respeito à matriz e às filiais.
Cópia	Reprodução da CND tem a mesma validade da original.
Validade	Vale por 60 dias contados de sua emissão, podendo ser ampliada para 180 dias pelo regulamento (Lei n. 9.711/1998).
Desnecessidade da CND	Lavratura ou assinatura de ato que constitua retificação, ratificação ou efetivação de outro. Averbação de imóvel concluído antes de 22.11.1966.
Parcelamento	Somente será emitida a CND após fornecer garantia.
Fonte formal	Art. 47 do PCSS.

81. CONTRIBUIÇÕES NA JUSTIÇA DO TRABALHO

Disposição legal vigente	O art. 43 da Lei n. 8.212/1991 diz que compete à Justiça do Trabalho "o imediato recolhimento das importâncias devidas à Seguridade Social" nascidas de sentença que condenar a empresa a pagar "direitos sujeitos à incidência de contribuição previdenciária" (redação da Lei n. 8.620/1993).
Tipos de decisões	São dois tipos: sentenças com exame de mérito e sentenças homologatórias de acordos trabalhistas, de sorte que, na segunda circunstância, o valor acordado pode ser menor que a realidade.
Mês de competência	Está consagrado que o mês de competência continua sendo o que sempre foi: o da prestação dos serviços (art. 43, §§ 2º/3º).
Discriminação das parcelas	Apresentação individualizada do reclamante das rubricas que deseja ver reconhecidas como direito subjetivo e que geralmente fazem parte da petição inicial da reclamação trabalhista.
Acréscimos legais	Estabelecido o período do débito e os valores mensais, o magistrado determinará os juros e a multa automática e na mesma ocasião verificará, em face do fato gerador mensal, a base de cálculo, a alíquota e o limite do salário de contribuição do trabalhador.
Aposentadoria especial	Na hipótese de o juiz reconhecer que o período de trabalho foi insalubre e que ele se insere nos arts. 57/58 do PBPS, suscitando um possível direito à aposentadoria especial ou conversão do tempo especial para o comum, a contribuição será acrescida dos 6%, 9% ou 12% (Lei n. 9.732/1998).
Conciliação prévia	Igual raciocínio é válido quando de acordo nas Comissões de Conciliação Prévia (Lei n. 9.958/2000).
Acordo após a sentença	Cientificados da sentença, se as partes entrarem em posterior acordo, os critérios serão desse último.

Pedido alternativo	Não está claro quando o pedido é alternativo (o segurado pediu o reconhecimento de certo período de serviços e salários correspondentes a outros períodos); observado o princípio da oportunidade, julga-se que a cobrança trabalhista deva atender às duas situações.
Contestação empresarial	A decisão judicial de cobrar as contribuições tem muita semelhança com a exigência operada pelo auditor fiscal da RFB, cabendo impugnação.
Súmula Vinculante STF n. 8	Aplica-se integralmente o prazo da decadência e o da prescrição de cinco anos determinados pelo Supremo Tribunal Federal. Conf. informação.
Tipos de cobranças	As contribuições previdenciárias são arrecadadas mediante quatro procedimentos: a) recolhimento espontâneo dos contribuintes; b) cobrança fiscal promovida pela RFB; c) exigência do INSS por ocasião da solicitação de benefícios; e d) cobrança executória pela Justiça do Trabalho.

81.1. Acordo trabalhista

Significado	Trata-se de um contrato celebrado entre duas partes: reclamante e reclamado, visando à extinção de um dissídio trabalhista.
Diferença entre realidade e juridicidade	O crédito do trabalhador pertence ao universo da realidade, mas o valor avençado na Justiça do Trabalho faz parte da interpretação jurídica da composição de interesses.
Ausência de disposição legal	Não há especificamente uma disposição legal sobre a natureza do valor do acordo trabalhista.
Falta de discriminação	A determinação legal de que, na falta de discriminação dos valores, necessariamente eles integram o salário de contribuição é nitidamente contrária à Carta Magna.
Significado das verbas	No mundo real as verbas têm essência fática que se submete à avaliação da Justiça do Trabalho.
Natureza	Sem exame de mérito não se sabe a essência do valor avençado, que pode ser uma gratificação ajustada entre as duas partes.
Permanência da natureza	Após verificação do fato gerador da contabilidade da empresa pela RFB, pode coincidir com a decisão da Justiça do Trabalho.
Decadência	Diante da incognoscibilidade do valor, não há que se falar em decadência da contribuição.

82. EQUILÍBRIO ATUARIAL

Visão inicial	Exigência técnica constitucional de que o plano de benefícios deve observar certo equilíbrio de naturezas atuarial e financeira transformadas num princípio jurídico.
Causa e nascimento	A origem nacional da noção é acidental, surgiu em razão da história recente da Previdência Social, das insuficiências do INSS e de muitos fundos de pensão abertos e fechados, privados e estatais. Foi contemplada na norma jurídica, embora incutida na consciência dos atuários há muito tempo. Fazia parte da construção matemática, até então não observada, e acabou por impor-se ao legislador.
Significado lógico	O princípio quer dizer o conjunto normativo e técnico ordenar-se para assumir seus compromissos; erigido para isso acontecer. Organizar-se de molde a haver previsão ao longo prazo das despesas correntes, bem como a provisão dos meios necessários, rendimentos garantidores dos benefícios. Significa, também, acolher todas as medidas conducentes a esse desiderato, postando-se, nessas condições, acima do convencionado e podendo modificá-lo quando presentes os pressupostos materiais.
Consequências jurídicas	O princípio foi enquistado na Lei Maior como mandamento a ser perseguido pelo legislador ordinário e a ser acompanhado de perto pelo organizador da Previdência Social. Não se trata de abstração especulativa ou construção doutrinária; é comando dispositivo invocável quando de medidas atentadoras contra sua determinação.
Limites e propósitos	Dada a generalidade da dicção constitucional e a expressão material incorporada, verdadeiramente um concerto de ideias, ela não terá nenhuma utilidade prática ou será desvirtuada, caso o legislador infraconstitucional não esmiuçar os seus limites e propósitos, estabelecendo sua aplicabilidade, isto é, os casos a respeitar no equilíbrio econômico.

Aplicação prática	O *caput* do art. 201 é norma imperativa, ordem para os vários organizadores ocupados com a Previdência Social, em particular, o legislador e o administrador. A legislação de cada um desses segmentos proverá a conceituação do entendimento dos equilíbrios financeiro e atuarial e fixará as sanções cabíveis, de toda ordem, no caso de sua ausência comprometer a saúde do plano.
Previdência hospedeira	A previdência hospedada na ideia constitucional compõe-se de regimes (geral, dos servidores, complementar); esses grandes estamentos têm entidades e empreendem seus institutos técnicos e, no caso particular da supletiva, podendo dar-se de substituir mais de um plano, de contribuição definida ou de benefício definido, cada um deles sujeito à análise específica. Alguns deles, por definição, nunca entram em descompasso financeiro ou econômico.
Consequências	O desequilíbrio econômico do plano compromete sua execução, daí a necessidade de ser plantada providência basilar obstaculizadora ou dificultadora de medidas inadequadas, e até gerar soluções incongruentes, como a criação de benefícios sem fonte própria de custeio ou a extensão de tributos ausente prévia destinação.
Presença constitucional	O motivo de esse primado ter sido guindado à altura constitucional é sua absoluta imperiosidade no contexto do ordenamento técnico. Sem seu perfilhamento dificilmente o administrador público ou o particular lograrão a intenção inicial proposta, vale dizer, a segurança da ordem previdenciária.
Definição	Acentuadamente jurídico, mas com expressão e origem material, consiste na concepção formal envolvendo os aspectos pecuniários e matemáticos. Ausentes, implicam manifesta inconstitucionalidade.
Tipos de equilíbrio	No enfoque constitucional, o equilíbrio conhece duas modalidades: a) financeira e b) atuarial.
Equilíbrio financeiro	Entende-se literalmente a necessidade de as reservas matemáticas efetivamente constituídas serem suficientes para garantir os ônus jurídicos das obrigações assumidas, presentes e futuras.

Equilíbrio atuarial	Ideias matemáticas (taxa de contribuição, experiência de risco, expectativa de média de vida, tábuas biométricas, margens de erro, variações, da massa etc.) e as relações biométricas, de igual modo, que tornem possível estimar as obrigações em face da massa e o nível da contribuição e do benefício.
Natureza da substância	A essência do equilíbrio é técnica, funcionando como pressuposto da efetividade da proteção. Consubstancia a realização do ponto ideal entre custeio e benefícios. Embora de consistência e nuança complexas, o princípio é simples em sua idealização, pois a singeleza da pretensão é o plano ou o regime de manter a solvência das reservas e a liquidez das prestações presentes e futuras.
Alcance e abrangência	A exigência do equilíbrio econômico apareceu na Carta Magna; nessas condições é princípio previdenciário constitucional, incidentalmente válido para a previdência social básica. Isso não quer dizer, entretanto, aplicar-se apenas e tão somente ao RGPS. Não importando o sítio onde jaz, vale sistematicamente para os planos do servidor público, do regime geral e o particular.
Escopo técnico	Ele procura funcionar como freio à desorganização da Previdência Social. Em verdade, trata-se de mecanismo de polícia visando à impugnação das medidas conducentes à ingovernabilidade dos planos. O princípio corresponde ao nome e condena medidas opostas que possam contribuir para a criação de déficits.
Interesse objetivo	Interessa a apuração, em face de um ou outro plano ou massa, e em momento certo, uma avaliação a ser operada por economista especializado em finanças ou por um matemático conhecedor que ditará os parâmetros mínimos a serem seguidos.
Fonte formal	"A Previdência Social será organizada sob a forma de regime geral, de caráter contributivo e de filiação obrigatória, observados critérios que preservem o equilíbrio financeiro e atuarial, e atenderá, nos termos da lei" (CF, *caput* do art. 201).

83. OUTRAS FONTES DE CUSTEIO

Conceito	Além das contribuições decorrentes do trabalho dos segurados, subsistem outras fontes que financiam os encargos da Previdência Social (PCSS, art. 27).
Concurso de prognósticos	Excetuados os valores destinados ao Programa de Crédito Educativo, é o valor da renda líquida dos sorteios de números, que inclui loterias, apostas hípicas etc.
Multas	Tanto a multa automática (PCSS, art. 35) quanto a multa fiscal (PCSS, art. 92 e art. 133 do PBPS) não são tidas como contribuições, mas compõem o orçamento.
Juros	Os juros moratórios fazem parte dessa mesma receita (PCSS, art. 34).
Correção monetária	Enquanto existiu, era uma fonte de receita própria (Lei n. 8.218/1991).
Indenização da Lei n. 9.032/1995	Importâncias arrecadadas de contribuintes individuais inadimplentes que querem computar tempo de serviço (OS INSS n. 55/1996).
Devolução de benefícios	Valores de benefícios devidos que foram pagos, a serem devolvidos pelo ex-segurado, na hipótese da desaposentação, quando determinado pela Justiça Federal.
Prestação de serviços	3,5% dos valores arrecadados para os terceiros (PCSS, art. 94).
Outros serviços	Outras prestações de serviços e arrendamento de bens.
Receitas não previdenciárias	Importâncias oriundas do patrimônio, indústria e finanças.
Patrimoniais, industriais e financeiras	Por ocasião da cessão de imóveis, produção industrial não mais existente (v. g. CEME), desconto nos benefícios dos segurados (valores pagos a maior).
Doações	Doações, legados, subvenções.
Leilões	50% dos leilões (art. 243 da CF).

Apreensões	40% dos bens apreendidos pela Receita Federal.
Outras receitas	Taxas de inscrição em concursos públicos.
CRTS	Valores auferidos em decorrência da contagem recíproca de tempo de serviço (Lei n. 9.676/1998).
DPVAT	50% do valor do prêmio do seguro obrigatório (Lei n. 6.194/1974).
Contribuição da União	Recursos adicionais do Orçamento Fiscal (RPS n. 196).
Concursos de prognóstico	Embora não classificada como "outras receitas" pelo PCSS, em seu art. 26 ele prevê a renda líquida dos concursos de prognóstico (Lei n. 8.436/1992).
Outros valores	Indenizações de natureza civil (PBPS, arts. 120 e 121).
Fontes formais	Arts. 195 e 243 da Constituição Federal; arts. 26/27 do PCSS e IN SRP n. 3/2005.

84. MATRÍCULA DOS CONTRIBUINTES

Significado	Identificação formal dos contribuintes da Previdência Social, de regra pessoas jurídicas.
Modalidades	a) Cadastro Nacional de Pessoa Jurídica (CNPJ), para empresas e equiparadas. b) Cadastro Específico do INSS (CEI), para desobrigados do CNPJ, obra de construção civil, produto rural contribuinte individual, segurado especial, consórcio de produtores rurais, titular de cartório, adquirente de produção rural e empregador doméstico.
Distinção da inscrição	A empresa e o empregador doméstico se matriculam; o segurado se identifica com o Número de Identificação de Trabalhador (NIT).
Designação	Ato de identificação de dependente.
Automaticidade	A matrícula da empresa automaticamente emerge com a emissão do número do CNPJ.
Início do CEI	30 dias após o início das atividades.
Obra de construção civil	Promovida conforme cada projeto de obra de construção civil.
Dispensa de matrícula	São dispensados certos serviços, construção de mão de obra sem remuneração (mutirão) ou reforma de pequeno valor.
Construção civil da casa própria	Tipo de obra erguida pelo próprio proprietário do imóvel e com certas distinções fiscais.
Produto rural pessoa física	A ser encetada pelo titular da propriedade rural.
Matrícula dos contratados	Uma matrícula para cada contrato de produtor rural, parceiro, meeiro, arrendatário ou comodatário, independente da matrícula do proprietário.
Segurado especial	Promovida pelo titular do regime de economia familiar.
Encerramento da matrícula CEI	Providenciada via *internet* na RFB no endereço: <http://www.receita.fazenda.gov.br>.

85. EXAME DA CONTABILIDADE

Significado	Área do conhecimento que trata do poder de império da fiscalização para ingressar nas empresas e proceder a verificação de sua regularidade fiscal.
Posição do STF	"Estão sujeitos à fiscalização tributária ou previdenciária quaisquer livros comerciais, limitado o exame aos pontos objeto da investigação" (Súmula STF n. 439).
Código Comercial	O Código Comercial não cuidou da fiscalização das empresas comerciais, obstando o acesso aos livros nos arts. 17/19, com disposições nitidamente superadas pela legislação superveniente.
Código Civil	O Código Civil reproduz o Código Comercial. Em precária redação particulariza com o art. 1.193: "As restrições estabelecidas neste Capítulo ao exame da documentação, em parte ou por inteiro, não se aplica às autoridades fazendárias no exercício da fiscalização do pagamento de impostos, nos termos estritos das respectivas leis especiais" (arts. 1.179/1.195).
Fiscalização exacional	A referência à fiscalização tributária, quer dizer tributos, podendo ser entendida, desde que o STF passou a acolher uma corrente tributarista da contribuição previdenciária, como sendo promovida pela RFB.
Verificação previdenciária	Hoje se pode entender o poder da fiscalização de verificar fatos pertinentes aos benefícios do RGPS. O universo dos documentos a serem considerados será particular comparado com os da RFB. Tem a ver com o tempo de serviço, contraprestação do trabalhador, tipo do contrato mantido, classificação do segurado, participação de terceirizados, presença de insalubridade, exposição a agentes nocivos etc.
Livros comerciais	A locução "livros comerciais" é ampla, convencional e tradicional. Quer dizer todos os registros escriturais e contábeis relacionados com o trabalho do prestador

	de serviços. Em termos restritos quer dizer Diário, Razão, Conta Corrente etc., e em termos amplos, a folha de pagamento, os recibos de quitação, os contratos, as notas fiscais etc.
Prerrogativa da RFB	Diz o PCSS que é prerrogativa da Secretaria da Receita Federal do Brasil, por intermédio dos auditores fiscais, o exame da contabilidade das empresas, ficando obrigados a prestar todos os esclarecimentos e informações solicitados, o segurado e os terceiros responsáveis pelo recolhimento das contribuições previdenciárias.
Documentos excluídos	Diante da amplitude dos fatos geradores e da multiplicidade de fontes de custeio, não resta claro quais seriam os documentos que ficariam fora do alcance da fiscalização.
Dificuldades inerentes	A simples rubrica "Participação nos Lucros ou Resultados" (PLR) dá ensejo à verificação de aspectos da empresa que pouco tem a ver com o trabalho ou com a Previdência.
Medicina do Trabalho	A verificação do cumprimento das Normas Regulamentadora do Trabalho da Lei n. 6.514/1977 exige especialização dos agentes fiscais.
Aposentadoria especial	Com vistas à contribuição para aposentadoria especial da Lei n. 9.732/1998, dando azo a uma vistoria sem limites do estabelecimento do contribuinte. A norma diz respeito à presença de todos os prestadores de serviços na empresa auditada, incluindo cooperados, temporários, pessoas jurídicas e os que personifiquem a mão de obra de terceiros.
Regulamento da Previdência Social	O art. 229, § 1º, do RPS autoriza a ingressar em todas as dependências ou estabelecimentos da empresa, com vistas à fiscalização dos segurados em serviço, para examinar os registros e os documentos da empresa e apreender livros, necessários ao perfeito desempenho de seus fins, caracterizando-se como embaraço à fiscalização (Decreto n. 3.265/1999).
Deveres dos segurados	Os segurados estão obrigados a prestar informações à Receita Federal do Brasil. Não existem normas positivadas a respeito dos dependentes.

Empregador doméstico	O empregado doméstico trabalha no âmbito domiciliar. Caso haja interesse em obter informações sobre o fato gerador da contribuição do doméstico, de interesse da RFB (contribuições) ou do INSS (benefícios), o empregador doméstico é convocado a comparecer à sede desses órgãos federais.

86. EMPRESAS EM REGIME ESPECIAL

Significado	Em diversas situações jurídicas, as empresas perdem a condição natural e são submetidas a disposições específicas.
Modalidades	Falência (Decreto-lei n. 7.661/1945). Concordata (Decreto-lei n. 7.661/1945). Liquidação extrajudicial (Lei n. 6.024/1974). Recuperações judicial e extrajudicial (Lei n. 11.101/2005). Intervenção do Banco Central do Brasil (BCB). Intervenção da PREVIC (LC n. 109/2001). Diretor e administrador na EFPC (LC n. 109/2001) Liquidação extrajudicial da EFPC (LC n. 109/2001).
Falência	Os créditos constituídos até a data da decretação são exigíveis com juros de mora, multa e atualização monetária.
Concordata	A empresa sob concordata é assemelhada às demais.
Liquidação extrajudicial	As instituições financeiras sujeitam-se à extinção promovida nos termos da Lei n. 6.024/1974 pelo BCB.
Recuperação judicial	Tem o mesmo tratamento da antiga concordata.
Fiscalização	Ato de império da PREVIC de auditar as obrigações das EFPC (Decreto n. 4.942/2003).
Diretor Fiscal nas abertas	Nomeação por parte da SUSEP de um gestor com poderes de gestão (art. 43 da LBPC).
Administrador especial	Nomeação por parte da PREVIC de um administrador da EFPC com poderes de intervenção (LBPC, art. 42).
Intervenção do BCB	Instituições financeiras privadas, públicas não federais e cooperativas de crédito estão sujeitas à intervenção do BCB.
Intervenção da PREVIC	Nas circunstâncias previstas nos arts. 44/46 da LBPC, a PREVIC determinará uma intervenção numa EFPC.

Liquidação extrajudicial da EFPC	No final do processo de intervenção e presentes certos pressupostos, as EFPC estão sujeitas à liquidação extrajudicial (LBPC, arts. 47/53).
Estatização	Processo mediante o qual o Estado adquire a propriedade de uma empresa da iniciativa privada.
Privatização	Transformação de uma entidade pública em entidade privada.
Interdição	Poder de interferência num estabelecimento empresarial.
Fusão	União de duas ou mais empresas.
Desapropriação	Modalidade estatal de aquisição da propriedade particular.
Absorção	Aquisição de uma empresa por outra.
Grupo econômico	Reunião de duas ou mais empresas sob o controle de uma delas.
Sucessão comercial	Mudança da propriedade de uma empresa, com consequências civis, comerciais, tributárias, trabalhistas e previdenciárias.

87. DINÂMICA DAS EMPRESAS

Movimentação evolutiva	Como nascem, as empresas morrem; assim como iniciam as atividades, elas cessam. No curso de seu desenvolvimento podem passar por diferentes fases, cada uma delas com significado prático e jurídico e alguns reflexos na responsabilidade fiscal.
Início das operações	São dois momentos a serem distinguidos em relação ao surgimento da empresa: a) ato de constituição e b) início das atividades. Considerar-se-ão duas oportunidades, a primeira com vistas aos deveres formais, entre os quais o de matricular-se, e, na segunda, pensando-se na exigibilidade fiscal de contribuição.
Primeira fase	É assinalada por providências típicas de instalação, com a celebração de contratos próprios do estágio, caso da locação de imóveis, aquisição de insumos, móveis, mercadorias etc. São igualmente importantes os registros nos órgãos públicos, em que se poderá obter a data do início das atividades.
Segunda fase	Caracteriza-se pela prática de atos conducentes à hipótese de incidência. Presente o primeiro fato gerador de qualquer obrigação fiscal, principal ou acessória, tem--se o início das atividades para os diferentes fins.
Fusão de firmas	Duas ou mais empresas são juridicamente reunidas, mantendo-se a razão social de uma delas ou criando-se uma nova. Pode suceder de as sucedidas desaparecerem e emergir uma terceira, com denominação própria.
Incorporação de patrimônio	A empresa adquire outra parcial ou integralmente. As obrigações e os direitos são praticamente iguais aos da fusão. A adquirente, em relação à adquirida, é sucessora.
Sucessão na fusão e na incorporação	Na fusão e na incorporação sobrevém a sucessão, ocorrendo transferência da propriedade de empresa privada por ato de vontade dos proprietários. Altera-se a

	razão social da incorporada, modifica-se a empresa, mas os direitos e as obrigações trabalhistas e previdenciários continuam os mesmos.
Interdição de estabelecimento	É figura jurídica branda da presença do Estado. A empresa não sofre intervenção nem liquidação, apenas temporariamente fica impedida de operar. Característica da interdição é referir-se à parte do estabelecimento e por tempo reduzido. Basta ao interditado atender às posturas municipais para poder retornar ao pleno funcionamento.
Intervenção estatal	Medida excepcional, invasão de área vedada habitualmente ao Estado e, por isso, dependente de lei. O interventor sucede o intervindo. A razão social vem com a indicação "sob intervenção".
Liquidação extrajudicial	Liquidação é forma de desaparecimento das sociedades de pessoas. Pode ser contratual, por distrato, ou judicial, essa última com a interferência do Poder Judiciário. Embora a razão social opere com a expressão "em liquidação", durante essa agonia da sociedade, ela age normalmente sem a responsabilidade de ser afetada.
Desapropriação governamental	Com o ato estatal o empreendimento desaparece. Ele é adquirido por preço fixado pela autoridade, com vistas ao bem da coletividade. Significa transferir compulsoriamente um bem do patrimônio particular para o domínio do Estado. Ato de império do governo, não cabe apreciação do Poder Judiciário em sua oportunidade e discrição.
Encampação	Instituto jurídico de Direito Administrativo com alguma proximidade com a desapropriação, no sentido de como se opera a apropriação do bem privado. Trata-se de compra por vontade do Estado, à qual corresponde, naturalmente, o pagamento.
Confisco	Medida extrema, tem semelhança com a desapropriação. Atinge frontalmente o direito de propriedade. Nele, o Estado assume a propriedade, responsabiliza-se pelos ativo e passivo e se torna, para todos os efeitos, o sucessor da entidade confiscada.
Estatização	A empresa de direito privado é tornada propriedade do Estado, mediante alguma forma de aquisição.
Privatização	A empresa estatal transforma-se em particular, mediante leilão dos bens, controle acionário ou simplesmente aquisição de seu patrimônio.

Requisição de bens	Consiste na apropriação de determinado bem por parte do Estado. A urgência da medida é pressuposto lógico e fato determinante da modalidade; a medida em si constitui constrangimento invulgar ao direito de propriedade, imposta porque, caso contrário, certamente bem maior da coletividade perecerá.
Encerramento de atividades	Pela própria natureza do fim do empreendimento, na prática o encerramento não é semelhante à abertura. Muitas vezes, segue-se à cessação de atividades quando são tomadas providências regulares, mas frequentemente isso não sucede. Simplesmente são abandonados os registros e os documentos. Os órgãos estaduais e municipais fiscais exigem a comunicação formal, providência nem sempre tomada, dificultando a fixação da data do encerramento.
Momentos distintos	São dois: a) cessação das atividades econômicas (produção, industrialização, comercialização, prestação de serviços etc.), caracterizada pelos registros contábeis dos fatos inerentes e b) cessação jurídica da empresa mediante comunicação aos órgãos próprios. Até o fim da primeira fase presencia-se o fato gerador de obrigação fiscal e, na segunda fase, obrigações acessórias.

88. PREVIDÊNCIA COMPLEMENTAR

Descrição sumária	Instituição privada na modalidade de previdência fechada complementar (paga a diferença entre um salário médio do trabalhador e o devido pelo INSS) ou suplementar (paga um percentual dessa diferença). Na previdência aberta, implementar os ganhos da pessoa.
Órgão gestor	Gerida por fundos de pensão públicos (para o servidor) ou privados.
Instrumento técnico	Plano de custeio e de benefícios implantados pela entidade e aprovado pela PREVIC do MPS.
Inscrição	Juridicamente facultativa.
Natureza da relação	Contrato de adesão, na prática sem possibilidade de as partes mudarem o convencionado.
Tipos de entidades gestoras	a) Fechada (sociedade civil); b) Aberta (sociedade anônima ou associação); c) Associativa (associação); e d) Do servidor (entidade pública).
Previdência fechada	Criada pelo empregador (então designado como patrocinador) a favor da unanimidade dos seus empregados.
Previdência aberta	Organizada por seguradora ou companhia de previdência e oferecida para qualquer pessoa.
Previdência associativa	Instituída por entidades representativas de classe como controladoras do exercício profissional, sindicatos, setorial etc.
Previdência pública	Entidade pública criada pela União, Estados, Distrito Federal e Municípios, para os seus servidores (CF, art. 40, §§ 14/16).
Tipos de planos de benefícios	a) Benefício definido — antecipadamente sabe-se quanto vai receber e b) Contribuição definida — antecipadamente sabe-se quanto vai pagar.

Regimes financeiros	a) De capitalização e b) De repartição simples.
Título do segurado	O trabalhador é chamado de participante. Os dependentes são designados como beneficiários.
Prestações disponíveis	A entidade complementa e suplementa quase todas as prestações do INSS e mantém outras.
Institutos técnicos específicos	a) Resgate; b) Portabilidade; c) *Vesting;* e d) Autopatrocínio.
Resgate	Devolução disponível das contribuições vertidas pelo participante que se afastou da patrocinadora e do fundo de pensão, mais os frutos das aplicações.
Portabilidade	Transferência indisponível das contribuições pessoais e da empresa para outro fundo de pensão, do participante que se afastou da patrocinadora e do fundo de pensão, mais os frutos das aplicações.
Vesting	Benefício proporcional diferido, de quem se afastou da patrocinadora, mas não do fundo de pensão, no sentido de que fica aguardando completar os requisitos sem contribuir como autopatrocinado.
Autopatrocinado	Participante que se afasta da patrocinadora e prossegue pagando as contribuições até completar os requisitos.
Documentos necessários	Praticamente apenas o requerimento, porque, de regra, a entidade possui todos os dados cadastrados, exceto no caso da pensão por morte ou auxílio-reclusão.
Fontes formais	Art. 202 da Carta Magna; LCs ns. 108/2001 e 109/2001; Lei n. 12.618/2012; Decretos ns. 4.206/2002 e 4.942/2003.

88.1. Retirada de patrocinadora

Conceito	Ato do empregador que deixa a condição jurídica e material de patrocinador e se afasta do fundo de pensão.
Norma vigente após 29.5.2001	Para as datas-base posteriores à edição da LC n. 109/2001 aplica-se o art. 25 dessa LBPC.
Natureza jurídica	Direito subjetivo de quem constituiu uma entidade, de desconstituí-la ou ao plano de benefícios com que ela se realiza.

Classificação do ramo jurídico	Suas regras postam-se no Direito Previdenciário e não no Direito do Trabalho.
Aplicação do CDC	Na previdência complementar fechada, doutrinariamente não tem sentido a aplicação do Código de Defesa do Consumidor (Lei n. 8.078/1990).
Direito de se retirar	Quem criou uma EFPC dela pode se afastar desde que assuma os compromissos até a data-base.
Papel da PREVIC	Monitorar, acompanhar, fiscalizar e, preenchido o requisito legal (o plano estar equilibrado), homologar o pedido da patrocinadora.
Requisito legal	Nota técnica para garantir que o plano de benefícios não tem déficit nem superávit.
Data-base	Momento que juridicamente separa o cenário anterior e após o afastamento da patrocinadora.
Obrigação da patrocinadora	Fornecer os recursos necessários para serem cumpridos os compromissos assumidos com a entidade e, por conseguinte, com os participantes.
Soluções possíveis	Extinção do plano. Migração para entidade fechada. Migração para entidade aberta. Pagamento dos créditos pessoais a vista ou parcelado.
Processo de retirada	Procedimentos variados e complexos, preliminares à data-base, em que a patrocinadora, a entidade e a PREVIC tomam providências tendentes ao desiderato.
Transparência	Princípio constitucional a ser praticado, obrigando os envolvidos a dar amplo conhecimento aos interessados (participantes ativos e assistidos e dependentes).
Previsão legal	Art. 25 da LC n. 109/2001; homologação da PREVIC no seu art. 33, III; Resolução CPC n. 6/1988; Edital de Privatização, Convênio de Adesão, Estatuto Social e Regulamento Básico.

88.2. Previdência associativa

Natureza	A entidade associativa é um fundo de pensão fechado de previdência complementar (EFPC).
OABPrev	A OABPrev/SP é um exemplo magnífico de entidade associativa, *in casu*, dos advogados.

Significado	Instituição de um plano de benefícios para trabalhadores pertencentes a uma categoria profissional, setorial ou sindical, vinculados ao seu órgão profissional.
Objetivo	Adicionar prestações às devidas pelo RGPS, usualmente implementá-las em termos de valores.
Tipos de entidades	Pessoas jurídicas profissionais, sindicais e setoriais, de direito privado, instituidoras de fundos de pensão enquadrados como EFPC que abrigue tão somente os seus associados.
Designação de beneficiários	Diferentemente do RGPS (art. 16 do PBPS), os participantes podem arrolar os dependentes eleitos como beneficiários, se assim disposto no Regulamento Básico da entidade associativa.
Regime financeiro e tipo de planos	De modo geral, os planos de benefícios classificam-se didaticamente, matéria com alguma expressão legal. No que diz respeito ao regime financeiro, podem ser de capitalização ou de repartição simples e outros mais. No que se refere ao tipo de plano, são tidos como de contribuição definida.
Contribuição definida	Grosso modo, didaticamente o plano de benefícios de contribuição definida é aquele cuja prestação depende exclusivamente de dois fatores: a) contribuições mensais aportadas e b) fruto das aplicações financeiras oriundas dessas contribuições. Logo, os segurados terão o capital constituído de contribuições suficientes para a concessão das prestações.
Exigência legal	A LC n. 109/2001 diz que o plano tem de ser do tipo contribuição definida. Em 2001, tal espécie estava tecnicamente em evidência e era considerado o melhor para ser empreendido, especialmente no que diz respeito às prestações programadas.
Inscrição de participante	A inscrição é ato formal, compreende o preenchimento de formulários, instrução administrativa procedida até o final da aprovação pela EFPC. Se não estiver aperfeiçoada com a ultimação e sobrevier uma das contingências protegidas (especialmente o falecimento do inscrito), será preciso considerar a regulamentação. Se o pedido atendia às determinações legais e regulamentares, prevalece a intenção do segurado.

Qualidade de participantes	O participante de fundo de pensão não tem (I), adquire (II), mantém (III), perde a qualidade de segurado (IV) e a recupera (V).
Benefícios previstos	É consagrada a expressão "benefícios previstos" nos regulamentos básicos. Em relação aos dois previsíveis (aposentadoria por tempo de contribuição e por idade) e aos dois não previsíveis (invalidez e pensão por morte), não pairam dúvidas: são prestações de natureza complementar. O *vesting* pode ser entendido como um benefício proporcional diferido de quem se afastou da instituidora, mas não EFPC, nessa permanecendo numa situação jurídica particular (art. 14 da LC n. 109/2001), usualmente tida como instituto técnico. O resgate também poderia ser uma prestação de pagamento único excepcional e igual se passa com a portabilidade, mas ambas se esgotam quando de sua realização e a pessoa se afasta da entidade. O autopatrocínio não deve ser considerado benefício e sim um regime jurídico permitido.
Instituidores	A designação de "instituidores" no mínimo se distingue da nomenclatura "patrocinadores", na medida em que essa implantação diz mais provisão do que fomento. Ou seja, a instituição empresta o seu nome, prestígio e supervisão de toda ordem, mas não contribuirá financeiramente como o fazem os patrocinadores. Mas, é claro, prestará toda a cooperação possível, inicial e em manutenção, inclusive cedendo trabalhadores para operarem na sede da entidade.
Papel dos instituidores	O papel é relevante e sua retirada desse magnífico esforço de proteção complementar induzirá consequências políticas mais desastrosas do que a retirada de patrocinadora; é de ordem moral.
Beneficiários	Usando linguagem própria, distinta da legislação da previdência básica (em que é gênero e que tem como espécies o segurado e os dependentes), são chamadas de beneficiárias as pessoas que o participante indicou por ocasião da inscrição, às vezes designadas como indicação. Essa nomenclatura diz respeito ao titular de direitos nascido do falecimento do participante, mas ele assim será mesmo antes disso.

Morte presumida	Menciona-se o falecimento, tendo em vista que se pensa em prestação dos dependentes, mas é preciso ajuizar também com quem se ausentou e com quem desapareceu. Quando desses dois últimos infaustos acontecimentos, da mesma forma aqueles indicados serão tidos como beneficiários.
Contribuição ocasional	A previsão de uma contribuição ocasional, de vontade do participante, melhorará o seu capital. Na hipótese de se tratar de empregado e assim convencionado, o empregador fará aportes mensais que, a despeito de serem permanentes, serão didaticamente considerados eventuais.
Prestações não programadas	Adotado um plano de benefícios híbrido, como não poderia deixar de ser, deve haver previsão para custeio das prestações não programadas. Assim, tal contribuição destina-se a financiar um verdadeiro seguro privado em companhia seguradora particular, para cobrir as contingências da invalidez e da morte. Pode ser chamada de contribuição de risco, nada impedindo que seja associada à ideia de contribuição eventual, a reforçar o prêmio.
Tipos de participantes	Trabalhadores pertencentes a certa categoria profissional e mais ninguém, ainda que, na condição de empregados, contem com a cooperação financeira dos seus empregadores. Geralmente subsistem seis tipos de participantes: ativo, licenciado, assistido, remido, vinculado e em risco iminente.
Órgão gestor	A entidade classista, profissional sindical, cooperativa, não pode instituir diretamente um plano de benefícios. Terá de implantar uma EFPC que, por sua vez, então criará o referido plano de benefícios.
Faculdade de ingresso	Resta evidente a facultatividade de ingresso por parte do participante, sem que a isso corresponda igual faculdade à EFPC. Uma vez atendidos os requisitos regulamentares, o segurado tem o direito subjetivo de ser admitido e a entidade sem poder rejeitar essa inscrição. Ausente disciplina sobre o ingresso do incapaz, tal omissão gera dissídios futuros.
Qualidade de participante	Qualidade de segurado é matéria significativa no RGPS, de muita relevância no RPPS, e com menor destaque na previdência complementar (dada sua modelagem).

	Convém examinar quais as pretensões perecidas quando o participante perde essa condição, em face da decadência de direitos. Cuidando da qualidade de participante, às vezes chamada de condição, carece determinar em que momento esse atributo é adquirido. O intérprete dispõe de pelo menos três momentos para ajuizar: a) data do protocolo do pedido de inscrição; b) data do aperfeiçoamento da admissão; e c) quando deveu ou pagou a primeira contribuição. Como já ressaltado, em face da protetividade do segmento, a primeira delas é que deve ser considerada. Ao receber o benefício previsto, o titular não mais deterá a condição de participante. A hipótese somente ocorre com a complementação da aposentadoria com renda programada; nos demais casos, quando ele falecer. Após a admissão e até que se afaste da entidade e continue contribuindo, esse atributo de segurado é mantido. Um destaque que o tema merece diz respeito ao fato de que na Previdência Social (excetuando o direito adquirido), de regra, o exercício do direito é garantido para quem é segurado, *in casu*, participante. Hoje em dia isso é um verdadeiro anacronismo, tantas são as hipóteses em que o ex-segurado pode solicitar o benefício, especialmente no que se refere ao direito adquirido. Ou seja, dentro do prazo regulamentar não terá importância a pessoa perder a qualidade de participante se, antes disso, ela preencheu os requisitos.
Manutenção de qualidade	O Regulamento Básico da EFPC deve prever um período de manutenção da qualidade de participante. Ou seja, cessada a relação jurídica com o fundo de pensão, no dia seguinte desaparecem os direitos inerentes à perda da qualidade de segurado. Afastado da entidade com fulcro no Regulamento Básico, se for acometido por uma moléstia invalidante não fará jus ao benefício nem seus beneficiários terão direito à pensão por morte.
Outros direitos dos beneficiários	O Regulamento Básico disporá sobre os créditos do segurado que falecer sem deixar beneficiários. Não será incorreta a interpretação que entender de aplicar, para o caso, as mesmas regras da pensão por morte; caso contrário, a família terá de buscar o Poder Judiciário.

88.3. Aplicação do CDC

Significado	O CDC é a lei básica de defesa do consumidor, aplicável às relações entre os consumidores e quem oferece produtos e serviços (Lei n. 8.078/1990).
Ditame Sumular	"O Código de Defesa do Consumidor é aplicável à relação jurídica entre a entidade de previdência privada e seus participantes" (Súmula STJ n. 321).
Exclusividade da aplicação	Essa súmula diz que o CDC aplica-se às relações entre os participantes e as entidades de previdência privada. Em virtude da indistinção, estar-se-ia referindo aos segmentos protetivos (EAPC e EFPC comum, pública e associativa), sem se estender à previdência básica (RGPS) e lançando dúvidas sobre sua aplicação à previdência fechada pública (EC n. 41/2003).
Questões vernaculares	É paupérrima uma definição que usa a palavra "consumo" para explicar o que seja serviço. A expressão "securitária" no sentido empregado na lei não diz respeito à seguridade social, mas ao seguro privado e, caso se queira, a "ordem trabalhista" incluiria os benefícios previdenciários ("Harmonização entre o CDC e a LC 109/01 — A Previdência Complementar como relação de consumo", São Paulo: LTr, in *jornal do 5º CBPC*, 2005. p. 5/6).
Equívocos	*Roberto Eiras Messina* apontou equívocos na elaboração da súmula; ela teria sido precipitada e os pouquíssimos julgados (segundo ele, foram somente cinco) que a basearam não a fundamentaram, sendo que apenas o RESP n. 306.155/MG trata do tema ("Súmula n. 321 do STJ — Uma reforma justa e necessária", São Paulo: LTr, in *jornal do 6º CBPC*, 2006. p. 26/28).
Entidades abrangidas	A súmula poderia distinguir; separação que se imagina consabida pelo STJ: as duas técnicas complementares não se confundem. Não só no que diz respeito a quem institui os planos de benefícios (instituições financeiras/ seguradoras e empregador) serem comerciais (lucrativas e não lucrativas), às abertas e fechadas, à competência jurisdicional (Justiça Comum e Justiça do Trabalho), destino do superávit e responsabilidade no caso do déficit, considerando o papel especial, que é a participação do empregador que institui e provê a entidade fechada.

Posição da ABRAPP	A ABRAPP configura três fundamentos: a) distinção entre aberta e fechada; b) universalidade da aberta (para todos); e c) presença do participante gestão e elege o CD ("O Judiciário e a Complexidade do novo Direito Previdenciário", São Paulo: ABRAPP, Revista dos Fundos de Pensão de abr./2009. p. 9).
Correntes doutrinárias	Formaram-se duas correntes doutrinárias: favoráveis e contrárias ao CDC. *In medio virtus est*, somente o que não excepcionalmente estiver disciplinado nas normas civis, comerciais, trabalhistas, securitárias e previdenciárias podem remeter ao CDC.
Exame necessário	É preciso examinar cada preceito para verificar, então, se tem cabimento a norma consumerista. Em termos de Previdência Social, lembra-se o emprego da norma mais favorável. Quando de duas soluções, deve-se adotar aquela que mais protege o titular do direito, mas não existe no Direito Previdenciário instituto técnico que mande sistematicamente interpretar de forma mais favorável, o que somente seria aceitável na assistência social.
Pensamento doutrinário	No dizer de *Fabiana de Oliveira Cunha Seeh:* "Deste modo, forçoso concluir que a Súmula n. 321 do STJ contraria até mesmo disposto no art. 3º da Lei Complementar n. 109/2001, posto que não propicia a harmonização entre as políticas previdenciárias e de desenvolvimento econômico-financeiro, mas sobrepõe os preceitos legais da Ordem Econômica e Financeira (onde e insere o CDC) às regras que regulamentam o regime de previdência complementar" ("Vendem-se aposentadorias. EFPC enfrenta novo obstáculo com o CDC", São Paulo: *site* do IAPE, maio/2006, disponível na *internet*).
Argumentos contrários	*João Paulo Rodrigues da Cunha Lopes* aponta dois argumentos contrários à aplicação: a) a distinção topográfica que a Constituição Federal estabelece ao dispor sobre a defesa do consumidor nos arts. 5º, XXXII, e 170, V e a Previdência Social nos arts. 201/202 e

	b) cada um desses segmentos ter legislação própria "((In)aplicabilidade do Código de Defesa do Consumidor à Entidade Fechada de Previdência Privada", disponível na *internet*).
Cumprimento dos contratos	Lembrando que os contratos existem para ser cumpridos *(pacta sum servanda), Vanessa Carla Vidutto Berman* posiciona-se ao lado do CDC como instrumento de defesa dos participantes. Segundo esse fundamento, o que foi contratado, aderido ou institucionalizado (conforme se queira adotar a natureza jurídica da relação de previdência complementar) não poderia ser jamais modificado. Seria muito bom se assim fosse e caso a realidade do dia a dia não alterasse as condições e forçasse às mudanças.
CDC em face do direito de mudanças	De pouco adiantará invocar o CDC em face do contrato, contrato de adesão ou a instituição, diante de um déficit inequacionável ou a retirada da patrocinadora. Respeitado o direito adquirido, certas regras de transição e presentes fundadas razões técnicas para isso, subsiste o direito de mudanças e não será o CDC que vai sofreá-las. Imagine-se que se trata de cláusulas que terão de viger por cerca de 40 anos sem modificações, quando se sabe que a expectativa de vida brasileira aumenta três meses a cada ano e deixa para trás as tábuas de mortalidade.
Conceito de serviço	Reza o art. 3º, § 2º, do CDC que: "Serviço é qualquer atividade fornecida no mercado de consumo, mediante remuneração, inclusive as de natureza bancária, financeira, de crédito e securitária, salvo as decorrentes das relações de caráter trabalhista".
Modalidades oferecidas	De modo geral, são todas as atividades oferecidas ao mercado de consumo e adquiridas mediante pagamento, o que é de uma generalidade inútil. Particularizando, inclui as atividades bancárias, financeiras, de crédito e securitárias (estas últimas dizem respeito ao seguro privado, o que as aproxima dos produtos da previdência aberta).
Exceções	Finalmente, excepciona "as decorrentes das relações de caráter trabalhista". Não podem ser os direitos e deveres de contrato de trabalho porque estes estão perfeitamente delineados no Direito do Trabalho; portanto, serão as previdenciárias que estão excluídas (da previdência básica e da previdência fechada). De certa forma, essa

	exclusão acompanha o preceituado no *caput* do art. 68 da LC n. 109/2001, quando assevera que as contribuições e os benefícios "não integram o contrato de trabalho dos participantes".
Contrato institucional de adesão	A natureza jurídica da relação entre o participante e a EFPC ainda não foi inteiramente deslindada pela doutrina, mas é praticamente assente que tal vínculo não é um contrato puro. Seria o que *Sebastião Manoel Soares Povoas* chama de contrato previdenciário, uma relação distinta do simples contrato civilista *(Previdência privada.* 2. ed. São Paulo: Quartier Latin, 2007. p. 259/415).
Definição do CDC	O CDC define o contrato de adesão por ele protegido: "aquele cujas cláusulas tenham sido aprovadas pela autoridade competente ou estabelecidas unilateralmente pelo fornecedor de produtos ou serviços, sem que o consumidor possa discutir ou modificar substancialmente seu conteúdo", que não é muito útil nessa análise.
Pensamento dos doutrinadores	A maior parte dos doutrinadores tem esse liame como sendo um contrato de adesão e para nós, como ocorre adesão ao Regulamento Básico, com pouca ou sem participação do interessado na sua elaboração, a relação jurídica seria um contrato institucional de adesão.
	Quando o Estatuto Social permite que os participantes, representados no Conselho Deliberativo da EFPC, decidam sobre as alterações, não se poderia falar simplesmente numa instituição. Nesse sistema, o ideal é que as alterações respeitem o direito adquirido e ouçam os interessados em assembleias e, se for o caso, mediante votação plebiscitária (art. 62 do Estatuto Social do BANESPREV).
Código Civil	O Código Civil tem duas regras básicas sobre esse tipo de contrato.
	Diz que: "Quando houver no contrato de adesão cláusulas ambíguas ou contraditórias, dever-se-á adotar a interpretação mais favorável ao aderente" (CCb, art. 423), sendo nulas as "cláusulas que estipulem a renúncia antecipada do aderente a direito resultante da natureza do negócio" (art. 424). Ou seja, em linhas gerais, o *in dubio pro misero*.
Interpretação mais favorável	Sinteticamente, o art. 47 do CDC diz: "As cláusulas contratuais serão interpretadas de maneira mais favorável ao consumidor".

| | A natureza desse comando, sua generalidade, bem como sua deliberada intenção, evidenciam que cuida do consumidor de produtos comerciais (mercadorias) e não do que se pode chamar de serviços previdenciários. Uma interpretação tão ampla desse tipo não tem assento no Direito Previdenciário, sendo válido na assistência social.
O preceito não fala que ele se aplica no caso de dúvida, que é um pressuposto lógico de alguma exegese favorável. Como redigida a *mens legis* é no sentido de que sempre será favorável ao consumidor, o que é absurdo fora da esfera consumerista. |
|---|---|
| Interpretação securitária | No Direito Previdenciário tem cabimento *o in dubio pro misero,* como seu título indica, somente nos casos de incertezas relacionadas com o direito aos benefícios *(Princípios de direito previdenciário.* 4. ed. São Paulo: LTr, 2001).
Se a EFPC não tem convicção da incapacidade laboral do participante, em princípio deveria lhe deferir o auxílio-doença, mas igual raciocínio não valerá para a dúvida, se ele aportou ou não as contribuições devidas. Como calcular um pecúlio, resgate ou portabilidade se for ignorado o valor do "direito acumulado"? Logo, o preceito do CDC não teria aplicação em todos os casos. |
| Destinatários do CDC | A leitura do art. 2º da Lei n. 8.078/1990, quando define consumidor como "toda pessoa física ou jurídica que adquire ou utiliza produto ou serviço como destinatário final", indica que se trata de qualquer pessoa, ou seja, o cidadão consumidor e não uma fração dessa população, a dos participantes de uma EFPC, como observa *Luiz Ovídio Fischer* ("Uma visão atual sobre os fundos de pensão", São Paulo: ABRAPP, Revista Fundos de Pensão n. 339, p. 49/55, abr./2008). |
| Conclusões finais | É perceptível que a aprovação pública ao advento do CDC, consagrado efetivamente como magnífico instrumento de defesa do cidadão consumidor, turvou a visão dos seus apaixonados defensores, de modo a não perceberem que ele é um meio a ser invocado apenas e tão somente quando os preceitos legais vigentes da Previdência Social forem insuficientes e eles raramente são.
Ninguém cogitou de invocar o CDC contra o INSS, mas talvez tenha pensado nesse Código quando foi ludibriado |

	por uma instituição que lhe ofereceu o que não pode propiciar como sucedeu com alguns fundos de pensão abertos no passado. Quem consideraria a hipótese de aplicar a decadência de 90 dias *(sic)* para reclamar direitos previdenciários (CDC, art. 26, II)? Esse é um prazo bom para consumidores, mas não para beneficiários. O ordenamento jurídico que disciplina a previdência social básica e fechada é suficiente para a defesa dos direitos dos segurados. Quando não for, e a previdência for atividade de risco, nem o CDC oferecerá maiores garantias. Juridicamente, nada pode ser feito contra a retirada da patrocinadora se ela cumpriu as regras estabelecidas pelo CGPC. Se um plano de benefícios apresenta déficit equacionável ele tem de ser revisto, às vezes diminuindo-se o montante dos benefícios, sem que nada possa ser feito em favor dos prejudicados. O CDC é um meio a ser invocado apenas e tão somente quando os preceitos legais vigentes da Previdência Social forem insuficientes e eles raramente são.
Solução arbitrada	*Daniel Pulino* recomenda a arbitragem para a solução de muitos dos conflitos entre os participantes e as entidades gestoras, sem invocar o CDC (Resolução de Conflitos por Arbitragem na Previdência): "Os magistrados aplicam o CDC devido à proximidade entre a fechada e a aberta, sem se darem conta de que são bem diferentes em seus fundamentos" ("Previdência Complementar: Discussões Gerais", São Paulo: LTr, in *jornal do 6º CBPC*, p. 33/35, 2006).
Normas de procedimentos administrativos	O MPS deve uma Norma de Procedimentos Administrativos que regule as relações das EFPC com os órgãos reguladores e fiscalizadores e com os participantes (o Decreto n. 4.942/2003 não é suficiente).

88.4. Processo complementar

Significado do processo	Procedimento interno das EFPC relativo à apuração de responsabilidades por infrações cometidas pelos administradores dos fundos de pensão.

Conteúdo dos autos	Apuração de irregularidades e responsabilidades decorrentes de infração à legislação da previdência complementar no âmbito da EFPC.
Decreto n. 4.206/2002	Norma anterior regente da matéria, de curta duração, que foi revogada pelo Decreto n. 4.942/2003.
Objetivo do procedimento	Destinado a apurar as responsabilidades de pessoas físicas (gestores) e jurídicas (EFPC), por ação ou omissão.
Atuação do infrator	Constatada a infração, será lavrado um Auto de Infração (AI) pela PREVIC.
Notificação do autuado	O infrator será notificado mediante ciência nos autos, por via postal ou por edital.
Apresentação de documentos	A falta de apresentação dos documentos exigidos pela PREVIC implicará a lavratura do AI.
Defesa prévia	No prazo de 15 dias, o autuado defender-se-á perante a PREVIC, juntando as provas das suas alegações.
Intempestividade	Fora desse prazo quinzenal, a defesa prévia será tida como intempestiva.
Competência da PREVIC	O Auto de Infração é julgado pelo Superintendente da PREVIC.
Decisão-Notificação	O autuado é notificado por intermédio da emissão da Decisão-Notificação.
Recurso de Apelação	Tempestivamente, da decisão da PREVIC, no prazo de 15 dias, cabe Recurso de Apelação, dirigido ao CNPC, protocolado junto da PREVIC.
Depósito prévio	O art. 14 do Decreto n. 4.942/2003 presume depósito prévio do valor da multa, o que pode ser discutido em face de decisões do STF.
Julgamento do CNPC	O Recurso Ordinário é apreciado pelo CNPC e, em seguida, devolvido à PREVIC, descabendo qualquer outro recurso administrativo.
Definitividade da decisão	A decisão do CNPC faz coisa julgada administrativa e somente pode ser modificada pelo Poder Judiciário.
Restituição do depositado	Sobrevindo o depósito prévio, com o provimento do Recurso Ordinário, o valor será restituído.
Penalidades aplicáveis	São de quatro tipos: advertência escrita, suspensão do exercício da atividade, inabilitação de dois a 10 anos ou multa de 2 mil reais até 1 milhão de reais (*sic*).

Circunstâncias	São admitidas circunstâncias atenuantes e agravantes.
Notícia ao Ministério Público	O exercício da atividade de previdência não autorizada pela PREVIC será comunicada ao Ministério Público para as devidas providências.
Contagem dos prazos	*Dies a quo non computar in termine.* Os prazos são contados, excluindo-se o dia do começo e incluindo o do vencimento.
Prescrição da infração	Prescreve em cinco anos a ação punitiva da PREVIC, contados da data da prática do ato ou da cessão da infração continuada.
Prescrição do procedimento	Prescreve em três anos o procedimento que não chegou à decisão final.
Extinção da punibilidade	Dá-se com a morte do infrator ou pela prescrição administrativa.
Declaração de nulidade	O ato procedimental não é anulado por alguma inobservância da norma.
Representação oficial	Por meio da representação as autoridades dão ciência da PREVIC de alguma irregularidade.
Denúncia à PREVIC	Mediante denúncia uma autoridade dá ciência de irregularidade à PREVIC.
Inquérito administrativo	É instaurado por meio de portaria publicada no DOU, designando comissão de inquérito.
Meios de prova	São admitidos todos os meios de prova admitidos no Direito.
Depoimento testemunhal	Na instrução do inquérito é admitido o depoimento testemunhal.
Relatório conclusivo	Concluída a instrução, a comissão emitirá o relatório conclusivo considerando as provas apresentadas.
Recurso Ordinário	Dessa decisão cabe Recurso Ordinário ao CNPC.
Definitividade da decisão	A decisão do CNPC é definitiva e dela não cabe recurso.
Caráter reservado do processo	As reuniões ou audiências têm caráter reservado, constando de atas que pormenorizarão as deliberações.
Arquivamento dos autos	Caracterizada a improcedência da denúncia ou da representação, os autos serão arquivados.
Fontes formais	Código de Processo Civil, Lei n. 9.784/1999, arts. 62/67 da LBPC e Decreto n. 4.942/2003.

89. REGIME PARLAMENTAR

Regime de previdência dos parlamentares	Inicialmente, gerido pelo Instituto de Previdência dos Congressistas (IPC), criado pela Lei n. 4.284/1963 e vigente até sua extinção em 1º.2.1999 (Lei n. 7.087/1982). Depois, pelo PSSC.
Segurados	Eram facultativos e obrigatórios.
Benefício proporcional	Havia previsão de uma aposentadoria aos oito anos de mandato com um mínimo de 50 anos de idade.
PSSC	Plano de Seguridade Social dos Congressistas (PSSC) em razão da Lei n. 9.506/1997.
Data-base	1º de fevereiro de 1999.
Aposentadoria por invalidez	Integral quando decorrente de acidente, moléstia profissional ou doença grave, contagiosa ou incurável.
Aposentadoria por invalidez proporcional	Benefício comum, de 1/35 por ano de mandato com um mínimo de 20% da remuneração.
Aposentadoria por tempo de mandato	Concedida aos 35 anos de mandato e 60 anos de idade.
Aposentadoria por tempo de contribuição	Aposentadoria aos 35 anos de contribuição e 60 anos de idade.
Pensão por morte	Para os dependentes dos segurados, de 100% da aposentadoria, sendo que o valor mínimo é de 13% da remuneração.
Tempo de contribuição computado	Da iniciativa privada (RGPS), serviço público (RPPS), regime dos militares, urbana ou rural.
Tempo de mandato	Tempo de contribuição ao PSSC.

Contagem recíproca	São considerados os mandatos estaduais, municipais e distritais.
Acerto de contas	Entre os entes federais e não federais (Lei n. 9.696/1999).
Teto dos benefícios	Não poderá superar o dos parlamentares em atividade.
Reajustamento	Quando ocorrer a dos ativos.
Concessão dos benefícios	Após a cessação do mandato.
Contribuição dos parlamentares	Igual a dos servidores públicos: de 11% da remuneração.
Contribuição patronal	A Câmara dos Deputados e o Senado Federal contribuem com 11% da remuneração dos parlamentares.
Contribuição dos inativos e pensionistas	É de 11% do que ultrapassar o limite do RGPS.
Filiação ao RGPS	Quem não estiver filiado ao PCSS está filiado ao RGPS (art. 12, I, *h*, do PBPS).

90. REGIME DOS MILITARES

Particularidades	A situação previdenciária dos militares em si mesma é excepcional, para não dizer específica ou especial, e justifica comentários apartados.
Princípio da universalização	Quando se analisa a previdência social dos militares, vem à tona a questão de saber se eles estão à margem de um sistema protetivo universal e único.
Distinção legal	Está praticamente assentado que, diante das peculiaridades das funções exercidas e das condições de trabalho, sem falar nas restrições a que se submetem, eles devem manter-se com um regime próprio obrigatório, contributivo, com os mesmos direitos gerais dos demais trabalhadores.
Aposentadoria por tempo de serviço	Nesse sentido tem cabimento a aposentadoria por tempo de serviço militar aos 30 anos e uma aposentadoria especial para certas categorias aos 25 anos de trabalho especial.
Atividades castrenses	Não se pode confundir: Carreira militar (RPPS), Serviço militar obrigatório (RGPS) e Tiro de guerra (RGPS).
Distinções necessárias	De regra, a aposentadoria dos militares, reformados ou após a passagem para a reserva remunerada, não é uma aposentadoria especial como a que se vê disciplinada no art. 40, § 4º, I/III, da CF e também não se identifica com os arts. 57/58 do PBPS.
Normas dos militares	Os militares da União, dos Estados, do DF e dos Municípios são regidos por normas próprias, que poderiam ser designadas como de legislação específica. Como é a dos ex-combatentes.
Regras específicas	Cada um dos ordenamentos da República contempla regras específicas para as Forças Armadas da União, Polícias Militares dos Estados e Guardas Municipais.
Aposentadoria especial	Com vistas à aposentadoria especial do servidor (e também a do trabalhador), o que releva é a possibilidade da contagem recíproca do tempo de serviço militar e da conversão do desse tempo para o comum. Geralmente, em princípio, eles não se expõem aos agentes nocivos físicos, químicos e biológicos, mas aos próprios perigos da carreira castrense e, por isso, experimentam legislação distinta.

Polícia Militar	De regra, a aposentadoria específica da Polícia Militar se dá aos 20 + 10 = 30 anos de serviço, 20 anos como militar e 10 anos comuns. Consta que, com a PLC n. 554/2010, passaria a exigir 25 anos na polícia e cinco anos na iniciativa privada, mantendo-se os mesmos 30 anos.
Desdobramentos	Essas polícias militares, ocupadas principalmente com a segurança pública (principal contingente), desdobram-se ainda na Polícia Rodoviária, Guarda Florestal, Polícia Feminina e Corpo de Bombeiros.
Corpo de Bombeiros	Nesse último grupamento, o dos Soldados do Fogo, é bastante evidente a presença da periculosidade a que se expõem com o seu trabalho diuturno e a semelhança com a aposentadoria especial do RGPS. Numa empresa privada, quem faz esse serviço de combate ao fogo é vítima de todos os riscos inerentes à profissão.
Conversão de tempo de serviço	Questão que merece considerações por parte da lei complementar referida no art. 40, § 4º, da Carta Magna diz respeito à situação do militar que deixou a carreira e ingressou no serviço público civil ou na iniciativa privada.
Cômputo do tempo de serviço	Quanto ao cômputo do tempo de serviço não existe qualquer dúvida: ele se opera por meio da contagem recíproca de tempo de serviço.
Validade da conversão	Pretende-se a regulamentação de eventual conversão do tempo de militar (principalmente se é do tipo que aposenta o servidor aos 25 anos) para ser adicionado ao comum. Parece correto que haja essa conversão na medida da exposição aos agentes deletérios da saúde ou da integridade física; esse risco tem de ser compensado.
Médicos e enfermeiros	Médicos, enfermeiros e outros profissionais da saúde que pertencem ao quadro dos servidores militares, a exemplo dos seus colegas da iniciativa privada e do serviço público civil, correm os mesmos riscos da sujeição aos agentes nocivos biológicos, justificando uma aposentadoria especial aos 25 anos.
Professor militar	O militar que leciona nos colégios militares, além de militar é professor, e costuma ser distinguido com legislação própria, permitida a acumulação de cargos (CF, art. 37, XVI).
Pensão por morte	Os dependentes dos militares também fazem jus à pensão por morte.
Fonte formal	A principal fonte formal a ser consultada é a Lei n. 6.880/1980 (Estatuto dos Militares).

91. CRIMES PREVIDENCIÁRIOS

Conceito	Ilícitos praticados contra a Previdência Social, disciplinados no art. 95 do PCSS até a Lei n. 9.983/2000 e, depois, regrados em vários artigos do Código Penal (Decreto-lei n. 2.848/1940).
Apropriação indébita previdenciária	"Deixar de repassar à Previdência Social as contribuições recolhidas dos contribuintes, no prazo e forma legal ou convencional. Pena — reclusão, de 2 (dois) a 5 (cinco) anos e multa" (art. 168-A do CP).
Contribuições arrecadadas de terceiros	Na mesma pena incorre quem deixar de: "recolher, no prazo legal, contribuição ou outra importância destinada à Previdência Social que tenha sido descontada de pagamento efetuado a segurados, a terceiros ou arrecadada do público" (art. 168-A, § 1º, I, do CP).
Aportes relativos a despesas e custos	"Recolher contribuições devidas à Previdência Social que tenham integrado despesas contábeis ou custos relativos à venda de produtos ou à prestação de serviços" (art. 168-A, § 1º, II, do CP).
Benefícios reembolsados	"Pagar benefício devido a segurado, quando as respectivas cotas ou valores já tiverem sido reembolsados à empresa pela Previdência Social" (art. 168-A, § 1º, III, do CP).
Extinção da punibilidade	"É extinta a punibilidade se o agente, espontaneamente, declara, confessa e efetua o pagamento das contribuições, importâncias ou valores e presta as informações devidas à Previdência Social, na forma definida em lei ou regulamento, antes do início da ação fiscal" (art. 168-A, § 2º, do CP).
Inaplicabilidade da pena	É facultado ao juiz deixar de aplicar a pena ou aplicar somente a multa, se o agente for primário e de bons antecedentes, desde que:
	I — tenha promovido o início da ação fiscal e antes de oferecida a denúncia, o pagamento da contribuição social previdenciária, inclusive acessórios;

	II — o valor das contribuições devidas, inclusive acessórios, seja igual ou inferior àquele estabelecido pela previdência social, administrativamente, como sendo o mínimo para o ajuizamento de suas execuções fiscais.
Inserção de dados falsos	"Inserir ou facilitar, o funcionário autorizado, a inserção de dados falsos, alterar ou excluir indevidamente dados corretos nos sistemas informatizados ou bancos de dados da Administração Pública com o fim de obter vantagem indevida para si ou para outrem ou para causar dano. Pena — reclusão, de 2 (dois) a 12 (doze) anos, e multa" (art. 313-A do CP).
Modificação de informações ou programa de informática	"Modificar ou alterar, o funcionário, sistema de informações ou programa de informática sem autorização ou solicitação de autoridade competente. Pena — detenção, de 3 (três) meses a 2 (dois) anos, e multa" (art. 313-B do CP).
Aumento da pena	"As penas são aumentadas de um terço até a metade se da modificação ou alteração resultar dano para a Administração Pública ou para o administrado" (parágrafo único do art. 313-B do CP).
Sonegação fiscal	"Suprimir ou reduzir contribuição social previdenciária e qualquer acessório, mediante as seguintes condutas" (art. 337-A do CP).
Omissão na folha de pagamento	"Omitir de folha de pagamento da empresa ou de documento de informações previstas pela legislação previdenciária segurados empregado, empresário, trabalhador avulso ou trabalhador autônomo ou a este equiparado que lhe prestem serviços" (art. 337-A, I, do CP).
Ausência de lançamento contábil	"Deixar de lançar mensalmente nos títulos próprios da contabilidade da empresa as quantias descontadas dos segurados ou as devidas pelo empregador ou pelo tomador de serviços" (art. 337-A, II, do CP).
Subtração de receitas ou lucros	"Omitir, total ou parcialmente, receitas ou lucros auferidos, remunerações pagas ou creditadas e demais fatos geradores de contribuições sociais previdenciárias. Pena — reclusão, de 2 (dois) a 5 (cinco) anos, e multa" (art. 337-A, III, do CP).
Extinção da punibilidade	"É extinta a punibilidade se o agente, espontaneamente, declara e confessa as contribuições, importâncias ou valores e presta as informações devidas à Previdência

	Social, na forma definida em lei ou regulamento, antes do início da ação fiscal" (art. 337, § 1º, do CP).
Inaplicabilidade da pena	"É facultado ao juiz deixar de aplicar a pena ou aplicar somente a multa se o agente for primário e de bons antecedentes de quem: I — (vetado); II — o valor das contribuições devidas, inclusive acessórios, seja igual ou inferior àquele estabelecido pela previdência social, administrativamente, como sendo o mínimo para o ajuizamento de suas execuções fiscais" (art. 337-A, § 2º, do CP).
Não aplicação em razão da folha de pagamento	"Se o empregado não é pessoa jurídica e sua folha de pagamento mensal não ultrapassa R$ 1.510,00 (um mil, quinhentos e dez reais), o juiz poderá reduzir a pena de um terço até a metade ou aplicar apenas a multa" (art. 337-A, § 3º, do CP).
Reajustamento do valor	"O valor a que se refere o parágrafo anterior será reajustado nas mesmas datas e nos mesmos índices do reajuste dos benefícios da Previdência Social" (art. 337-A, § 4º, do CP).
Divulgação de segredos	"Divulgar, sem justa causa, informações sigilosas ou reservadas, assim definidas em lei, contidas ou não nos sistemas de informações ou banco de dados da Administração Pública. Pena — detenção, de 1 (um) a 4 (quatro) anos, e multa" (art. 153, § 1º-A, do CP).
Natureza da ação penal	"Quando resultar prejuízo para a Administração Pública, a ação penal será incondicionada" (§ 2º).
Falsificação de sinais públicos	"Quem altera, falsifica ou faz uso indevido de marcas, logotipos, siglas ou quaisquer outros símbolos utilizados ou identificadores de órgãos ou entidades da Administração Pública" (art. 296, § 1º, III, do CP).
Falsificação de documento previdenciário	"Nas mesmas penas incorre quem insere ou faz inserir: I — na folha de pagamento ou em documento de informações que seja destinado a fazer prova perante a previdência social, pessoa que não possua a qualidade de segurado obrigatório" (art. 297, § 3º, do CP).
Falsificação na CTPS	"Na Carteira de Trabalho e Previdência Social do empregado ou em documento que deva produzir efeito perante a Previdência Social, declaração falsa ou diversa da que deveria ter sido escrita" (art. 297, § 3º, II, do CP).

Falsificação de documento contábil	"Em documento contábil ou em qualquer outro documento relacionado com as obrigações de empresa perante a Previdência Social, declaração falsa ou diversa da que deveria ter constado" (art. 297, § 3º, III, do CP).
Omissão em documentos	"Nas mesmas penas incorre quem omite, nos documentos mencionados no § 3º, nome do segurado e seus dados pessoais, a remuneração, a vigência do contrato de trabalho ou de prestação de serviços" (art. 297, § 4º, do CP).
Violação de sigilo funcional	"Nas mesmas penas deste artigo incorre quem: I — permite ou facilita, mediante atribuição, fornecimento e empréstimo de senha ou qualquer outra forma, o acesso de pessoas não autorizadas a sistemas de informações ou banco de dados da Administração Pública" (art. 325, § 1º, do CP).
Violação com danos a terceiros	"Se da ação ou omissão resulta dano à Administração Pública ou outrem. Pena — reclusão, de 2 (dois) a 6 (seis) anos, e multa" (art. 325, § 2º, do CP).
Revogação do plano de custeio	A Lei n. 9.983/2000 revogou praticamente por inteiro o art. 95 do PCSS, transportando a maior parte dos crimes para o Código Penal.
Vigência da Lei n. 9.983/2000	A Lei n. 9.983/2000 entrou em vigor em 17.7.2000 e adquiriu eficácia em 15.10.2000.
Ausência de alternativas	Muitos julgados têm absorvido os empregadores, caso seja evidenciado que eles não tinham outra alternativa.
Dificuldades econômicas	Em face de significativas dificuldades financeiras da empresa, é elidida a responsabilidade do empresário.
Fontes formais	Código Penal (Decreto-lei n. 2.848/1940); Lei n. 9.983/2000; art. 95 do PCSS.

92. FUNDO DE GARANTIA

Conceito	Área do Direito do Trabalho que disciplina os depósitos mensais promovidos pelas empresas em contas vinculadas pessoais de certos trabalhadores (Lei n. 5.107/1966).
Órgão gestor	A Caixa Econômica Federal — CEF é agente operador, sob supervisão do Ministério do Trabalho e Emprego — MTE, segundo diretrizes baixadas pelo Conselho Curador do FGTS.
Beneficiários	Empregado, temporário e avulso. Facultativamente, os diretores não empregados (Lei n. 6.919/1981). Facultativamente, os domésticos.
Excluídos	Servidor civil ou militar, empresário, autônomo, eventual, eclesiástico, segurado especial e facultativo.
Rede bancária	Antes de 1º.10.1989, os depósitos eram feitos em contas pessoais, na rede bancária, depois transferidos para a CEF.
Opção	A partir de 5.10.1988, desapareceu a opção pelo FGTS, sendo substituída pela obrigatoriedade.
Opção retroativa	Quem não havia optado pode fazê-lo retroativamente até 1º.1.1967 (art. 14, § 4º, da Lei n. 8.036/1990).
Estabilidade laboral	Com o fim da opção desapareceu a estabilidade laboral.
Fato gerador	Prestar serviços remunerados para empresas.
Base de cálculo	Total da remuneração devida ou paga (art. 457 da CLT).
Parcelas excluídas	As disciplinadas referidas no art. 28, § 9º, do PCSS (Lei n. 9.711/1998).
Alíquota	8,0% (oito por cento).
Alíquota provisória	Mais 0,5% até 31.12.2006 (LC n. 110/2001).

Afastamento	Considera-se como de atividade a prestação de serviço militar. Gozo do auxílio-doença acidentário, licença à gestante e licença-paternidade.
Prazo do recolhimento	Até o dia 7 (sete) de cada mês subsequente ao mês de competência.
Acréscimos legais	Além da multa, juros de mora de 1,0% ao mês. Sanções do Decreto-lei n. 367/1968.
Multa	20% (art. 30, II, do Decreto n. 99.684/1990).
TR	Cobrada por dia de atraso.
Multa fiscal	Falta de depósito. Omissão de informações da conta. Apresentar informações equivocadas ou omiti-las. Não incluir parcelas remuneratórias na base de cálculo. Não depositar com os acréscimos.
Atualização dos valores	Os depósitos são corrigidos monetariamente com base nos parâmetros fixados pela atualização dos saldos dos depósitos de poupança e capitalizarão juros de 3% ao ano (art. 11 da Lei n. 8.036/1990).
Devedor da obrigação	A pessoa física ou jurídica de direito privado ou de direito público, da Administração Pública direta, indireta ou fundacional de qualquer dos poderes, da União, dos Estados, do Distrito Federal e dos Municípios que admite trabalhador a seu serviço (art. 15, § 1º, da Lei n. 8.036/1990).
Fiscalização	Ministério do Trabalho e Emprego (art. 23 da Lei n. 8.036/1990).
Ciência	As empresas são mensalmente obrigadas a comunicar ao trabalhador os valores depositados.
Movimentação da conta	Despedida sem justa causa. Extinção total da empresa ou fechamento de filiais. Aposentação pelo INSS. Falecimento do trabalhador. Pagamento de débito do Sistema Financeiro da Habitação. Liquidação ou amortização de débito no SFH. Compra de casa própria. Exclusão da relação empregatícia por mais de três anos.

	Suspensão do trabalho do avulso por mais 90 dias.
	Acometimento de neoplasia maligna do trabalhador ou qualquer de seus dependentes (Lei n. 8.922/1994).
	Aplicação em Fundos Mútuos de Privatização (Lei n. 6.385/1976).
Certificado de regularidade	A CEF fornece Certificado de Regularidade do FGTS em determinadas circunstâncias (arts. 27 da Lei n. 8.036/1990 e 43/45 do Decreto n. 99.684/1990).
Competência	A Justiça do Trabalho é competente para desfazer dissídios jacentes.
Prescrição do direito	Não há prazo decadencial do direito de resgatar os valores.
Demissão sem justa causa	É devido o depósito de 40% do montante de todos os depósitos em favor do trabalhador (Lei n. 9.461/1997). Se a demissão se der por culpa recíproca, o percentual é de 20%.
Prescrição dos depósitos	O prazo é de 30 (trinta) anos (*sic*).
Fontes formais	Lei n. 5.107/1966 e Decreto n. 59.820/1966; Lei n. 8.036/1990 e Decreto n. 99.684/1990; Leis ns. 6.619/1981 e 7.839/1989.

93. DANO MORAL

Ação regressiva	"As pessoas jurídicas de direito público e as de direito privado, prestadoras de serviços públicos, responderão pelos danos que seus agentes, nesta qualidade, causarem a terceiro, assegurado o direito de regresso contra o responsável nos casos de dolo ou culpa" (CF, art. 37, § 6º).
Regra do Direito Civil	"Aquele que, por ação ou omissão voluntária, negligência ou imprudência, violar direito e causar dano a outrem, ainda que exclusivamente moral, comete ato ilícito" (CCb, art. 186).
Conceito doutrinário mínimo	Dano moral é o ato ilícito praticado pelo ser humano, em seu nome ou representando pessoa jurídica, consciente ou não, omissiva ou comissivamente, que objetivamente atinja a personalidade do sujeito passivo dessa ação, causando-lhe um constrangimento pessoal ou social, uma ofensa naturalmente mensurável, redução do seu patrimônio moral como cidadão, que possa ser oportuna e juridicamente reparável.
Falso dano moral	Além das várias excludentes da ação (como a ausência ocultada ou a inexistência de nexo causal entre a autuação e o resultado) e tanto quanto a variedade das relações procedentes, existem fatos subjetivos do ofendido que podem afetar o dano moral. Indicadores pessoais que eventualmente elidem a responsabilidade pela compensação jurídica, quase todos eles de difícil apreensão por quem tem de fazer justiça.
Objetivo do instituto técnico	São vários os objetivos. O primeiro deles é reparar um eventual prejuízo causado à pessoa física ou jurídica. Uma tentativa, por vezes vã, de repor aquilo que se perdeu na esfera material e moral das relações humanas. Um segundo escopo é tentar inibir ações deletérias contra a pessoa ou contra o Estado. Uma espécie de certeza da punibilidade.

Natureza do dano moral	Ele diz respeito à personalidade da pessoa, entendido como dor íntima ou imagem pública. Com a particularidade de ser cifrado à subjetividade e à objetividade, com isso significando que o mesmo ato lesivo pode gerar reações diferentes, inesperados juízos nas vítimas e diferentes perdas.
Natureza do dano material	O dano material erode o patrimônio da pessoa física. Esse último é definido como conjunto dos bens corpóreos e incorpóreos, isto é, as rendas, as propriedades imobiliárias, os títulos comerciais, os créditos e renome que tem larga tradição no Direito Civil e Comercial.
Hipóteses de dano	Tecnicamente conhecem-se duas hipóteses: danos emergentes e lucros cessantes. Entre esses danos está a lesão corporal.
Sujeitos da relação jurídica	Em termos de seguridade social, variam as vítimas das ações deletérias da moral humana: beneficiários do RGPS, assistidos da assistência social e atendidos das ações de saúde. Podem ser os segurados e os seus dependentes e, em alguns casos, os parentes do titular da relação (não dependentes, tutores, curadores etc.). No outro polo da relação, os gestores administrativos das ações securitárias: APS e postos da RRB. Num nível mais elevado, chegando ao ministro de Estado e até ao presidente da República. Em suma, qualquer entidade que cause prejuízo de ordem moral ou material dos protegidos.
Provas do alegado	Perquirida a compensação fora da materialidade das coisas, na esfera espiritual, emocional ou íntima, sediada, pois, a lesão em algo incorpóreo, em face da autoria, da culpabilidade e da responsabilidade, faz parte essencial do processo de apuração do ressarcimento da vítima evidenciar o fato alegado.
Ônus da prova	O *onus probandi* é postulado processual, mas sua ausência não inibe outros procedimentos recomendados. Esse direito ao convencimento é amplo e absoluto. Exceto os meios ilegais, valem todas as demonstrações, inclusive gravações e fotografias não autorizadas.
Ofensas verbais	Ofensas verbais, comportamentos antissociais e o desrespeito costumam não deixar sinais tão claros, isto

	é, ficam sem os rastros próprios das humilhações covardes, até silenciosas, gestos próprios dos medíocres que operam às sombras e que, por sua relevância processual, importa identificar, qualificar e aprofundar.
Contraprova	Prevalecendo a pretensão jurídica, o direito à persuasão subsistirá e também, é claro, o direito à contraprova. Tudo o que se disser quanto ao autor valerá para o réu.
Quantificação do valor	Sentenciada a reparação patrimonial, a par da decantação do prejuízo subjetivo, o que mais inquietações suscita nessa área é a quantificação do montante do dano moral.
Posição dos autores	Quase todos os autores indicam variados critérios, mas o profissional do Direito que deduzir a prestação jurisdicional, o representante do sujeito passivo da ação processual, o perito avaliador e, por último, o julgador, todos enfrentam enormes dificuldades.
Comparações usuais	Frequentemente o juiz fará comparações com outros casos, tabulará decisões de distintos profissionais e verificará a jurisprudência, mas restará com a ideia de que se postou quem ou foi além do seu dever de mensurador da perda íntima humana, e que faz parte da natureza onerosa dessa espinhosa tarefa.
Exageros da reparação	Nossa jurisprudência repudia os exageros em relação ao dano moral nessas ações. O entendimento é que a indenização por dano moral não pode ser fato de enriquecimento e deve guardar proporcionalidade com a suposta (*sic*) calúnia, injúria ou difamação.
Exclusão da responsabilidade	O prejuízo causado ao patrimônio material e à moral das pessoas, ainda que consumado, demonstrado ou presumido, *per se* não define o dever da indenização correspondente, seja reparação ou compensação, por vários motivos objetivos ou subjetivos, a responsabilidade do agente não terá nascimento.
Licitude do ato	Não conceder prestação estatal, quando entendido estar ausente o direito subjetivo do titular requerente é decisão soberana do ente gestor que causa desconforto no solicitante, danos material e moral não reparáveis. Ausente a ilicitude do ato que exalta o direito à reposição, não há falar em composição do conflito.
Motivos da exclusão	As causas que levam à exclusão da responsabilidade são variadas:

	a) inimputabilidade do agente;
	b) ausência de nexo causal;
	c) força moral;
	d) estado de necessidade;
	e) exercício de dever legal;
	f) concorrência da vítima;
	g) falha de terceiros;
	h) ausência de alternativa;
	i) cláusula exclusória; e
	j) vontade viciada.
Pressupostos lógicos	A ação ordinária tem requisitos lógicos, materiais e jurídicos, esmiuçados individualmente em cada experiência vivida, numa operação racional objetiva e isenta que pinçará as hipóteses cabíveis e afastará aquelas tecnicamente sem procedência.
Sensações desagradáveis	Não bastam sensações desagradáveis, inconformidades eventuais e certo subjetivismo próprio do ser humano; ele é instituto jurídico que exige decantação técnica, gera emoção, mas submetendo-se às regras jurídicas substantivas e adjetivas.
Pressuposto material	Materialmente, o convencimento do dano à vítima é demonstração que pressupõe imaginação, cuidados percucientes e constitucionais de quem se propuser a isso. Nesse sentido difere da materialidade do dano patrimonial.
Presença do prejuízo	Logicamente, condiciona-se a efetividade do prejuízo sofrido pelo sujeito passivo da ofensa, a ser identificado, qualificado e mensurado (para se poder, no final, fixar-se a propriedade, a modalidade e a quantia da reparação).
Autoria e ilicitude	Juridicamente, *ab initio,* impõe à decantação da autoria (perquirir-se o responsável) a ilicitude do ato, isto é, caracterização da culpa (ato comissivo ou omissivo) e a ausência das causas excludentes da responsabilidade.
Documentos comprobatórios	Entre os meios de persuasão estão: documento escrito, depoimento testemunhal, perícia judicial, prova emprestada, acareação pessoal e até mesmo presunção do dano.
Fonte formal	"É assegurado o direito de resposta, proporcional ao agravo, além da indenização por dano material, moral ou à imagem" (CF, art. 5º, V).

94. ESTATUTO DO IDOSO

Conceito de idoso	Quem tiver 60 anos ou mais, se homem ou mulher, nacional ou estrangeiro, urbano ou rural, trabalhador da iniciativa privada ou do serviço público, livre ou recluso, exercendo atividades ou jubilado, incluindo o pensionista e qualquer que seja sua condição social.
Lei n. 10.741/ 2003	Com a Lei n. 10.741/2003, o Brasil conheceu o Estatuto do Idoso, a ser respeitado por todos os brasileiros.
Significado do Estatuto	O desrespeito ao idoso é fenômeno cultural, bastante acentuado no Brasil, ao contrário do que sucede na Europa e nos países asiáticos. Leis não costumam alterar o comportamento familiar e social, mas contribuem para formular a convicção das pessoas da necessidade de os idosos serem atendidos em suas necessidades.
Educação futura	O tempo vai indicar que é possível melhorar esse estado negativo. Basta olhar para os cartazes nos bancos e outros locais, oferecendo prioridades para as grávidas, deficientes e idosos, para evidenciar que educando o povo é resgatar-se a cidadania dos idosos.
Principais direitos contemplados	A Lei n. 10.741/2003 é uma valiosa Carta de Intenções. Com o passar do tempo, as pessoas se conscientizarão da necessidade de reconhecer os direitos de cidadão dos idosos. Ela garante o direito à vida (art. 9º), à liberdade, respeito e dignidade (art. 10), entre outras inúmeras pretensões.
Atendimento à saúde	"É assegurada a atenção integral à saúde do idoso, por intermédio do Sistema Único de Saúde — SUS, garantindo-lhe o acesso universal e igualitário, em conjunto articulado e contínuo das ações e serviços, para a prevenção, promoção, proteção e recuperação da saúde, incluindo a atenção especial a doenças que afetam preferencialmente os idosos" (EI, art. 15).
Benefício da LOAS	O Estatuto do Idoso reduziu a idade mínima para a percepção do benefício de pagamento continuado, da

	LOAS, aos 65 anos de idade. Com isso, aumenta o número de pessoas desassistidas ou vivendo em estado de miserabilidade que passam a ter esse amparo assistencial.
Previdência Social	De modo geral, além dos serviços, dos serviços sociais, da recuperação para o trabalho, a principal prestação suscitada pela Previdência Social é a aposentadoria por idade. A ser requerida com a prioridade de atendimento em relação a outros segurados.
Respeito pessoal	A Lei n. 10.741/2003 visa a ampliar o respeito ao idoso. Pode-se falar em resgatá-lo porque no passado já existiu. A própria norma (art. 10) preceitua sobre a dignidade e a liberdade (com sete incisos). O legislador foi inspirado pelo aspecto mais importante: o respeito. Atualmente, com o desmembramento da família, a extinção das enormes residências térreas e a adoção de pequenos apartamentos, os pais perdem espaços. O avanço crescente da tecnologia e a desatualização dos mais velhos os marginalizam.
Facilidades urbanas	Pouco a pouco os 26 Estados, o DF e as 5.564 municipalidades vão transformando os preceitos normativos em favor dos idosos em regras de aplicação efetiva. De certa forma, reeducando o povo a considerá--los como cidadãos que são.
Profissionalizar o trabalho	Importa criar estímulos ao empresário para que ele ofereça trabalho ao idoso e também à iniciativa privada em termos de contribuintes individuais (pequenos empresários e autônomos). Com a aposentadoria por tempo de contribuição cada vez mais distante e exigindo idade mínima elevada, é preciso pensar na mão de obra dos mais velhos.
Delitos puníveis	O Estatuto do Idoso prevê punição para dezenas de crimes que costumam ser praticados contra os idosos. Essa é medida salutar que instrumentaliza o exercício da cidadania.
Exemplos comuns	A omissão de socorro, a exposição a perigo e o abandono são exemplos de comportamentos estranhos (às vezes, pessoais e familiares) e de ações que podem deflagrar a persecutória penal do Estado, e tentar diminuir as agressões.

95. DIREITO DOS DEFICIENTES

Direitos gerais	As pessoas portadoras de deficiência experimentam uma legislação adequada às suas limitações, enfatizando-se aquelas que dizem respeito à Previdência Social. Quando do exercício dos direitos, usualmente elas enfrentam óbices para convencer terceiros de que têm restrições físicas determinantes de bens jurídicos.
Prova negativa	No comum dos casos, eles terão de fazer uma persuasão negativa, o que torna ainda mais onerosa à evidência dos fatos. Convencer alguém de que não se logra realizar alguma coisa é diferente de uma afirmação positiva.
Instrumentos de convencimento	A prova da deficiência observa algumas características próprias. As disposições são raríssimas e não estão sistematizadas.
Definição regulamentar	O Decreto n. 3.298/1999, em seu art. 16, § 2º, oferece uma regra geral: "A deficiência ou incapacidade deve ser diagnosticada por equipe multidisciplinar de saúde, para fins de concessão de benefícios e serviços".
Pessoas autorizadas	Somente pessoas habilitadas têm permissão para concluir sobre as deficiências: os médicos peritos, isto é, profissionais especializados nos exames. Cada um verificará a insuficiência pertinente à sua especialização. Assim, ortopedistas apreciarão limitações anatômicas e oftalmologistas examinarão a visão.
Classificação dos laudos	Laudos, declarações e atestados médicos firmados em seguida aos exames procedidos, em cada caso, observarão certa hierarquia quanto à capacidade judicial de convencimento.
Classificação dos documentos	a) Atestado médico particular; b) Declaração do médico do trabalho; c) Declaração do médico assistente; d) Perícia de órgão oficial;

	e) Exame médico da Previdência Social; e f) Laudo pericial judicial.
Laudo técnico	A melhor modalidade de persuasão é a conclusão médica declarada em laudo técnico pericial a que foi submetido o titular, emitido por profissional habilitado e idôneo.
Médico particular	Qualquer pessoa consultará com médico particular de sua confiança, para que seja ou não declarada sua diminuição de capacidade. Nesse caso, além da idoneidade do profissional ou da entidade emitente do documento, é importante que o atestado seja precedido do mais completo exame possível.
Exame admissional	Quando da contratação de empregados, com vistas à Higiene, Medicina e Segurança do Trabalho, os candidatos são submetidos a exame admissional.
Deficientes e estagiários	No caso do vínculo obrigatório do art. 93 do PBPS ou da celebração do Contrato de Estágio da Lei n. 11.788/2008, o ASO (que comprova a higidez ou não) ou a conclusão médica do médico do trabalho é documento que convence sobre a existência de limitações laborais ou não.
Seguro privado	Por ocasião da alegação do infortúnio coberto pela apólice de seguro, a seguradora exigirá exame médico. A declaração expedida para fins de pagamento da indenização tem valor probatório da deficiência.
Demonstração emprestada	É comum a importação de provas, de uma instituição ou de um processo para outro ambiente jurídico. Até 28.5.2001, quando vigia a subsidiariedade da previdência fechada, as EFPC acolhiam as decisões do INSS para fins da definição da aposentadoria por invalidez.
Perícias judiciais	Os litígios em que subsistam dúvidas quanto ao nível da incapacidade de uma pessoa que objetiva um benefício (e até mesmo uma reparação material ou moral) poderão levar o magistrado a solicitar perícia judicial, cuja conclusão se prestará para sua decisão.
Declarações oficiais	Entidades governamentais, como Faculdades de Medicina, Hospitais, Posto de Saúde do SUS, Fundacentro e outras mais, requeridas, expedem declaração quanto às limitações do requerente.
	a) Obviedade da evidência — Existem circunstâncias, especialmente as referentes às limitações anatômicas

que dispensam provas. As conclusões são visuais e não reclamam habilitação profissional.

b) Contestação da prova apresentada — Pessoa física ou jurídica, que não se convencer com a decisão tomada por uma empresa, órgão governamental ou da Previdência Social desfruta do poder jurídico de opor-se essa conclusão por intermédio de inconformidades administrativas (Portaria MPS n. 323/2007) ou judiciais, sob os auspícios da Lei n. 9.784/1999.

c) Provas da doença, da invalidez e da deficiência — Perícia médica estabelecerá se a pessoa é doente, inválida ou deficiente. As incapacidades são muito próximas, semelhantes e apresentam elementos comuns. Evidentemente, doenças geram deficiências:

I) origem — A origem mais comum das deficiências é genética. Raramente alguém fica gago ou sofre de problemas fonoaudiológicos e parece falar pelo nariz a partir de um momento;

II) causa — Quem nasceu cego, surdo ou mudo não é tido como doente. Após a alta médica, a vítima de um acidente que teve uma amputação não é doente;

III) tipos conhecidos — Algumas deficiências são tradicionalmente reconhecidas;

IV) duração — As doenças costumam ser provisórias e as deficiências tendem a ser definitivas;

V) capacidade de recuperação — A maior parte das doenças, diagnosticadas a tempo e objeto de tratamento, são passíveis de cura; e

VI) tipo de tratamento — As limitações podem ser amenizadas com o emprego de equipamentos médicos.

d) Demonstrações escolares — Certificado de Matrícula, frequência ou conclusão de Curso de Educação Especial expedido pela instituição de Ensino especial, credenciada pelo MEC (art. 36, § 2º, do Decreto n. 3.298/1999).

e) Resultado de concurso público — A segunda lista da publicação do resultado final do concurso (art. 42 do Decreto n. 3.298/1999), em que arrolados os deficientes. Parecer emitido pela equipe multiprofissional que faz parte da organização do concurso público (art. 43 do Decreto n. 3.298/1999).

	f) Acessibilidade urbana — A Lei n. 10.098/2000 estabeleceu "critérios básicos para a promoção da acessibilidade das pessoas portadoras de deficiência ou com mobilidade reduzida" sem, entretanto, especificar com clareza como tais pessoas farão a demonstração do seu estado físico que autoriza a utilização dessas vantagens. A solução é procurar um órgão oficial da assistência à saúde, como o SUS, e solicitar um atestado médico.
Provas securitárias	a) Perícia médica securitária — O INSS é um órgão oficial, autarquia federal autorizada a submeter os beneficiários (segurados e dependentes) a exames médicos iniciais e sequenciais (PBPS, art. 101). A CREM e a CRER do NTEP são documentos que demonstram, para fins de benefícios, uma incapacidade para o trabalho, respectivamente decorrente de doença comum ou ocupacional. b) Benefício da LOAS — Por ocasião da solicitação do Benefício de Pagamento Continuado (BPC), o laudo da perícia médica do INSS é prova convincente (Lei n. 8.742/1993). c) Aposentadoria por invalidez — A incapacidade total e a insuscetibilidade para o trabalho que deflagra a aposentadoria por invalidez dependem de perícia médica da entidade previdenciária (PBPS, art. 42, § 1º), cujo laudo prova a incapacidade. d) Invalidez dos dependentes — Os filhos ou irmãos do segurados maiores e 21 anos têm declarada a invalidez, mediante exame pericial da Previdência Social (PBPS, art. 16, I e III). e) Art. 93 do PBPS — O PBPS não estabeleceu quem atestará a deficiência, entendendo-se que a contratante é que o fará. f) Certificado de habilitação da readaptação — "Concluído o processo de habilitação ou reabilitação social e profissional, a Previdência Social emitirá certificado individual, indicando as atividades que poderão ser exercidas pelo beneficiário, nada impedindo que este exerça outra atividade para a qual se capacitar" (PBPS, art. 92).
Dependentes deficientes	A Lei n. 12.470/2011 criou a figura dos filhos deficientes: a) Deficiência intelectual — A pessoa tem sérias

dificuldades para o aprendizado e para as manifestações do pensamento. Seu intelecto é limitado e enfrenta óbices para compreender as coisas ao seu redor. Não entende o mundo, como aqueles que têm um cérebro articulado. Não foi mentalmente aquinhoado pela natureza e padeceu na infância, durante o período escolar (aí, às vezes designado como excepcional), e durante toda a vida não entende o mundo em que vive com as pessoas normais. E não retém as informações em sua memória.

b) Deficiência mental — A pessoa cuja idade mental seja menor do que a idade natural. Normalmente, isso se dá em razão de uma doença que a limita, de ordem psiquiátrica ou psicanalista. É retardada mentalmente, portadora de deficiências que a inibem em seu crescimento natural.

96. TRABALHO NO EXTERIOR

Disciplina	O trabalho prestado no exterior é regulamentado em particular no Direito Previdenciário, reclamando o exame das diversas situações jurídicas estabelecidas.
Modalidades de trabalho	São pelo menos três cenários: a) a pessoa aqui contratada inicialmente para prestar serviços no exterior; b) mantendo o contrato de trabalho vigente, continua na folha de pagamento e deixa o País; e c) desfaz-se o vínculo empregatício no Brasil e celebra um novo contrato no exterior.
Tipos de empresas	São três situações: a) empresas estrangeiras; b) empresas nacionais; e c) empresas com capital nacional.
Obrigação da empresa de orientar	Rigorosamente, do ponto de vista moral, as empresas brasileiras devem orientar os trabalhadores sobre a sua situação previdenciária.
Segurado facultativo	Se o contrato brasileiro foi rompido, o segurado pode contribuir como facultativo até que volte ao Brasil.
Tipos de países	Os países onde o trabalhador vai prestar serviços são de dois tipos: a) com acordo internacional de previdência social e b) sem esse acordo.
Dois contratos	Quando houver dois contratos celebrados em dois países, cada um deles submetido à legislação local, a remuneração do primeiro país não tem nada a ver com as do segundo, em termos de Direito do Trabalho e Direito Previdenciário.
Tempo de serviço	No caso de acordo internacional, o tempo de serviço será considerado; caso contrário, não tem validade no RGPS.

Aplicação da lei brasileira	A Lei n. 7.064/1982 manda aplicar a lei brasileira ao obreiro aqui contratado para prestar serviços no exterior quando for mais favorável que a local, dessa forma complementa as disposições legais do ambiente de trabalho.
Regra básica	Conforme a Súmula TST n. 207: "A relação jurídica trabalhista é regida pelas leis vigentes no país da prestação de serviços e não por aquelas do local da contratação".
Norma legal vigente	A letra *c* do art. 11, I, do PBPS diz que "se o brasileiro ou estrangeiro domiciliado e contratado no Brasil para trabalhar como empregado em sucursal ou agência de empresa nacional no exterior".
Segurado obrigatório do RPGS	É segurado obrigatório e também quando presta serviços para "empresa domiciliada no exterior, cuja maioria do capital votante pertença à empresa brasileira de capital nacional" (PBPS, art. 11, I, *f*).
Ponto de vista doutrinário	*Arion Sayão Romita* salienta que "a lei perfilha, portanto, o critério da territorialidade, porém abre exceção em favor do princípio da lei mais favorável ao trabalhador: se a lei brasileira for mais favorável do que a lei local, a primeira terá a primazia, no conjunto das normas e em relação a cada matéria" ("Prestação de Serviços no Exterior: Conflito de Serviço no Espaço", São Paulo: IOB, Revista IOB n. 228, p. 7/19, jun. 2008).
Normas locais	Quer dizer, as normas a serem aplicadas aos brasileiros que vão trabalhar fora do território nacional em virtude de contratos celebrados no nosso país, em princípio, são as locais.

97. SERVIÇOS SOCIAIS

Aproximação do assunto	O serviço social é a principal prestação não pecuniária da Previdência Social, efetivada por meio de assistentes, procuradores, médicos e demais servidores. Abarca atenções voltadas para as relações do beneficiário (e até contribuinte) com o órgão gestor.
Cuidados do gestor	São inúmeros essas atenções e cuidados do gestor: a) esclarecimentos a respeito dos direitos sociais; b) discussão em conjunto dos problemas da Previdência Social com a apresentação de propostas de solução encaminhadas às autoridades; c) utilização de intervenção técnica, assistência jurídica, ajuda material, recursos sociais, convênios e pesquisas; d) participação dos beneficiários no exame dos problemas securitários; e) convocação de associações e entidades de classe para a implementação da política previdenciária; e f) assessoramento técnico aos Estados, DF e Municípios, na elaboração e implantação de suas propostas.
Objetivos da prestação	O serviço social objetiva melhorar as relações dos participantes do sistema com o órgão gestor, orientá-lo de modo geral sobre obrigações e direitos, ministrar-lhe pequenos atendimentos (nas vizinhanças da área de atribuição da assistência social), compatíveis com a função principal — pagar benefícios —, organizando a mútua cooperação entre o cidadão e o Estado, com vistas ao bem-estar da coletividade protegida.
Habilitação ao trabalho	A habilitação profissional é atendimento físico. Não se confunde com a reabilitação. A primeira é preparação do inapto para exercer atividades, em decorrência da incapacidade física adquirida ou deficiência hereditária.

Objetivo	Tem por meta a educação técnica ou a adaptação do indivíduo para participar do mercado de trabalho e da vida social.
Executantes	De regra, o INSS, mas maior parte dessas funções também é executada por entidades patronais (SENAI, SENAC, SENAT e SENAR).
Reabilitação profissional	Reabilitação quer dizer uma nova preparação da pessoa para o exercício de sua atividade, a reeducação ou a recuperação profissional.
Direito subjetivo	A habilitação e a reabilitação não se constituem em direito subjetivo, fornecidas conforme a capacidade instalada da autarquia, mas são obrigatórias.
Fornecimento de aparelhos	O INSS se predispõe a ceder, a custo zero, aparelhos de prótese, órtese e instrumentos de auxílio para locomoção quando a perda ou redução da capacidade funcional puder ser atenuada por seu uso e os equipamentos necessários à habilitação e reabilitação social e profissional.
Reparação e substituição	Inclui a reparação ou a substituição dos instrumentos mencionados, desgastados pelo uso normal ou por ocorrência estranha à vontade do beneficiário.
Prevenção acidentária	Sua atividade principal é a prevenção dos acidentes do trabalho, mediante campanhas institucionais. Há previsão na legislação para a negligência quanto às normas de segurança e saúde dos trabalhadores, cabendo ação regressiva contra os responsáveis. Visa a diminuir a incidência da aposentadoria especial e garantir melhores condições para o segurado.
Admissão de deficientes	Embora diga respeito à matéria laboral, a legislação previdenciária legisla sobre a aceitação compulsória, por parte das empresas, de trabalhadores reabilitados ou deficientes habilitados, observados certos percentuais relativos ao número de empregados. A empresa com 100 ou mais empregados, conforme tabela legal, deve admitir de 2% a 5% do seu quadro de pessoal de pessoas deficientes ou reabilitadas. A dispensa desses admitidos só pode ocorrer em determinadas circunstâncias, após a admissão de outro reabilitado ou deficiente.

Convênio de serviços	Diversas organizações (empresas, sindicatos, entidades e associações) podem celebrar convênios de variado alcance, entre os quais instruir o pedido de benefício, submeter o segurado a exame médico e pagar prestações.
Atendimento aos necessitados	Embora atividade ínsita à assistência social, o INSS poderá formular convênios para atender as pessoas portadoras de deficiência.
Assistência jurídica	Sem embargo de ser parte, às vezes em contencioso, a legislação admite a existência de serviço jurídico gratuito de orientação aos segurados e dependentes. Tal tarefa inclui a realização de programas sociais em favor dos beneficiários.
Orientação geral	É obrigação institucional da Previdência Social ilustrar os beneficiários, esclarecendo pessoalmente ou por telefone quais as suas obrigações e direitos. Isso se faz por escrito, por intermédio de consultas e nos balcões de atendimento dos postos de serviços.
Certificado	Além da própria reabilitação profissional, no final do procedimento, o órgão gestor expede certificado no qual indica a função para a qual o reabilitado está apto.

98. ACORDOS INTERNACIONAIS

Significado dos tratados bilaterais	Fontes formais binacionais que regem a previdência social dos trabalhadores migrantes, isto é, tratados bilaterais sobre previdência social, celebrados entre o Brasil e diversos países da América Latina, Europa e brevemente a Ásia (Japão).
Objetivo	Eles cuidam dos direitos previdenciários dos estrangeiros que vêm para o Brasil e dos brasileiros que vão para o exterior.
Exemplo de direito	O tempo de serviço prestado em Portugal é válido no Brasil, sendo aqui somado para fins de aposentadoria por tempo de contribuição.
Fundamento do acordo	Reciprocidade: o que é garantido aos estrangeiros no Brasil é assegurado aos brasileiros no exterior.
Devedor da obrigação	Calculado o benefício conforme a legislação de cada país, estes assumem o dever de pagá-los proporcionalmente ao tempo de serviço em cada território.
Nações abrangidas	Na Europa: Portugal, Espanha, Itália, Ilha de Cabo Verde, Luxemburgo e Grécia. Na América Latina: Uruguai, Argentina, Paraguai e Chile. Na Ásia: Japão (Decreto n. 7.702/2012).
Países sem tratado	Com os demais países não há acordo de previdência social e o tempo de serviço não é considerado.
Aprovação interna	De acordo com a Constituição Federal, esses tratados são aprovados por decretos ou decretos legislativos.
Contagem recíproca	Período originário de contagem recíproca pode ser utilizado.
Totalização	Presente disposição no acordo internacional, um dos países pode assumir inteiramente a obrigação.
Princípios aplicáveis	Os principais são: a) solidariedade internacional;

	b) reciprocidade;
	c) igualdade de tratamento;
	d) expectativa de direito;
	e) direito adquirido;
	f) pagamento das prestações no exterior;
	g) equivalência dos gestores;
	h) livre circulação nas zonas fronteiriças; e
	i) adaptação das legislações nacionais.
Interpretação	Os textos dos acordos são elaborados por diplomatas, padecendo do rigor jurídico normativo e obrigando a exegese (art. 85-A do PCSS).
Portugal	Decreto n. 67.695/1970 (DOU de 7.12.1970), no Brasil prevendo: a) assistência médica para incapacidade de trabalho transitória; b) velhice; c) invalidez; d) tempo de serviço; e e) morte e natalidade (art. 1º, II).
Espanha	Decreto n. 86.828/1982 (DOU 11.1.1982), no Brasil prevendo "1. Assistência médica, farmacêutica, odontológica, ambulatorial e hospitalar; 2. Incapacidade de trabalho temporária e permanente; 3. Invalidez; 4. Velhice; 5. Tempo de serviço; 6. Morte; 7. Natalidade. 8. Acidente do trabalho e doenças profissionais; e 9. Salário-família" (art. I, A).
Itália	Acordo de Migração (DOU de 2.4.1973),
Paraguai	Decreto Legislativo n. 40, de 11.2.1974 (DOU de 15.5.1974) e Decreto n. 75.242, de 17.1.1975 (DOU de 20.1.1975).
Uruguai	Diário do Congresso Nacional de 6.10.1978. Decreto n. 85.248, de 13.10.1980 (DOU de 15.10.1980).
Cabo Verde	Troca de notas de 7.2.1979, estendeu o acordo Brasil-Portugal a Cabo Verde (DOU de 1º.3.1979).
Chile	Decreto Legislativo n. 27, de 30.4.1982 (DCN de 4.5.1982).
Argentina	Decreto Legislativo n. 95, de 5.10.1982 (DOU de 8.10.1982) e Decreto n. 87.928, de 7.12.1982 (DOU de

	10.12.1982), prevendo no Brasil: "1. Assistência médica, farmacêutica, odontológica, ambulatorial e hospitalar; 2. Incapacidade de trabalho temporária; 3. Invalidez; 4. Velhice; 5. Tempo de serviço; 6. Morte; 7. Natalidade; 8. Acidente do trabalho e doenças profissionais; e 9. Salário-família (art. I, 1º, A)".
Luxemburgo	Acordo de 16.9.1965, prevendo no Brasil os "seguros doença, maternidade, invalidez, velhice, morte e acidentes do trabalho, do mesmo que ao salário-família (com exclusão das prestações por nascimento concedidas em base não contributiva)" (art. 2º).
Grécia	Acordo de 12.12.1984, assinado em Brasília em 16.7.1992, prevendo no Brasil: "concessão e manutenção de benefícios (prestações pecuniárias; gestão das contribuições previdenciárias)" (art. 2º, 2.*a*).
Dificuldades operacionais	Lamentavelmente, além de mal disciplinada a legislação, a matéria é mal conduzida pela Administração Pública dos países celebrantes, caracterizando-se por excessiva formalidade, demora e burocracia.
Mercosul	O Acordo Multilateral de Seguridade Social no Mercosul foi aprovado pelo Decreto n. 5.722, de 13.3.2006 (Decreto Legislativo n. 451/2001).
Japão	Dia 29.7.2010 foi celebrado em Tóquio o Acordo Brasil-Japão, aprovado pela Dieta japonesa e o nosso Congresso Nacional (Decreto n. 7.702/2012), envolvendo 60.000 japoneses que vivem no Brasil e cerca de 300.000 brasileiros que trabalham no país do Sol Nascente.
Tratativas	O Brasil mantém várias tratativas diplomáticas com dezenas de países visando aos acordos internacionais.
Fontes formais	Arts. 5º, § 2º, 49, I e VII e 569 da Constituição Federal, 85-A do PCSS e 382 do RPS.

99. LIMITES MÍNIMO E MÁXIMO

1932 a 1956		2.000$000
1956 a 1960		3 Sal. Mínimos
1960 a 31.12.66		5 Sal. Mínimos
01.01.67 a 10.6.73		10 Sal. Mínimos
11.06.73 a 30.04.74	312,00	6.240,00
01.05.74 a 31.05.74	376,80	7.536,00
01.06.74 a 30.04.75	415,20	10.020,00
01.05.75 a 30.04.76	532,80	12.766,00
01.05.76 a 30.04.77	768,00	14.872,00
01.05.77 a 30.04.78	1.106,40	20.820,00
01.05.78 a 30.04.79	1.560,00	28.940,00
01.05.79 a 31.10.79	2.268,00	41.674,00
01.11.79 a 30.04.80	2.932,80	51.930,00
01.05.80 a 31.10.80	4.149,60	70.136,00
01.11.80 a 30.04.81	5.788,80	93.706,00
01.05.81 a 31.10.81	8.464,80	133.540,00
01.11.81 a 30.11.81	11.928,00	184.390,00
01.12.81 a 30.04.82	11.928,00	238.560,00
01.05.82 a 31.10.82	16.608,00	332.160,00
01.11.82 a 30.04.83	23.568,00	471.360,00
01.05.83 a 31.10.83	34.776,00	695.520,00
01.11.83 a 30.04.84	57.120,00	1.142.400,00
01.05.84 a 31.10.84	97.176,00	1.943.520,00
01.11.84 a 30.04.85	166.560,00	3.331.200,00
01.05.85 a 31.10.85	333.120,00	6.662.400,00
01.11.85 a 28.02.86	600.000,00	12.000.000,00
01.03.86 a 31.12.86	804,00	16.080,00
01.01.87 a 28.02.87	964,80	19.296,00
01.03.87 a 30.04.87	1.368,00	27.360,00

01.05.87 a 31.05.87	1.641,60	32.832,00
01.06.87 a 31.08.87	1.969,92	39.398,40
01.09.87 a 30.09.87	2.062,31	41.246,20
01.10.87 a 31.10.87	2.159,03	43.180,60
01.11.87 a 30.11.87	2.260,29	45.205,80
01.12.87 a 31.12.87	2.550,00	51.000,00
01.01.88 a 31.01.88	3.060,00	61.200,00
01.02.88 a 28.02.88	3.600,00	72.000,00
01.03.88 a 31.03.88	4.248,00	84.960,00
01.04.88 a 30.04.88	4.932,00	98.640,00
01.05.88 a 31.05.88	5.918,00	118.360,00
01.06.88 a 30.06.88	6.984,00	139.680,00
01.07.88 a 31.07.88	8.376,00	167.520,00
01.08.88 a 31.08.88	10.464,00	209.280,00
01.09.88 a 30.09.88	12.702,00	254.040,00
01.10.88 a 31.10.88	15.756,00	315.120,00
01.11.88 a 30.11.88	20.476,00	409.520,00
01.12.88 a 31.12.88	25.595,00	511.900,00
01.01.89 a 31.01.89	31.866,00	637.320,00
01.02.89 a 30.04.89	36,74	734,80
01.05.89 a 30.06.89	46,80	936,00
01.07.89 a 31.07.89	149,80	1.500,00
01.08.89 a 31.08.89	192,88	1.931,40
01.09.89 a 30.09.89	249,48	2.498,07
01.10.89 a 31.10.89	381,73	3.396,13
01.11.89 a 30.11.89	557,33	4.673,75
01.12.89 a 31.12.89	788,18	6.609,62
01.01.90 a 31.01.90	1.283,95	10.149,07
01.02.90 a 29.02.90	2.004,37	15.843,71
01.03.90 a 31.05.90	3.674,06	27.374,76
01.06.90 a 30.06.90	3.857,76	28.847,52
01.07.90 a 31.07.90	4.904,76	36.676,74
01.08.90 a 31.08.90	5.203,46	38.910,35
01.09.90 a 30.09.90	6.056,31	45.287,76
01.10.90 a 31.10.90	6.425,14	48.045,78
01.11.90 a 30.11.90	8.329,55	62.286,55
01.12.90 a 31.12.90	8.836,82	66.079,80

01.01.91 a 31.01.91	12.325,60	92.168,11
01.02.91 a 28.02.91	15.895,46	118.859,99
01.03.91 a 31.07.91	17.000,00	127.120,76
01.08.91 a 31.08.91	17.000,00	170.000,00
01.09.91 a 31.12.91	42.000,00	420.020,00
01.03.94 a 30.04.95		582,86
01.05.95 a 31.05.96		832,66
01.06.96 a 31.05.97		957,56
01.06.97 a 31.05.98		1.031,87
01.06.98 a 30.11.98		1.081,50
01.12.98 a 31.05.99		1.200,00
01.06.99 a 31.05.00		1.255,32
01.06.00 a 31.05.01		1.328,25
01.06.01 a 31.05.02		1.430,00
01.06.02 a 31.05.03		1.561,56
01.06.03 a 31.12.03		1.869,34
01.01.04 a 30.04.04		2.400,00
01.05.04 a 30.04.05		2.508,72
01.05.05 a 31.03.06		2.668,15
01.04.06 a 31.07.07		2.801,56
01.08.07 a 31.03.07		2.801,82
01.04.07 a 31.07.08		2.894,28
01.08.08 a 31.01.09		3.038,99
01.02.09 a 31.12.09		3.218,90
01.01.10 a 31.12.10		3.467,40
01.01.11 a 31.12.11		3.689,66
01.01.12 a 31.12.12		3.916,20
01.01.13 a		4.159,00

100. ANACRONISMOS PREVIDENCIÁRIOS

Mudanças advindas	Os estudiosos têm se dado conta de que a evolução da ciência, o magnífico avanço da tecnologia e a noção de contributividade revolucionaram a instituição previdenciária, com significativas implicações jurídicas.
Cadastros individuais	A implantação de cadastros individuais, um ótimo salto de qualidade administrativa, infelizmente incentivou culturalmente certo desprezo pelas anotações da CTPS, ofendendo-se o ato jurídico perfeito (ou seja, antes da implantação do CNIS, em 2001, elas valiam como prova exaustiva de tempo de serviço, remuneração e de demais elementos) e não podem ser desprezadas hodiernamente.
Ancianidade das normas	Vislumbra-se, pois, certo choque da adoção da crescente tecnologia com a ancianidade das disposições jurídicas.
Perícia médica	À perícia médica tem sido oferecido instrumentos que a capacitam para apreciar novas incapacidades, caso da LER, consequências do ruído e dos distúrbios mentais.
Medicina do Trabalho	Conta com novos recursos científicos a serem sopesados pela perícia médica.
Recursos da informática	Todos os recursos da informática têm de ser utilizados, principalmente no CNIS, com controle de contribuições e de pagamento de benefícios, correspondência etc.
Internet	Comunicação mais rápida entre a Previdência Social e os beneficiários.
Tecnologia médica	O avanço instrumental, capaz de reabilitar as pessoas percipientes de aposentadoria por invalidez etc.
Processo virtual	A adoção do processo virtual justifica análise aprofundada por parte do MPS, de sorte que o princípio da celeridade deixe o nicho dos ideais programáticos e se torne uma realidade.
Provas da filiação	Exceto no que diz respeito ao facultativo (que a promove via *internet*), não há mais necessidade de prova da

	filiação, pois o CNIS tem esses registros. A inscrição de dependentes é desnecessária, podendo ser feita *a posteriori*: o que importa é o cenário vigente quando do óbito do segurado.
Recolhimento da contribuição	Com o passar do tempo, a RFB e os mecanismos da GFIP oferecerão condições de informar ao INSS o recolhimento das contribuições, apontando a existência de débitos no computador.
Tempo de serviço	O tempo de serviço será comprovado da mesma forma, especialmente no que diz respeito ao período básico de cálculo, dispensando os AAS e RSC.
Art. 27 do PBPS	Carecem serem aculturados os novos mecanismos operacionais da gestão para que os benefícios dependam apenas do evento determinante e dos períodos de contribuição. Não tem relevância a data do pagamento das cotizações. Com isso, revogar o art. 27 do PBPS e transformar em lei o conteúdo da ON SPS n. 5/04 (salário--base). São medidas de economia de grande significado.
Negociação	O desenvolvimento de negociação, intermediação e transação dos dissídios entre os beneficiários e a Previdência Social reclama progressos iguais à possibilidade de o INSS comunicar ao segurado que ele faz jus a determinado benefício.
Aproximação do assunto	O serviço social é a principal prestação não pecuniária da Previdência Social, efetivada por assistentes, procuradores, médicos e demais servidores. Abarca atenções voltadas para as relações do beneficiário (e até contribuinte) com o órgão gestor. São inúmeros esses cuidados do gestor: a) esclarecimentos a respeito dos direitos sociais; b) discussão em conjunto dos problemas da Previdência Social com a apresentação de propostas de solução encaminhadas às autoridades; c) utilização de intervenção técnica, assistência jurídica, ajuda material, recursos sociais, convênios e pesquisas; d) participação dos beneficiários no exame dos problemas securitários; e) convocação das associações e entidades de classe para a implementação da política previdenciária;

	f) assessoramento técnico aos Estados, DF e Municípios, na elaboração e implantação de suas propostas.
Objetivos da prestação	O serviço social objetiva melhorar as relações dos participantes do sistema com o órgão gestor, orientá-lo de modo geral sobre obrigações e direitos, ministrar-lhe pequenos atendimentos (nas vizinhanças da área de atribuição da assistência social), compatíveis com a função principal — pagar benefícios —, organizando a mútua cooperação entre o cidadão e o Estado, com vistas ao bem-estar da coletividade protegida.
Habilitação ao trabalho	A habilitação profissional é atendimento físico. Não se confunde com a reabilitação. A primeira é preparação do inapto para exercer atividades, em decorrência da incapacidade física adquirida ou deficiência hereditária. Tem por meta a educação técnica ou a adaptação do indivíduo para participar do mercado de trabalho e da vida social. A maior parte dessas funções é executada por entidades patronais (SENAI, SENAC, SENAT e SENAR). De alguma forma, também o SESI e o SESC.
Reabilitação profissional	Reabilitação quer dizer uma nova preparação da pessoa para o exercício da sua atividade, a reeducação ou a recuperação profissional.
Direito subjetivo	A habilitação e a reabilitação não se constituem em direito subjetivo, fornecidas conforme a capacidade instalada da autarquia.
Fornecimento de aparelhos	O INSS se predispõe a ceder, a custo zero, aparelhos de prótese, órtese e instrumentos de auxílio para locomoção quando a perda ou redução da capacidade funcional puder ser atenuada por seu uso e os equipamentos necessários à habilitação e reabilitação social e profissional. Inclui a reparação ou a substituição dos instrumentos mencionados, desgastados pelo uso normal ou por ocorrência estranha à vontade do beneficiário.
Prevenção acidentária	Sua atividade principal é a prevenção dos acidentes do trabalho, mediante campanhas institucionais. Há previsão na legislação para a negligência quanto às normas de segurança e saúde do trabalhador, cabendo ação regressiva contra os responsáveis. Visa a diminuir a incidência da aposentadoria especial e garantir melhores condições para o segurado.

Admissão de deficientes	Embora diga respeito à matéria laboral, a legislação previdenciária legisla sobre a aceitação compulsória, por parte das empresas, de trabalhadores reabilitados ou deficientes habilitados, observados certos percentuais relativos ao número de empregados. A empresa com 100 ou mais empregados, conforme tabela legal, deve admitir de 2% a 5% do seu quadro de pessoal de pessoas deficientes ou reabilitadas. A dispensa desses admitidos só pode ocorrer em determinadas circunstâncias, após a admissão de outro reabilitado ou deficiente.
Convênio de serviços	Diversas organizações (empresas, sindicatos, entidades e associações) podem celebrar convênios de variado alcance, entre os quais instruir o pedido de benefício, submeter o segurado a exame médico e pagar prestações.
Atendimento aos necessitados	Embora atividade ínsita à assistência social, o INSS poderá formular convênios para atender as pessoas portadoras de deficiência.
Assistência jurídica	Sem embargo de ser parte, às vezes em contencioso, a legislação admite a existência de serviço jurídico gratuito de orientação aos segurados e dependentes. Tal tarefa inclui a realização de programas sociais em favor dos beneficiários.
Orientação geral	É obrigação institucional da Previdência Social ilustrar os beneficiários, esclarecendo pessoalmente ou por telefone quais as suas obrigações e direitos. Isso se faz por escrito, por meio de consultas e nos balcões de atendimento dos postos de serviços.
Certificado	Além da própria reabilitação profissional, no final do procedimento, o órgão gestor expede certificado no qual indica a função para a qual o reabilitado está apto.

101. RENÚNCIA AOS BENEFÍCIOS

Conceito	Abdicação do direito de percepção das mensalidades de um benefício, ato formal expresso por vontade do titular desse direito.
Natureza jurídica	Ato unilateral do segurado ou beneficiário, a ser respeitado pelo órgão gestor da Previdência Social que produz efeitos práticos e jurídicos.
Data do início	Uma data-base fixada na Data de Entrada do Requerimento da renúncia.
Distinções necessárias	A renúncia não se confunde com a revisão de cálculo (I), transformação do benefício (II), nem com a desaposentação (III).
Decadência	Não existe prazo decadencial para o pedido de renúncia.
Consequências	Cessação do pagamento das mensalidades.
Restabelecimento	Não há previsão legal para o arrependimento, de modo que se deve considerar possível.
Novo benefício	Em tese, a qualquer momento será possível o restabelecimento das mensalidades da prestação.
Fontes formais	Não há legislação, doutrina ou jurisprudência sobre a matéria.

102. DISPOSIÇÕES CONSTITUCIONAIS

Conceito	Disposições constantes da Carta Magna de 5.10.1988 e das Emendas Constitucionais que regem a previdência social dos trabalhadores da iniciativa privada e do servidor público.
Art. 37	Limite dos ingressos do servidor.
Art. 40, *caput*	Regime Próprio de Previdência Social (do servidor).
Art. 40, § 1º	Cálculo das aposentadorias.
Art. 40, § 1º, I	Aposentadoria por invalidez.
Art. 40, § 1º, II	Aposentadoria compulsória.
Art. 40, § 1º, III	Aposentadoria voluntária.
Art. 40, § 1º, III, *a*	Aposentadoria por tempo de contribuição.
Art. 40, § 1º, III, *b*	Aposentadoria por idade.
Art. 40, § 2º	Limite das prestações.
Art. 40, § 3º	Cálculo dos proventos (período básico de cálculo).
Art. 40, § 4º	Critérios diferenciados e aposentadoria especial. I — deficientes; II — risco; III — demais agentes nocivos.
Art. 40, § 5º	Benefício do professor.
Art. 40, § 6º	Regras de acumulação de aposentadorias.
Art. 40, § 7º	Pensão por morte.
Art. 40, § 7º, I	Pensão por morte até R$ 3.916,20.
Art. 40, § 7º, II	70% da diferença entre o valor dos vencimentos e os R$ 3.916,20.
Art. 40, § 8º	Reajustamento dos benefícios.
Art. 40, § 9º	Contagem recíproca de tempo de serviço.
Art. 40, § 10	Tempo fictício.
Art. 40, § 11	Conceito de limite.
Art. 40, § 12	Subsidiariedade do RGPS.

Art. 40, § 13	Filiação ao RGPS do ocupante de cargo em comissão.
Art. 40, § 14	Previdência complementar.
Art. 40, § 15	Criação do fundo de pensão público.
Art. 40, § 16	Exercício da opção pela previdência privada.
Art. 40, § 17	Atualização dos salários de contribuição.
Art. 40, § 18	Contribuição dos inativos.
Art. 40, § 19	Abono permanente.
Art. 40, § 20	Regime Próprio de Previdência Social.
Art. 42, § 2º	Pensão por morte dos dependentes de militares.
Art. 48	Subsídio dos magistrados.
Art. 73	Benefício dos ministros do TC.
Art. 100	Precatórios previdenciários.
Art. 114, § 3º	Competência da Justiça do Trabalho para contribuições.
Art. 142, § 3º, IX	Reajustamento da pensão dos militares.
Art. 149, § 1º	Contribuição dos servidores.

102.1. Previdência básica

Art. 167	Utilização dos recursos previdenciários.
Art. 194	Elementos de seguridade social.
Art. 194, I/VII	Objetivos da seguridade social.
Art. 195, *caput*	Financiamento da seguridade social.
Art. 195, I/IV	Fontes de financiamento.
Art. 195, § 1º	Receita orçamentária dos entes políticos.
Art. 195, § 2º	Proposta orçamentária da seguridade social.
Art. 195, § 3º	Contratação de serviços públicos por empresa com débito.
Art. 195, § 4º	Outras fontes de custeio por lei complementar.
Art. 195, § 5º	Princípio da precedência do custeio.
Art. 195, § 6º	Principio da eficácia fiscal nonagesimal.
Art. 195, § 7º	Entidades beneficentes de assistência social.
Art. 195, § 8º	Conceito de segurado especial.
Art. 195, § 9º	Diversidade das alíquotas e bases de cálculo.

Art. 195, § 10	Transferência de recursos da seguridade social.
Art. 195, § 11	Concessão de remissão ou anistia de exações.
Art. 195, § 12	Cumulatividade das contribuições.
Art. 195, § 13	Substituição gradual, total ou parcial da contribuição.
Art. 201, *caput*	Previdência social do trabalhador.
Art. 201, I/V	Eventos cobertos.
Art. 201, § 1º	Critérios diferenciados e aposentadoria especial.
Art. 201, § 2º	Prestação mínima (salário mínimo).
Art. 201, § 3º	Atualização dos salários de contribuição.
Art. 201, § 4º	Reajustamento dos benefícios.
Art. 201, § 5º	Filiação do servidor facultativo.
Art. 201, § 6º	Gratificação de Natal.
Art. 201, § 7º	Aposentadorias.
Art. 201, § 7º, I	Aposentadoria por tempo de contribuição.
Art. 201, § 7º, II	Aposentadoria por idade (urbana e rural).
Art. 201, § 8º	Benefício do professor particular.
Art. 201, § 9º	Contagem recíproca de tempo de serviço.
Art. 201, § 10	Desmonopolização do seguro de acidentes do trabalho.
Art. 201, § 11	Ganhos habituais do empregado como valor integrante do salário de contribuição (PCSS, art. 28).
Art. 201, § 12	Resgate da informalidade mediante regime especial de inclusão dos informais.

102.2. Previdência complementar

Art. 202	Organização da previdência complementar
Art. 202, § 1º	Princípio da transparência.
Art. 202, § 2º	Desvinculação da relação empregatícia.
Art. 202, § 3º	Paridade do aporte patronal com o do trabalhador.
Art. 201, § 4º	Previdência complementar das estatais.
Art. 201, § 5º	Provedoras permissionárias ou concessionárias.
Art. 202, § 6º	Eleição da Diretoria Executiva dos fundos de pensão.

102.3. Assistência social

Art. 203, I	Proteção à família, à maternidade, à infância, à adolescência e à velhice.
Art. 203, II	Amparo às crianças e aos adolescentes carentes.
Art. 203, III	Promoção da integração ao mercado de trabalho.
Art. 203, IV	Habilitação e reabilitação de deficientes.
Art. 203, V	Benefício da LOAS (Leis ns. 8.742/2003 e 10.741/2003).
Art. 204	Ações governamentais na área.
Art. 248	Limite dos benefícios.
Art. 249	Fundo de reserva do servidor.
Art. 250	Fundo de reserva do trabalhador.

102.4. ADCT

Art. 58	Revisão da renda mensal inicial.
Art. 59	Adoção do Plano de Custeio e Benefícios.

102.5. EC n. 20, de 15.12.1998

Art. 3º	Direito adquirido do servidor.
Art. 3º, § 2º	Observância da legislação pretérita.
Art. 3º, § 3º	Direito adquirido de modo geral.
Art. 4º	Tempo de serviço considerado como de contribuição.
Art. 5º	Eficácia da paridade no aporte complementar.
Art. 6º	Adequação da previdência complementar estatal.
Art. 7º	Prazo para sobrevirem as LCs ns. 108 e 109 de 2001.
Art. 8º	Aposentadoria voluntária do servidor.
Art. 8º, I	Idade mínima.
Art. 8º, II	Tempo de serviço no cargo.
Art. 8º, III	Soma dos pressupostos (contribuição e "pedágio").
Art. 8º, III, a	Tempo de contribuição.
Art. 8º, III, b	Adicional de tempo de serviço ("pedágio").
Art. 8º, § 1º	Aposentadoria proporcional.

Art. 8º, § 1º, I	Tempo de contribuição da proporcional.
Art. 8º, § 1º, I, a	Anos de serviço.
Art. 8º, § 1º, I, b	Adicional ("pedágio") da proporcional.
Art. 8º, II	Percentual da proporcional.
Art. 8º, § 2º	Aplicação ao Ministério Público e Tribunal de Contas.
Art. 8º, § 3º	Acréscimo para certos servidores.
Art. 8º, § 4º	Acréscimo para o professor.
Art. 8º, § 5º	Isenção da contribuição para quem preencher os requisitos legais.
Art. 9º	Regras transitórias do trabalhador.
Art. 9º, I	Idade mínima para a aposentadoria.
Art. 9º, II	Tempo de serviço no cargo.
Art. 9º, III	Soma do tempo de contribuição.
Art. 9º, III, a	Tempo de contribuição.
Art. 9º, III, b	Adicional ("pedágio") para aposentadoria.
Art. 9º, § 1º	Aposentadoria proporcional.
Art. 9º, § 1º, I	Soma do tempo de contribuição.
Art. 9º, § 1º, I, a	Tempo de contribuição.
Art. 9º, § 1º, I, b	Adicional ("pedágio") para a proporcional.
Art. 9º, II	Percentual da proporcional.
Art. 9º, § 2º	Aplicação ao Ministério Público e Tribunal de Contas.
Art. 9º, § 3º	Acréscimo para certos servidores.
Art. 9º, § 4º	Acréscimo para o professor.
Art. 9º, § 5º	Isenção da contribuição para quem preencher os requisitos legais.

102.6. EC n. 41, de 19.12.2003

Art. 1º	Alterou os arts. 40, 42, 48, 96, 149 e 201 da Carta Magna.
Art. 2º	Direito à aposentadoria (art. 40, §§ 3º e 17).
Art. 2º, I	Idade mínima de 53 anos (homem) e 48 anos (mulher).
Art. 2º, II	Presença no cargo (cinco anos).
Art. 2º, III	Tempo de contribuição.
Art. 2º, III, a	35 anos (homem) e 30 anos (mulher).
Art. 2º, III, b	Adicional de 20% ("pedágio").

Art. 2º, § 1º, II	Redutor do valor.
Art. 2º, § 2º	Redutor de 3,5% nos anos de 2004 e 2005.
Art. 2º, § 3º	Redutor de 5,0% para 2006 em diante.
Art. 2º, § 4º	Aplicação a certos servidores.
Art. 2º, § 5º	Acréscimo a certos servidores.
Art. 2º, § 6º	Direito do professor.
Art. 3º, caput	Abono transitório.
Art. 3º, § 1º	Paridade transitória.
Art. 3º, § 2º	Direito adquirido do servidor que preencheu os requisitos legais até 30.12.2003.
Art. 4º, caput	Abono de permanência em serviço no direito adquirido (dispensa de contribuição para quem atendeu aos pressupostos legais).
Art. 4º, parágrafo único	Cálculo dos benefícios segundo a legislação vigente à época do preenchimento das exigências legais.
Art. 4º, I	Contribuição dos atuais inativos.
Art. 4º, II	Percentual da contribuição dos aposentados e pensionistas (11%).
Art. 5º	Base de cálculo da contribuição dos servidores estaduais, distritais e municipais (50% do limite do RGPS).
Art. 6º	Base de cálculo da contribuição dos servidores federais (60% do limite do RGPS).
Art. 6º, I	Limite do salário de contribuição do Regime Geral (R$ 3.691,74).
Art. 6º, II	Direito à aposentadoria por tempo de contribuição, dos admitidos antes da EC n. 41/2003 (escolha na transição).
Art. 6º, III	Idade mínima: 60 anos (homem) e 55 anos (mulher).
Art. 6º, IV	Tempo de contribuição mínimo: 35 anos (homem) e 30 anos (mulher).
Art. 6º, parágrafo único	Tempo de serviço público (20 anos).
Art. 7º	Tempo de carreira e de cargo (dez e cinco).
Art. 8º	Paridade dos optantes.
Art. 9º formal	Paridade plena.
Norma vigente	Limite transitório dos benefícios (R$ 26.723,23).
Art. 2º, § 1º	Afetação do direito adquirido em face do ADCT.
Art. 2º, § 1º, I	Lei n. 9.717/1998 e Lei n. 10.887/2004.

102.7. EC n. 47, de 5.7.2005

Art. 40, § 4º	Aposentadoria especial.
Art. 40, § 21	Contribuição dos portadores de deficiência.
Art. 195, § 9º	Normas sobre contribuições sociais.
Art. 201, § 1º	Aposentadoria especial.
Art. 201, § 12	Regime especial de inclusão dos informais.
Art. 201, § 13	Distinções do regime especial de inclusão dos informais.
Art. 2º	Proventos das aposentadorias em serviço.
Art. 3º	Benefícios dos servidores.
Art. 4º	Valores indenizatórios.
Art. 5º	Revogação do art. 6º, parágrafo único, da EC n. 41/2003.

103. RELAÇÕES DE CÓDIGOS DE PAGAMENTO

1600	Empregado Doméstico — Recolhimento Mensal — NIT/PIS/PASEP
1651	Empregado Doméstico — Recolhimento Trimestral — NIT/PIS/PASEP
1708	Reclamatória Trabalhista — NIT/PIS/PASEP
2003	Empresas Optantes pelo Simples CNPJ
2208	Empresas em Geral CEI
2100	Empresas em Geral CNPJ
2119	Empresas em Geral CNPJ — Recolhimento exclusivo para outras entidades (SESC, SESI, SENAI etc.)
2127	Cooperativa de Trabalho — Recolhimento de Contribuições descontadas dos cooperados
2216	Empresas em Geral CEI — Recolhimento exclusivo para outras entidades (SESC, SESI, SENAI etc.)
2305	Entidades Filantrópicas com Isenção Total ou Parcial CNPJ
2321	Entidades Filantrópicas com Isenção Total ou Parcial CEI
2402	Órgãos do Poder Público CNPJ
2429	Órgãos do Poder Público CEI
2437	Órgãos do Poder Público CNPJ — Recolhimento sobre aquisição de produto rural do Produtor Rural Pessoa Física
2445	Órgão do Poder Público CNPJ — Recolhimento sobre contratação de Transportador Rodoviário Autônomo
2500	Recolhimento sobre a Receita Bruta de Espetáculos Desportivos e Contratos de Patrocínio — CNPJ
2607	Recolhimento sobre a Comercialização de Produto Rural — CNPJ
2615	Recolhimento sobre a Comercialização de Produto Rural — CNPJ — exclusivo para Outras Entidades (SENAR)

2631	Contribuição retida sobre a NF/Fatura da Empresa Prestadora de Serviço CNPJ
2640	Contribuição retida sobre NF/Fatura da Prestadora de Serviço — CNPJ (Uso exclusivo do Órgão do Poder Público Administração Direta, Autarquia e Fundação Federal, Estadual, do Distrito Federal ou Municipal, contratante do serviço)
6203	Recebimento de Crédito ou de Dívida Ativa — Ação judicial Referência
6300	Pagamento de Dívida Ativa, Cobrança Amigável Referência (preenchimento exclusivo pelo INSS)
6408	Conversão em Receita de Depósito judicial — casos anteriores à Lei n. 9.703/1998 CNPJ
6432	Conversão em Receita de Depósito judicial — casos anteriores à Lei n. 9.703/1998 CEI
6440	Conversão em Receita de Depósito judicial — casos anteriores à Lei n. 9.703/1998 DEBCAD
6459	Conversão em Receita de Depósito judicial — casos anteriores à Lei n. 9.703/1998 NB
6467	Conversão em Receita de Depósito judicial — casos anteriores à Lei n. 9.703/1998 NIT /PIS/PASEP
8001	Financiamento Imobiliário Referência (preenchimento exclusivo pelo INSS)
8109	Aluguéis Referência (preenchimento exclusivo pelo INSS)
8133	Condomínio a Título de Reembolso Referência (preenchimento exclusivo pelo INSS)
8141	Parcelamento de Financiamento Imobiliário Referência (preenchimento exclusivo pelo INSS)
8150	Parcelamento de Aluguéis Referência (preenchimento exclusivo pelo INSS)
8168	Taxa de Ocupação Referência (preenchimento exclusivo pelo INSS)
8176	Impostos e Taxas a Título de Reembolso Referência (preenchimento exclusivo pelo INSS)
8206	Alienação de Bens Imóveis Referência (preenchimento exclusivo pelo INSS)
8257	Alienação de Bens Móveis Referência (preenchimento exclusivo pelo INSS)
9008	Devolução de Benefício NB (preenchimento exclusivo INSS)

104. CÓDIGOS DOS BENEFÍCIOS POR ESPÉCIE

01	Pensão por morte do trabalhador rural
02	Pensão por morte por acidente do trabalho do trabalhador rural
03	Pensão por morte do empregador rural
04	Aposentadoria por invalidez do trabalhador rural
05	Aposentadoria por invalidez por acidente do trabalho do trabalhador rural
06	Aposentadoria por invalidez do empregador rural
07	Aposentadoria por idade do trabalhador rural
08	Aposentadoria por idade do empregador rural
10	Auxílio-doença por acidente do trabalho do trabalhador rural
11	Renda mensal vitalícia por invalidez do trabalhador rural (Lei n. 6.179/1974)
12	Renda mensal vitalícia por idade do trabalhador rural (Lei n. 6.179/1974)
13	Auxílio-doença do trabalhador rural
15	Auxílio-reclusão do trabalhador rural
21	Pensão por morte previdenciária (LOPS)
22	Pensão por morte estatutária
23	Pensão por morte de ex-combatente
25	Auxílio-reclusão (LOPS)
26	Pensão especial (Lei n. 593/1948)
27	Pensão por morte de servidor público federal com dupla aposentadoria
28	Pensão por morte do Regime Geral (Decreto n. 20.465/1931)
29	Pensão por morte de ex-combatente marítimo (Lei n. 1.756/1952)

30	Renda mensal vitalícia por invalidez (Lei n. 6.179/1974)
31	Auxílio-doença previdenciário
32	Aposentadoria por invalidez
33	Aposentadoria por invalidez de aeronauta
34	Aposentadoria por invalidez de ex-combatente marítimo (Lei n. 1.756/1952)
36	Auxílio-acidente
37	Aposentadoria de extranumerário da União
38	Aposentadoria da extinta CAPIN
40	Renda mensal vitalícia por idade (Lei n. 6.179/1974)
41	Aposentadoria por idade
42	Aposentadoria por tempo de contribuição
43	Aposentadoria por tempo de serviço de ex-combatente
44	Aposentadoria por tempo de serviço de aeronauta
45	Aposentadoria por tempo de serviço de jornalismo profissional
46	Aposentadoria especial
47	Abono de permanência em serviço 25%
48	Abono de permanência em serviço 20%
49	Aposentadoria por tempo de serviço ordinária
50	Auxílio-doença (do extinto Plano Básico)
51	Aposentadoria por invalidez (do extinto Plano Básico)
52	Aposentadoria por idade (do extinto Plano Básico)
54	Pensão especial vitalícia (Lei n. 9.793/1999)
55	Pensão por morte (do extinto Plano Básico)
56	Pensão mensal vitalícia por síndrome de talidomida (Lei n. 7.070/1982)
57	Aposentadoria de professor (Emenda Constitucional n. 18/1998)
58	Aposentadoria excepcional do anistiado (Lei n. 6.683/1979)
59	Pensão por morte excepcional do anistiado (Lei n. 6.683/1979)
60	Pensão especial mensal vitalícia (Lei n. 10.923/2004)

OBRAS DO AUTOR

O empresário e a previdência social. São Paulo: LTr, 1978.
Rubricas integrantes e não integrantes do salário de contribuição. São Paulo: LTr, 1978.
Benefícios previdenciários do trabalhador rural. São Paulo: LTr, 1984.
O contribuinte em dobro e a previdência social. São Paulo: LTr, 1984.
O trabalhador rural e a previdência social. 2. ed. São Paulo: LTr, 1985.
Legislação da previdência social rural. 2. ed. São Paulo: LTr, 1986.
O salário-base na previdência social. São Paulo: LTr, 1986.
Legislação da previdência social. 5. ed. São Paulo: LTr, 1988.
A seguridade social na Constituição Federal. 2. ed. São Paulo: LTr, 1992.
O salário de contribuição na Lei Básica da Previdência Social. São Paulo: LTr, 1993.
Legislação da seguridade social. 7. ed. São Paulo: LTr, 1996.
Obrigações previdenciárias na construção civil. São Paulo: LTr, 1996.
Primeiras lições de previdência complementar. São Paulo: LTr, 1996.
Propostas de mudanças na seguridade social. São Paulo: LTr, 1996.
Direito dos idosos. São Paulo: LTr, 1997.
Novas contribuições na seguridade social. São Paulo: LTr, 1997.
Curso de Direito Previdenciário. São Paulo: LTr, 1998. Tomo III.
O salário-base dos contribuintes individuais. São Paulo: LTr, 1999.
Reforma da previdência social. São Paulo: LTr, 1999.
Estatuto dos Servidores Públicos Civis da União. 2. ed. São Paulo: LTr, 2000.
Fator Previdenciário em 420 perguntas e respostas. 2. ed. São Paulo: LTr, 2001.
Pareceres selecionados de previdência complementar. São Paulo: LTr, 2001.
Curso de direito previdenciário. Tomo IV, 2. ed. São Paulo: LTr, 2002.
Prova de tempo de serviço. 3. ed. São Paulo: LTr, 2002.
Seguro-desemprego em 620 perguntas e respostas. 3. ed. São Paulo: LTr, 2002.
Comentários à Lei Básica da Previdência Complementar. São Paulo: LTr, 2003.
Curso de direito previdenciário. Tomo II, 2. ed. São Paulo: LTr, 2003.
Parecer jurídico: como solicitá-lo e elaborá-lo. São Paulo: LTr, 2003.
PPP na aposentadoria especial. 2. ed. São Paulo: LTr, 2003.
Retenção previdenciária do contribuinte individual. São Paulo: LTr, 2003.
Reforma da previdência dos servidores. São Paulo: LTr, 2004.
Comentários ao Estatuto do Idoso. 2. ed. São Paulo: LTr, 2005.
Curso de direito previdenciário. Tomo I, 3. ed. São Paulo: LTr, 2005.
Lei Básica da Previdência Social. 7. ed. São Paulo: LTr, 2005.
Portabilidade na previdência complementar. 2. ed. São Paulo: LTr, 2005.
Auxílio-acidente. São Paulo: LTr, 2006.
Legislação previdenciária procedimental. São Paulo: LTr, 2006.
Manual prático do segurado facultativo. São Paulo: LTr, 2006.
A prova no direito previdenciário. São Paulo: LTr, 2007.
Aposentadoria especial em 920 perguntas e respostas. 5. ed. São Paulo: LTr, 2007.
Curso de direito previdenciário. Tomo III, 2. ed. São Paulo: LTr, 2007.
Direito previdenciário procedimental. São Paulo: LTr, 2007.
Os crimes previdenciários no Código Penal. 2. ed. São Paulo: LTr, 2007.
Retirada de patrocinadora. São Paulo: LTr, 2007.
Subsídio para um modelo de previdência social para o Brasil. São Paulo: LTr, 2008.
A união homoafetiva no direito previdenciário. São Paulo: LTr, 2008.
Dano moral no direito previdenciário. 2. ed. São Paulo: LTr, 2009.
Comentários à Lei Básica da Previdência Social. Tomo II, 8. ed. São Paulo: LTr, 2009.
Comentários ao regulamento básico da OAB Prev. São Paulo: LTr, 2009.
Curso de direito previdenciário. Tomo IV, 3. ed. São Paulo: LTr, 2009.

Estágio profissional em 1.420 perguntas e respostas. São Paulo: LTr, 2009.
Os deficientes no direito previdenciário. São Paulo: LTr, 2009.
Prova e contraprova do nexo epidemiológico. 2. ed. São Paulo: LTr, 2009.
Direito adquirido na previdência social. 3. ed. São Paulo: LTr, 2010.
Obrigações Previdenciárias do contribuinte individual. 2. ed. São Paulo: LTr, 2010.
Aposentadoria Especial. 5. ed. São Paulo: LTr, 2010.
Direito Elementar dos Presos. São Paulo: LTr, 2010.
Comentários às Súmulas Previdenciárias. São Paulo: LTr, 2011.
Princípios de Direito Previdenciário. 5. ed. São Paulo: LTr, 2011.
Aposentadoria especial do servidor. São Paulo: LTr, 2011.
A arte de aposentar-se. São Paulo: LTr, 2011
Comentários ao estatuto do idoso. 3. ed. São Paulo: LTr, 2012.
A prova no direito previdenciário. 3. ed. São Paulo: LTr, 2012.
Desaposentação. 5. ed. São Paulo: LTr, 2012.
Tratado prático de pensão por morte. São Paulo: LTr, 2012.
Aposentadoria especial do servidor público. 2 ed. São Paulo: LTr, 2012.
Comentários ao acordo de previdência social Brasil-Japão. São Paulo: LTr, 2012.
Curso de direito previdenciário 5. ed. São Paulo: LTr, 2013.

Em coautoria:

Temas — Administrativo Social. 1988.
Contribuições sociais — Questões polêmicas. Dialética, 1995.
Noções atuais de direito do trabalho. São Paulo: LTr, 1995.
Contribuições sociais — Questões atuais. Dialética, 1996.
Manual dos direitos do trabalhador. 3. ed. Editora do Autor, 1996.
Legislação da previdência social. Rede Brasil, 1997.
Processo Administrativo Fiscal. 2. v. Dialética, 1997.
Dez anos de contribuição. Editora Celso Bastos, 1998.
Estudos ao direito. Homenagem a Washington Luiz da Trindade. São Paulo: LTr, 1998.
Introdução ao direito previdenciário. LTr-ANPREV, 1998.
Perspectivas atuais do direito, 1998.
Processo administrativo fiscal. 3. v., 1998.
Temas administrativo social. 1988.
Temas atuais de previdência social — Homenagem a Celso Barroso Leite. São Paulo: LTr, 1998.
Contribuição previdenciária. Dialética, 1999.
A previdência social hoje. São Paulo: LTr, 2005.
Temas atuais de direito do trabalho e direito previdenciário rural — Homenagem a Antenor Pelegrino. São Paulo: LTr, 2006.

Não jurídicos:

O tesouro da Ilha Jacaré. São Paulo: Editora CEJA, 2001.
Manual do Pseudo Intelectual. São Paulo: Editora Apanova, 2002.
Contando com o vento. São Paulo: Editora Apanova, 2003.
Estórias do Zé Novaes. São Paulo, edição do autor, 2008.
O milagre de Anna Roza. Vinhedo, edição do autor, 2011.
O julgamento do último homem. Vinhedo, edição do autor, 2012.
Navegando a barlavento. Vinhedo, no prelo em 2013.
Navegando a sotavento. Vinhedo, no prelo em 2013.

Em coautoria:

Amo Vinhedo. Vinhedo: PMV, 2009.
Antalogia dos Escritores de Vinhedo. Vinhedo, edição dos autores, 2012.

72	Aposentadoria por tempo de serviço de ex-combatente marítimo (Lei n. 1.756/1952)
76	Salário-família estatutário da RFFSA (Decreto-Lei n. 956/1969)
78	Aposentadoria por idade de ex-combatente marítimo (Lei n. 1.756/1952)
79	Abono de servidor aposentado pela autarquia empregadora (Lei n. 1.756/1952)
80	Salário-maternidade
81	Aposentadoria por idade compulsória (Ex-SASSE)
82	Aposentadoria por tempo de serviço (Ex-SASSE)
83	Aposentadoria por invalidez (Ex-SASSE)
84	Pensão por morte (Ex-SASSE)
85	Pensão mensal vitalícia do seringueiro (Lei n. 7.986/1989)
86	Pensão mensal vitalícia do dependente do seringueiro (Lei n. 7.986/1989)
87	Amparo assistencial ao portador de deficiência
88	Amparo assistencial ao idoso
89	Pensão especial aos dependentes de vítimas da contaminação de Caruaru/PE
91	Auxílio-doença acidentário
92	Aposentadoria por invalidez acidentária
93	Pensão por morte acidentária
94	Auxílio-acidente
95	Auxílio-suplementar